【无形期货实战系列】

一年十倍的

期货操盘策略（六）：经典实战操盘技巧

无　形◎著

中国经济出版社
CHINA ECONOMIC PUBLISHING HOUSE
·北京·

图书在版编目（CIP）数据

一年十倍的期货操盘策略．六，经典实战操盘技巧／无形著．
北京：中国经济出版社，2018.6（2022.6 重印）
ISBN 978－7－5136－5240－7

Ⅰ．①一…　Ⅱ．①无…　Ⅲ．①期货交易—基本知识　Ⅳ．①F830.93

中国版本图书馆 CIP 数据核字（2018）第 117072 号

策划编辑　余静宜
责任编辑　耿　园
责任印制　马小宾
封面设计　任燕飞工作室

出版发行　中国经济出版社
印 刷 者　北京建宏印刷有限公司
经 销 者　各地新华书店
开　　本　710mm×1000mm　1/16
印　　张　19.75
字　　数　284 千字
版　　次　2018 年 6 月第 1 版
印　　次　2022 年 6 月第 2 次
定　　价　48.00 元
广告经营许可证　京西工商广字第 8179 号

中国经济出版社　**网址** www.economyph.com　**社址** 北京市东城区安定门外大街 58 号　**邮编** 100011
本版图书如存在印装质量问题，请与本社销售中心联系调换（联系电话：010－57512564）

无形团队服务介绍

《一年十倍的期货操盘策略》系列丛书已经出版到第六册，丛书的实战性和实用性，得到了读者朋友们的认可！特别是团队创建的“无形日内投机操盘技巧及套利模式”通俗易懂，便于操作，通过无形团队的多次实践和投资者使用后，在投资实战中屡创战绩，成为许多期货投资者实战操作中的“利器”。团队的研究成果能助力广大期货投资者的实战交易，我们团队也感到由衷的欣慰。

通过二十年的实战和发展，无形团队由自有资金期货市场实战盈利、研发期货投资获利模式板块，拓展到提供理财服务和实战培训服务领域。十几年来，团队共培训数千次场次，其中实战培训二百余场次，网络直播培训千余场次，累计培训近十万人，为近千名客户提供理财服务，其稳健但又不失灵活的操盘风格在业内获得高度评价和投资者的高度认可。

一、理财服务的方式

1. 高收益预期中度风险的激进式投机操作模式（日内与趋势交易）。

2. 中高收益预期与低度风险的套利模式交易（套利策略详见《一年十倍的期货操盘策略四：无形套利模式》）。

3. 根据客户需要，提供定制风险与阶梯式分成的合作方式，以满足客户个性化操盘需求。

二、实战培训服务的方式

1. 一对一高端面授课程。旨在改变投资者错误的交易习惯，树立正确的操作理念，建立高度可复制性、适合自己财产状况与交易的操盘模式。通过连续一周的静态与动态实盘培训，投资者可正确地进行实战操作。培训以一对一的方式进行，并执行包教包会、永久复训制度，培训全部内容在与学员充分沟通、了解学员全部以往交易状况与未来发展意向后，针对性制定课程内容，以使学员达到最佳学习效果。

2. 网络视频课程。旨在帮助更多的投资者学习期货交易技巧。网络视频课程，适合于广大投资者学习，课程设置丰富，能全面完善投资者的交易体系，提升投资者的操盘技能。

三、免费服务的方式

1. 免费培训（每周二、周四）。

2. 免费股期两用操盘指标赠送。

现无形团队与期货公司展开合作，为各位读者朋友提供0附加手续费开户服务，期货交易所收取的手续费等于您账号的交易手续费。以下各期货品种交易所当前收费标准：

上海期货交易所活跃品种手续费：螺纹1%%（双边）、热卷1%%（双边）、橡胶0.45%%（双边）、沥青1%%（双边）、铝3元（单边）、锌3元（单边）、铅0.4%%（单边）、铜0.5%%（单边）、白银0.5%%（双边）、黄金10元（单边）、镍1元（单边；1、5、9月开仓6元、平今30元）。

大连商品交易所活跃品种手续费：铁矿石0.06%%（双边；1、5、9月开仓0.6%%、平今1.2%%）、焦炭0.6%%（双边；1、5、9月平今1.8%%）、焦煤0.6%%（双边；1、5、9月平今1.8%%）、豆一2元（双边）、豆粕0.2元（双边；1、5、9月1.5元）、豆粕期权1元（双边）、豆油2.5元（双边）、棕榈油2.5元（双边）、鸡蛋1.5%%（双边）、玉米0.2元（单边；1、5、9月1.2元）、玉米淀粉1.5元（双边）、L2元（双边）、聚丙烯0.6%%（双边）、PVC2元（单边）。

郑州商品交易所活跃品种手续费：苹果0.5元（单边，平今1元）、菜粕1.5元（双边）、甲醇2元（双边；平今6元）、棉花4.3元（单边）、菜籽油2元（单边）、玻璃3元（双边，平今24元）、硅铁3元（双边，平今9元）、锰硅3元（双边，平今6元）、动力煤4元（双边，平今8元）、PTA3元（单边）、白糖3元（单边）、白糖期权1.5元。

在期货投资领域，无形团队始终坚持谦虚、谨慎、稳健和长久获利的原则，愿与投资者交流经验，分享技巧，畅谈投资心得，更愿意帮助所有投资者实现梦想。

交流方式：QQ：987858807（李助教）；电话：13810467983。

无　形

2018 年 3 月 18 日

目录 CONTENTS

1.实战操作的注意事项

实战操作中有一些方法是交易性的，还有一方法是辅助性的，交易性的方法是核心，学了这些方法可以直接进行实战操作，这也是绝大多数投资者希望掌握的方法。但遗憾的是大多数投资者因为学习方式的不科学、不系统，无法深入学习，因此，掌握核心交易性方法的人少之又少，但这也符合：成功只属于少数人的定律。辅助性的方法无法直接用于实战交易，可以从其他的角度降低风险、提高操作的成功率、提升形态成功时的获利幅度，因此，也是必须要掌握的方法。

这一章为读者朋友讲解的就是辅助性的方法，希望可以完善大家的交易体系，并对实战交易有更进一步的感悟。

1.1 靠什么盈利？

靠什么盈利？靠行情的机会、靠好运气赚来的钱并不长久，唯有依靠正确的交易方法赚到的钱才是长久的。市场中的投资高手有谁不是靠着实用的实战技巧获得了一次次的成功？这些可以长期重复的方法才是唯一可以帮助投资者实现持续性盈利梦想的手段。

技术是实现持续性盈利的唯一方式，但除了技术本身之外，投资者还需要从另一个角度来了解可以依靠什么来实现盈利。

一笔交易不管开仓时的理由是什么，将会有五种交易结果：大赚、大亏、小赚、小亏、持平。如果这五种结果同时存在，大赚大亏相抵，小赚小亏相抵，一分钱不赚却还交了手续费，到头来资金越来越少。所以，围绕这四种结果得想一个办法可以让资金取得大概率盈利的机会，来看一下以下的组合：

先把大赚去掉，交易结果剩下大亏、小赚、小亏、持平。这样一来，小赚与小亏抵平，大亏则是投资者不想见到的。

接着把小赚去掉，交易结果剩下大赚、大亏、小亏、持平。如此一来，大赚与大亏抵平，仅仅靠着小亏投资者依然无法盈利，只是亏损的速度略减缓了一些。这种情况也是不现实的，既然都有机会赚大钱了，又怎会没有小赚的可能呢？

由此可见，不管是去掉大赚还是去掉小赚都无法实现盈利，所以，想赚钱就必须要让交易结果里有小赚，更要有大赚。接下来，试一下去掉小亏，看一看又会有怎样的情况发生。

如果去掉小亏，交易结果剩下大赚、大亏、小赚、持平，由此来看，便有了盈利的希望，大赚大亏抵平，靠着小赚便可以实现盈利。不过这种结果并不现实，既然有大亏了，又怎么可能没有小亏呢？

如果把大亏去掉，交易结果只剩下大赚、小赚、小亏、持平，小赚小亏可抵，靠着大赚就可以实现盈利。这种结局对于投资者来说是必胜的结局，同时，它又是合理的，小亏是无法回避的，但是大亏却可以掌握在自己手中，只要严格执行止损的纪律，又怎么可能出现大亏呢？

在实战操作的时候，能够赚多少是无法确定的，这是市场给的，给得多就赚得多，给得少就赚得少，并不以任何人的意志为转移。小亏是无法回避的，技术形态在介入的时候是成功的，但介入后便失败，这是谁也无法避免的，所以，不必理会正常的技术性小亏。而大亏是完全有方法避免的，想要成功地实现盈利，就必须不能在交易结果中出现大亏。回避了大亏的投资者才是可以走向盈利之路的投资者。

当然，也并不是说只要完全回避了大亏就一定可以赚到钱。如果你的交易技术的确差劲，总是在一些不恰当的位置入场，就算没有大亏，一连串的小亏也让人受不了。所以，回避大亏是实现盈利的第一步，而掌握正确的技术方法，使自己的进出点位更加地合理，努力提高小赚与大赚出现的概率，这样一来，盈利才会是必然的事情！

投资者靠什么盈利？是靠回避大的亏损来盈利，靠掌握了正确的技术方法来盈利，这才是最靠谱的盈利方式！

1.2 技术性龙头与常规龙头

形成了相同的技术形态后，由于品种波动属性不同，后期的涨跌幅度也将会有极大的差别。技术形态都一致的两个品种，操作 A 赚了 10%，操作 B 却赚了 50%。为何收益上会有这么大的差异呢？原因就在价格波动的属性上。

在价格涨跌的时候，各品种涨跌的幅度不同，形成了这些品种不同的波动属性，有的品种在当天是龙头领涨或是领跌的，它们的上涨或下跌的幅度最大，带着其他的品种一起下跌或是一起上涨。而大多数品种则是跟风状态，跟在龙头品种后边跑，它们的涨幅或是跌幅远小于龙头品种。若投资者操作了龙头领涨或领跌的品种，收益自然会高，但若操作了跟风的品种，收益自然会少很多。无论是期货市场还是股票市场，想要获得更高的收益，就要把操作的目标锁定在龙头品种身上，只有这样操作，才可以在相同的风险下，获得更高的收益。

在每一轮以及每天的波动过程中，龙头品种会经常性变化，可能今天沪镍是涨跌的龙头，但明天就变成其他品种了。所以，把每一天涨幅或跌幅最大的那个品种称为技术性龙头。技术性龙头需要在盘中进行确定，在标准的弱多与强多、弱空与强空盘面中，技术性龙头只有一个，而在分化盘面中，技术性龙头则有两个［关于盘面的多空状态请见《一年十倍的期货操盘策略（一）（二）》或《一年十倍的期货操盘策略1～3精华修订本》］。当然，如果某一个品种并不是所有品种中涨幅最大或跌幅最大的真正王者，但是它是该板块之中涨幅或跌幅最大的品种，那它也可以被视为技术性龙头。

除了技术性龙头之外，还有一些品种有这样的规律：一旦上涨，它们往往是该板块中涨幅最大的，甚至还会经常性地成为当天所有品种中涨幅居前的（前五名之列）。这些品种无论什么时候它们的活跃程度都非常高，无须理会技术性龙头是谁，仅需盯着它们进行操作，由于它们天生的活跃性，就可以实现非常理想的收益。这类品种被称为常规龙头。每一个板块中都有一个常规龙头，分别是：

（1）能源化工板块的常规龙头是橡胶。无论是涨是跌，无论是日内走势还是日线级别的走势，橡胶的波动幅度都远超过其他的品种，因此，在日常操作时，要对橡胶进行重点关注。当然，在笔者写作本书的时候，原油还并未上市，原油上市后是否会替代橡胶成为能源化工新的常规龙头，还需要数据的验证。

（2）有色金属板块的常规龙头是沪镍。其实应当是沪锡，只不过沪锡的成交量太少了不值得进行交易，所以沪镍才成为有色金属板块中的常规龙头。与橡胶一样，无论是日内还是日线，沪镍波动的活跃程度都远高于同板块中其他品种。

（3）黑色系板块中的常规龙头是螺纹。其实某些时期，焦炭或是动力煤也是非常活跃的，但这两个品种的成交量同样是比较少的，不如螺纹的成交量大。螺纹成交量很大，同时又没有因为成交量大而变得呆滞，所以，无论是小资金还是大资金都应当把螺纹作为重点关注的对象。对螺纹进行日内交易，一笔单成交几百手都没有一点问题，但若是对橡胶或是沪镍进行操作，莫说是成交几百手，就是大几十手都有些困难。

（4）农产品板块是分化最为严重的，涉及好多个彼此波动关联度并不高的品种，比如白糖和棉花，与玉米、玉米淀粉在走势上无关，而这四个品种与大豆、豆粕之类的品种在走势上关联度又非常低。所以，农产品仅选择走势关联性高，同时又非常活跃的品种来分析，其中油脂板块中的常规龙头品种为棕榈，另一个品种则是豆一，它们是该板块中两个较为活跃的品种。鸡蛋的波动活跃度也是非常高的，但它与其他的农产品关联度不高，虽然波动活跃但无法被视为常规龙头。

技术性龙头品种是活的，每天都可能会变化，有时常规龙头品种就是技术性龙头品种，此时操作这类品种效果最好。但由于常规龙头品种本身波动活跃度就较高，所以在进行日内操作练习技术时，笔者为了节省精力只盯着这几个常规龙头品种来进行操作，也建议各位投资者可以多关注这几个常规龙头品种。

当然在具体操作时也需要注意这样的问题：橡胶、沪镍、豆一、鸡蛋这些活跃的品种的盘口都非常轻，进行日内操作时，无法顺利地承载大单的进出，所以，若投资者资金量较大，这些品种也不适合进行日内操作，此时就应当选择那些成交量较大的品种作为目标，哪怕它们的活跃度低一些。但若资金较小，不存在交易时流动性的问题，则以常规龙头品种为主要目标，配合技术性龙头品种进行操作，获利的效果会更好。

1.3 仓位的设定

仓位的设定对于投资者来说是一件非常重要的事情，也是一个比较细腻以及讲究技术方法的分析工作。仓位设定合理即可以捉住预期的盈利机会，也可以在风险到来的时候不出现超出预期的亏损。

传统的仓位分配讲究“1/4 仓”介入或“1/3 仓”介入等，这些具体的仓位份额对于新投资者来说有一定的参考意义，但在实战中这种仓位分配并不科学，因为没有完全与风险进行挂钩。合理的仓位分配是必须要与风险挂钩的。当然，这一点主要针对的是日线或K线周期较长的操作，对于日内操作而言并不合适。

日内操作的仓位分配很简单，只有一点讲究之处：仓位一致。许多投资者在进行日内操作的时候都会有这样的错误习惯：如果实现了盈利，胆子就会比较大，此时仓位就会较重，而一旦产生了亏损，胆子又会变得非常小，从而就会减小仓位进行操作。这样一来，盈利都是用小仓位盈利的，而亏损则是由大仓位造成的，小赚换大亏，这是不可能盈利的。所以，进行日内投机操作最忌讳的就是仓位一会儿一变。

仓位一致可以自行设定比例，有的投资者较为激进，且日内交易风险本身就很小，完全可以满仓操作。笔者做日内操盘技术练习时就一贯是满仓操作。当然，若您觉得满仓太激进，也可以半仓或自行设置一个比例，而后不管做什么品种都按这个比例去执行交易就可以了。设定了满仓的操作，亏的确会亏得多一点，但是，赚的时候不也赚得多吗？盈和亏都是对等的。而一旦变动了仓位，大仓位亏掉了10个点，小仓位就得赚回来45个点，这肯定是不合适的了。所以，日内交易切记：仓位必须保持统一！

日内操作的仓位设定很简单，而日线操作就必须要与风险挂钩。如何挂钩呢？在开仓时笔者的要求是：开仓位与止损位必须要同时设定好。面对一个形态，你可以找不到开仓位在哪里，但止损位在哪里必须要清清楚楚，这是要求！绝对不能出现已经开完仓了，却不知道该在哪里止损的情况。这样的操作是大错特错，但也是绝大多数投资者常犯的错误之一。上车就要系上安全带，不能说车已经上路了才想起没系安全带。

知道开仓点与止损点在哪里之后，就可以计算出每手的亏损额度多少。假设面对一个形态每手亏损1200元，此时，投资者需要再考虑一下自己愿意为这个形态的失败付出多少代价。假设可以承受6万元的代价，那么，就可以开仓50手，并依此类推。

这样一来，如果形态失败，达到止损位时出局，正好亏损6万元，亏损的幅度完全在预期之内，并不会对心态产生破坏性的影响。同时，因为这个总亏损额是提前深思熟虑设定的，因此，也必定不会使总资金产生较大的亏损。投资者刚开始用这种方法进行日线级别的操作时，建议总亏损不要超过总资金的5%，否则，万一连续失败两三回就很容易出现难以补回的巨大亏损。在有了一定盈利幅度之后，这个比例才可以逐渐放大一些。当然，“总资金的5%”只是笔者的经验值，投资者需要找到适合自己的总亏损数值。

价格在波动的过程中，有的形态较宽，有的形态较窄。形态波动幅度宽的，止损的幅度自然会比较大，而形态波动幅度窄的，止损的幅度也必然很小。由于开仓的方式已经与亏损挂钩，所以，宽的波动形态也可以操作，窄的更是可以像日内投机那样大仓位去做，形态失败，亏一笔预期中并不大的亏损，而一旦形态成功，则可以赚到非常丰厚的利润。

这种仓位设定的方法笔者将其称之为：亏损倒推仓位设定法。先设定一个总的亏损额度，再看一下这种形态下每手的亏损额度，两者相除便可确定最大的开仓手数。形态的波动宽度、亏损的承受能力都包含在内，因此，比传统的三分之一仓、四分之一仓的开仓方式要科学得多！

1.4 应当使用什么周期K线？

实战操作时，交易周期也是一个说大不大说小不小的问题，有一些投资者没有被技术方法难倒，却被交易周期搞乱了头脑。笔者见过不少投资者的交易界面，一个界面中某一个品种各种周期的K线图恨不得都摆出来，1分钟、3分钟、5分钟、15分钟、30分钟、60分钟以及日K线全部显示着，美其名曰：不放过任何周期之中的交易机会。但实际结果却是：机会一个也没捉到，倒是引来了一堆的麻烦事。1分钟K线显示做空，3分钟K线显示继续做多，5分钟K线横向波动……相信有这样经历的投资者朋友也应当不在少数吧。

交易周期如何设定呢？笔者的建议是：统一周期！你的资金量适合于什么周期，或你盯盘的时间限制允许你看什么周期，你就守好这个周期，不要理会其他周期的走势变化。假如你的资金量较大，那短周期的波动就没必要看了，因为就算短周期的形态再漂亮，你的资金进出也会受到冲击，强行操作没有任何意义。如果你的资金量较小，则在什么周期上操作都没有问题，但你必须要确定一个交易周期不变。假设你想在 3 分钟周期上进行操作，那么，1 分钟也好，5 分钟也罢，它们的走势跟你一点关系都没有，守好你的 3 分钟周期上的交易机会就可以了。

请一定要记住：交易周期如果不统一起来，将很难实现盈利！

在交易周期的设定方法上，市场中有这样一句话：看长做短。这句话是对的。但运用的细节可能许多投资者并不太清楚，在这里笔者依据自己的经验介绍一下。“看长做短”是指：长周期的走势上临近买卖点时，可以看一下短周期的走势。比如，日线形态 MACD 指标快要金叉了，这时一看，60 分钟 K 线 MACD 指标刚刚形成金叉，则可以在 60 分钟 K 线图中率先建仓，而后等日线形成金叉时再进行加仓。同理，若日线快要形成死叉了，这时一看 60 分钟 K 线已形成死叉，则可减仓操作，待日线死叉形成时则可清仓操作。这样操作就完全正确了，绝对不会有任何矛盾。

但绝大多数投资者是怎么进行的呢？恰恰与看长做短的要求相反，看着 1 分钟 K 线图操作，而后去 3 分钟 K 线图中找安慰，追求所谓的周期共振。结果周期倒是没共振，而把投资者给震出局了。1 分钟向上、3 分钟向下怎么办？你再向 5 分钟走势上寻找安慰吗？要知道，短周期的波动必然比长周期要快，短周期拐头了，长周期还在延续着，怎么可能找到安慰？当然，若 1 分钟向上、3 分钟也向上，在同步向上的区间内进行操作，胜率的确大，这一点笔者绝不否认，若投资者能坚持只在同方向时操作，那肯定也不会亏损。但是，这与看长做短又有什么区别呢？3 分钟向上时，一看 1 分钟也向上，快的周期方向未变，继续积极操作，两者是没有差异的。差异点就在短周期转向，而长周期依然延续的这一过程中。

大多数投资者的操作能力是达不到多周期混合操作的。且不说普通投资者，就是类似笔者这样有丰富实战经验的投资者做多了周期的混合也会混乱，更何况实战经验较少的人呢。所以，笔者绝对不建议周期混在一起操作。

那么，投资者到底应当选择什么周期来操作呢？前边提了两点，一是看盘的时间，二是资金量大小。资金量越大，交易周期就越要放长，只有这样，你大手数的进出才不会对价格产生冲击，或是当价格出现突发性走势时，才不会产生预期之外的风险。资金量较小的话，建议先从短周期做起，毕竟在短周期中难以亏大钱，等资金有了一定的积累、抗风险能力增强以后，再放长周期，把握赚大钱的机会。

一个形态放在任何周期中它的操作方式都是完全一样的，只不过周期越长也就意味着波动的幅度越宽、止损越大。当然你也不能光看到止损大，止损大的背后就是盈利大，但若再运用一些实战的核心交易策略，形态的止损大并不意味着实战操作的止损大。很多时候运用笔者的核心交易策略，完全可以做到小亏损换来大收益，而不是盈亏相对等。所以在选择交易周期时，投资者不要理会形态的宽度问题，而是要让交易周期适合你的资金、适合你的盯盘时间。

总之，资金量越大交易周期越长。看盘时间多，建议周期放短，以便更多地把握机会。生理年纪大，建议交易周期放长，这样有足够的时间可以从容地进行分析，而不至于手忙脚乱。风险承受能力低，交易周期就要放短。以笔者为例，以实战获利为目的的操作就是做日线，以捕捉大的盈利机会；以实战训练为目的的日内投机操作，就是小资金做一下 1 分钟或 3 分钟 K 线。别人的交易周期并不一定适合你，重要的是找到适合自己的交易周期的 K 线，然后交易周期不要轻易改变，除非你的资金规模增长了。这一点极为重要。

1.5 如何做到一年十倍的收益

《一年十倍的期货操盘策略（一）》中曾为各位读者朋友提出过一种获得一年十倍收益的方式，即：每天只要赚到总市值的 1%，便可以在一年的时间内实现十倍的收益。其实，莫说 1%，日内交易一天赚 3% 也并不是难事，但这种方法有一定局限性，那就是只适合几万元的小资金量。几万元增值到几十万元，这样的资金量不会对价格产生任何冲击，但若是几十万元资金，或是上百万元资金，一旦增值十倍，仍然进行日内交易操作就行不通了。另一个难点是，赚 1% 并不难，但是每天都赚 1% 有点儿难度。连续十几天、几十天盈利后，总会出现那么两三天的亏损，这太正常了。但这样一来，就耽误了获利的进程。所以，需要考虑资金量增长之后继续赚取一年十倍的思路，以及在接受正常亏损的情况下如何实现一年十倍的收益。

在从几十万元增长到几百万元的过程中，可以采取这样的盈利方式：盈利不再按天计算，而是按月计算，每个月盈利 22% 即可。这样一来，12 个月之后就可以获得 10.8 倍的收益。由于资金的规模在不断地变大，所以，日内操作与长周期的操作将会混合进行，有长周期交易机会的，优先长周期操作，若暂时没有长周期交易机会的则可以进行日内操作。哪怕一个月只有一次长周期交易的机会，也绝对可以实现 22% 的收益。按十倍杠杆来说，22% 的收益其实也就是相当于价格在这一个月内涨跌 2.2%。莫说一个月，一些强势品种一天的波动都不止 2.2%。所以，按月来设定 22% 的收益并不难。

其实每个月获利 22%，基本上等同于每日赚取 1% 的收益，只不过随着资金不断地增多，只是单一地进行日内操作已经不太合适，因此，必须要放长周期。这个市场跟做实业不同，做实业的话，资金规模越大可做的项目越多，收益会因为规模化而越高。而在投资市场中，资金规模越大，就越会对价格的波动产生影响，因此，交易的机会就会越少，收益的幅度就会越低。而当资金增长到几百万元，甚至一些已有上千万元资金的投资者该如何实现一年十倍的收益目标呢？

资金量大了以后，对价格的冲击就会比较大，所以，不能经常出手，要求出手就要赢，出手就要捉一个大机会，放弃一些小机会。因此，投资者需要有足够的耐心等待大机会的出现，大资金操作，一年做个四五十单就算是较多的交易次数了，而这样的交易次数对于日内操作来说也就是几天的量而已。由于交易次数大大降低，许多小机会都要主动地放过，因此，收益目标就不能按月，而应当按年来进行。这个时候操作的周期也将会转为 60 分钟以上，并且以日线居多。这个时候要求的操作效果是一年翻“两倍”，这个翻两倍并不是指500万元变成1500万元，而是500万元变1000万元，这是一次翻倍，1000万元变成2000万元，这是两次翻倍。不要觉得做不到，走到这一步，什么风浪没有见过，从几万元增值到了几百万元，你的实战水平已经大幅提升，早已是个高手，一年两次翻倍还是整体行情机会并不是太大的时候实现的盈利效果，若市场身处大牛市或是大熊市，这样的收益就只是起步价了。

资金越大眼光就越要放长，只要在一些重要的点位入场操作，例如顶与底的区间、涨跌延续的突破区间或是上涨后调整到位的区间、下跌后反弹到位的区间，其他的波动形态就不宜再去操作。

始终要记住，“一年十倍”并不一定非得是一个收益的目标，它更是一个信念、一个督促我们不断前进的目标。就算没有做到一年十倍的收益，只是做到了一年一倍的收益，我相信，您也是市场中的一位大英雄。这个市场真正的暴利是时间，只要可以持续地获得盈利，哪怕少一点，经过时间的累积，都可以绽放出闪耀光芒的胜利之花！

2.日K线操作技巧

日 K 线的趋势性交易也是广大投资者朋友较为喜欢的操作方式，因为这种操作周期下，获得的利润是非常可观的。市场中任何在短期内实现了较大盈利的投资者，都肯定是捉住了日 K 线级别的好行情。故此，想要进一步提升获利的幅度，就需要多多留意日 K 线的技术形态，一旦机会出现，就毫不犹豫地出手捉一把大的盈利机会。

2.1 日 K 线的使用

在日 K 线级别上的操作，笔者认为适合那些资金量较大且需要多周期操作的投资者，以及看盘时间不固定的投资者，并不适合绝大多数的投资者。有这样两个原因：

（1）日线级别的操作亏损幅度都比较大，如果仓位重一点，赶上运气不好，技术形态连续失败，连续亏个三四次本金就所剩不多，想再挽回亏损就比较困难。笔者目前是以攻周期操作为主，但所用资金是盈利资金，即使是亏光了，也仅是这一批盈利资金亏没了而已，后续还有多批盈利资金可以用于日线级别的操作。所以，根本没有任何压力，也不惧怕任何性质的亏损，故此，在日线级别上可以捕捉更大的机会。正因为日级亏损幅度相比短周期大，所以不建议中等资金或是小资金投资者上来就进行日线级别的操作。这是从亏损值角度进行考虑的。

可能会有投资者朋友说：仓位重亏得就多，那我仓位轻一些，1/5 仓甚至是 1/10 仓操作不就行了吗。的确是可以的。但是，若真是这么轻的仓位，那就完全失去了期货独特的魅力：杠杆。那还真不如做股票去。在期货市场上，再牛的行情价格无非就是翻 1 ~2 倍，这还得是身处集体性的大牛市中；若是一般的小行情，价格能涨个百分之二三十就非常了不得了。若是有杠杆，一把牛市赚个十几、几十倍并不是难事。若没有杠杆，或杠杆比率极低，那您做股票好了。放在股市中，大牛市来了，就是指数都能涨个一两倍，而个股涨十几倍的也非常多，涨几倍的遍地都是，那做期货还有什么意义？期货亏损大与小其实很多时候并不完全与周期画等号，长周期的形态中也有小亏损的机会，更何况再加上一些必要的长周期操盘策略，比如笔者研究并目前一直使用的开仓防亏术、日线小亏换大盈等操盘策略，更是可以化解日线较大幅度的亏损，从而实现用日内很小亏损去换日线较大盈利的操盘效果。

（2）从技术的角度来说，日内操作完全按照技术执行操作就可以，只要掌握了技术方法之后，日内操作的盈利就会变得非常简单，而这些日内获利的技术学习起来也并不困难，笔者在《一年十倍的期货操盘策略》系列中的实战内容完全可以满足读者朋友日常操作的技术需要。若您坚持按这些方法执行交易肯定是可以获利的，这一点笔者非常有信心！

但日线级别的操作就不一样。日内交易以技术为主，就算没有交易策略也照样可以盈利，但若加上日内交易的策略，比如开仓防亏术、持仓逐利术、平仓锁盈术等，日内操作的效果就会更加理想。因此，在操作时，投资者要以日内交易技术为主，策略为辅！

日内的操作手法完全可以照搬到日线操作上去，因为技术形态在任何周期上都是完全一样的做法。由于日线级别的操作亏损幅度大，投资者很难承受连续 3 次以上的亏损，故此，必须要在每一个环节处都运用上交易的策略。所以，日级交易策略为上，技术为辅。这也是许多投资者朋友做日线操作时一做就赔钱的原因。

笔者建议，投资者先从日内操作做起，获得翻倍的盈利，资金抗风险能力增强之后，再用盈利的资金去拼日线级别的高收益。用这种方式进行交易，赚多少钱先且不说，至少不必担心亏损。

2.2 涨跌星 K 线

星 K 线出现的频率是非常高的，在传统的交易方法里也有许多关于星 K 线的操作方法。不过，在具体实战时都是对震荡较大的星 K 线进行关注，比如射击之星、希望之星等，若是这些关键部分的星 K 线实体较小，则没有交易价值。传统操作没有很好地解决星 K 线的实战问题，笔者将为大家补上这一课。

无论是震荡较大的星 K 线，还是震荡很小的星 K 线，实战操作上的意义都是：多空双方暂时达到了某种平衡，但在后期必然会选择方向。比如射击之星，其实重点并不在于星 K 线上，也不在于前一根大阳线上。大阳线之后出现星 K 线，有可能是多方力度用尽，所以与空方暂时达成了平衡，而随后空方发力收出大阴线，从而形成了射击之星。达成平衡之后价格选择下跌，此时新的波动方向就是未来一定时期内的主要波动方向。上涨—平衡—打破平衡后下跌—延续下跌，就是这样的节奏。而价格震荡幅度越大，说明多空双方争夺得越激烈，那么，当前的位置便是一个非常重要的技术点位，后期涨跌方向形成后延续的可能性也比较高。

小震荡的星 K 线也是如此。不像大震荡反映的是多空双方激烈争夺，小震荡反映的是多空双方均暂时力竭。在双方暂时力竭之后，谁能够在最短的时间内聚积起波动的力量，趋势的方向就会偏向于谁。因此，星 K 线出现之后价格如何走，取决于星 K 线出现之后涨跌的方向。若继续收阳线，则价格将会继续上涨；若收阴线，则会出现短线的下跌。

图 2－1 动力煤 1801 合约 2017 年 8 月走势图

在图 2－1 中，动力煤 1801 合约 2017 年 8 月期间，价格形成了明确的上升趋势，任何行情中的上涨过程都很少会是连续的阳线，大多数的上涨都是阳线为主，夹杂着阴线与各种小实体的星 K 线。虽然谁都希望价格上升天天收阳线，但上涨途中的阴线以及星 K 线却可以传递出重要的市场信息。

价格在上涨的过程中多次收出星K线，而星K线出现之后继续拉出阳线上涨，那么这些星K线不仅没有对趋势的延续起到拖延的作用，这些星K线的出现反而可以使投资者更加轻松地捉住上涨中途的盈利机会。

星K线的出现说明多空双方暂时达成了停战协议，但毕竟趋势向上，所以市场的主流力量依然是偏多的，这也就意味着上涨是大概率的事情。但核心并不在星K线上，而在于星K线之后的走势。若星K线出现之后价格收出阳线，那就表示多空停火之后，多方再度率先开火并大获全胜，这个时候价格上涨的起点便在眼前。

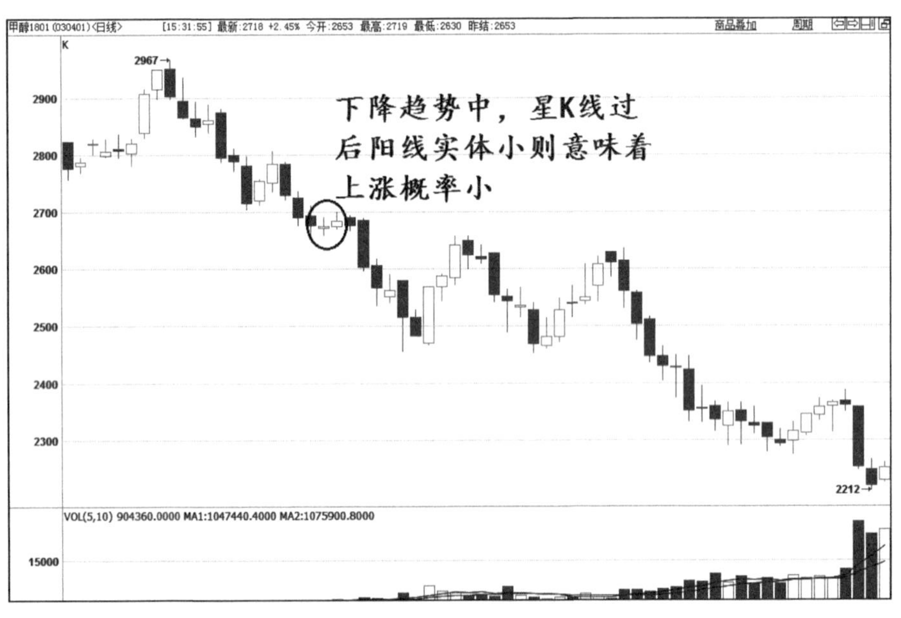

图2－2　甲醇1801合约2017年3月走势图

在图2－2中，甲醇1801合约2017年3月期间价格已经形成了明显的下降趋势。在下跌的过程中，阴线为主，不仅数量多，而且阴线的实体也普遍大于阳线，这说明空方牢牢把控着局面。

下降趋势中阴线是用来获利的，而阳线以及各种星K线则是一次次中途介入的机会。如果明白了K线的这些基本波动特征，投资者就算是错过了高位顶部的做空机会，下跌中途依然可以捉住几次获利的大好时机。

在收出了星 K 线之后，价格没有下跌而是收出了小实体的阳线，这是否意味着价格将要上涨呢？在下降趋势中，星 K 线过后收出阳线肯定不如收出阴线好，但阳线的实体大小也是需要关注的。若阳线实体很大，则意味着价格要反弹一阵子，价格暂时也难以下跌。若阳线实体非常小，说明资金做多的力量非常虚弱，反而成为一种做空的提示，因为从这样的走势中可以清清楚楚地看透多方的力量大小，多方无力，价格自然很容易继续下跌。

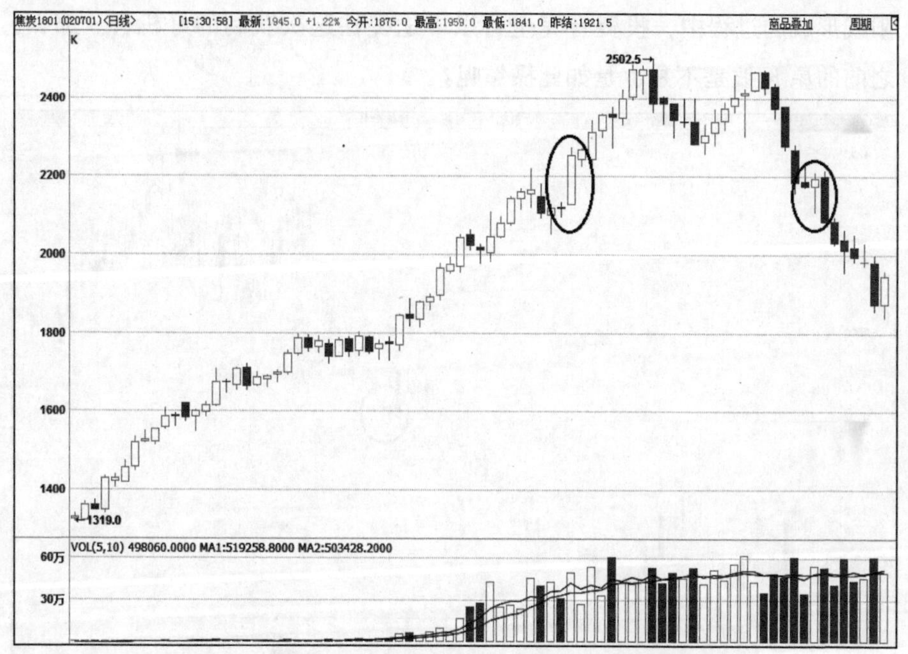

图 2－3　焦炭 1801 合约 2017 年 8 月走势图

在图 2－3 中，焦炭 1801 合约 2017 年 8 月期间，焦炭成了市场中的明星品种，上涨速度较快，中间震荡环节较少的走势极大地减轻了投资者的操作压力。同时，由于价格上涨较快，留给投资者较好的介入位的机会就不多了，因此，需要对每一根 K 线进行仔细地分析，以便捉住中途介入的好机会。

在价格上涨过程中阴线的出现是一种中途介入的信号，而星 K 线则更是中途操作的最佳点位。在收出星 K 线的时候，不要因为实体小或是影线短就忽视它。价格盘中震荡幅度大说明多空双方争夺激烈，一旦出现新的方向往往力度也较大；而小实体以及较短影线的星 K 线则是方向选择前的暂时平静，对这种平静状态要高度重视，因为获利的机会很可能就藏在下一根 K 线中。

在收出星 K 线之后，第二天价格拉出大实体的阳线，上涨途中星 K 线之后收阳线，本身就是一种看多的信号；而阳线实体的大小则意味着价格上涨概率的大小，实体大则后期进一步上涨的概率也大。因此，在这一根阳线形成的过程中，投资者完全可以中途捉住这次获利的好机会。那么，之前的星 K 线是不是也是如此操作呢？

图 2-4 螺纹 1801 合约 2017 年 7 月走势图

在图 2-4 中，螺纹 1801 合约 2017 年 7 月期间也走出了一波非常不错的上涨行情，但在上涨中途价格出现了调整，并收出了一根大实体的调整阴线，当收出大阴线的时候，可以用本章中吞并 K 线的方法操作。而在大阴线收出后，连续两根星 K 线的出现，则也是一次难得的操作机会。

大阴线出现意味着空头力量正猛，但随后很快便与多方达成了平衡的状态，这很不正常，正常的走势应当是继续收阴线下跌。加上趋势方向非常明显，意味着空方的力量其实并没有那么多。上升趋势中，星 K 线之后应当密切留意收出的阳线，一旦收出阳线往往意味着调整的结束。

两根星 K 线之后价格收出了阳线，哪怕在这一天收盘前买入也是非常理想的操作。自星 K 线之后的第一根小阳线起，又一轮行情随之出现。多空达成平衡，而后重新选择顺应之前趋势的方向，星 K 线提示平衡，阳线提示起涨。

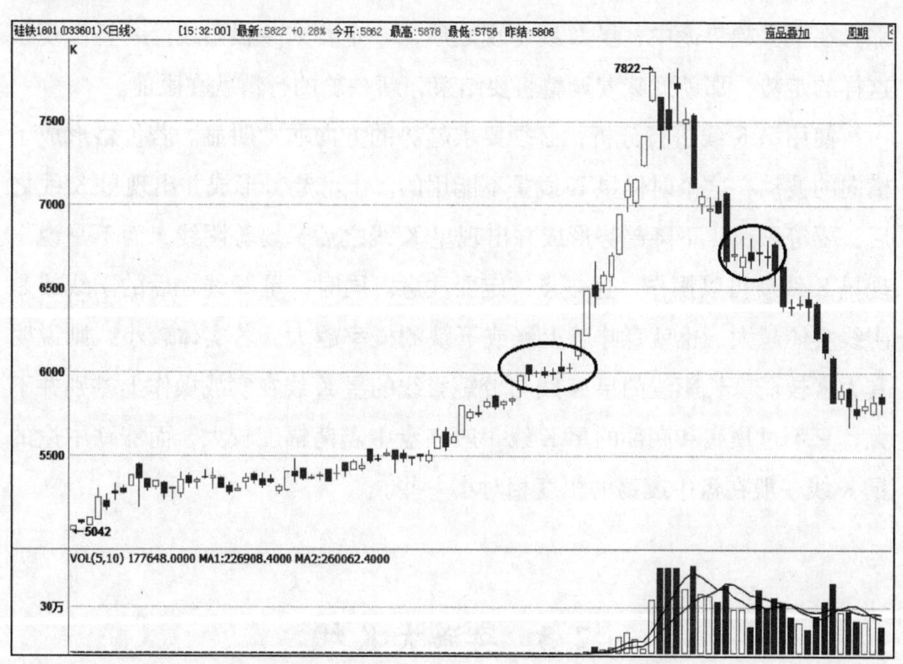

图 2-5　硅铁 1801 合约 2017 年 8 月走势图

在图 2-5 中，硅铁 1801 合约 2017 年 8 月期间，价格见顶之后出现了下跌的走势，在下跌的过程中，连续收出了好几天的星 K 线，从当时的走势来看，不容易分析出价格此时是阶段性见底还是下跌的中继。从星 K 线收出但价格始终不上涨来看，这个位置并不适合做多。达成平衡之后，价格盘中有上涨的动作，但收盘时又跌了回来。涨不上去则说明多方力量非常虚弱，在这种情况下见底也就不太容易。五根星 K 线之后，价格收出了阴线并且创下新低，意味着价格依然选择继续向下，因此，这一根创新低的阴线就是下跌中途最好的介入点。具体分析时，可以把之前连续出现的五根星 K 线视为是一根星 K 线，简化形态后更容易理解。

下跌过程中有连续几天的星 K 线，而在上涨过程中也出现了类似的走势。价格经过一波上涨之后形成调整的走势，调整以连续星 K 线的形式展开。此时可以这样分析：星 K 线说明多方暂时没有力量上涨，或暂时不想上攻，按理说空方可以趁机发难，但空方却无法让价格下来，说明空方的力量非常虚弱。由于趋势明确向上，依然是多方控制着盘面。什么时候起涨？在上升趋势途中、星 K 线出现之后，一定要来一根阳线。一旦出现了这样的走势，那就意味着调整将要结束，新一轮的行情就在眼前。

使用星 K 线进行分析，必须要求趋势的方向非常明显。若价格形成了横向的波动，这个时候星 K 线是不能用的。上涨趋势形成并出现星 K 线之后，要等阳线，下降趋势形成并出现星 K 线之后，要等阴线，而不是说出现星 K 线就可以操作，这一点一定要注意。同时，星 K 线之后的阳线或是阴线实体越大，也就意味着上涨或下跌的概率越大，若实体较小，则说明其力度较弱。长影线的星 K 线与较短影线的星 K 线在实战操作上差别并不大，只不过顶底和底部的星 K 线一般在盘中震荡幅度较大，而涨跌中途的星 K 线一般在盘中震荡的幅度相对小一些。

2.3 突破大 K 线

突破走势是价格波动过程中必然见到的一种波动形态，是市场中所有高手都要花心思去研究的一种走势。

什么是必见形态呢？就是价格上涨或下跌时必然会见到、必须会出现的走势。比如说 W 底，它就不是必见形态，而是常见形态，因为底部有可能是头肩型的，也有可能是 V 字形或其他类型的。但突破形态则不然，价格想要上涨或想要下跌，就必须要出现交易的信号，这是价格波动绝对绕不过去的。

在学习的过程中，常见形态学了更好，不学也没什么关系，但必见形态则必须要学好，面对价格必然会出现的走势您都不懂得如何去操作，那还如何赚钱？

什么是突破大K线？它是指价格形成突破的时候，K线实体部分越过突破点的部分非常多。（实战操作时若价格已完成了突破，则最佳的介入点已经消失。）这种形态对预测价格后期的波动非常有参考价值。若价格越过突破点的实体部分小，则说明突破力度相对弱一些；但若越过突破点的幅度非常大，则意味着价格上涨或下跌的力度很大，这种情况下，后期延续当前方向的概率就会大大提升。

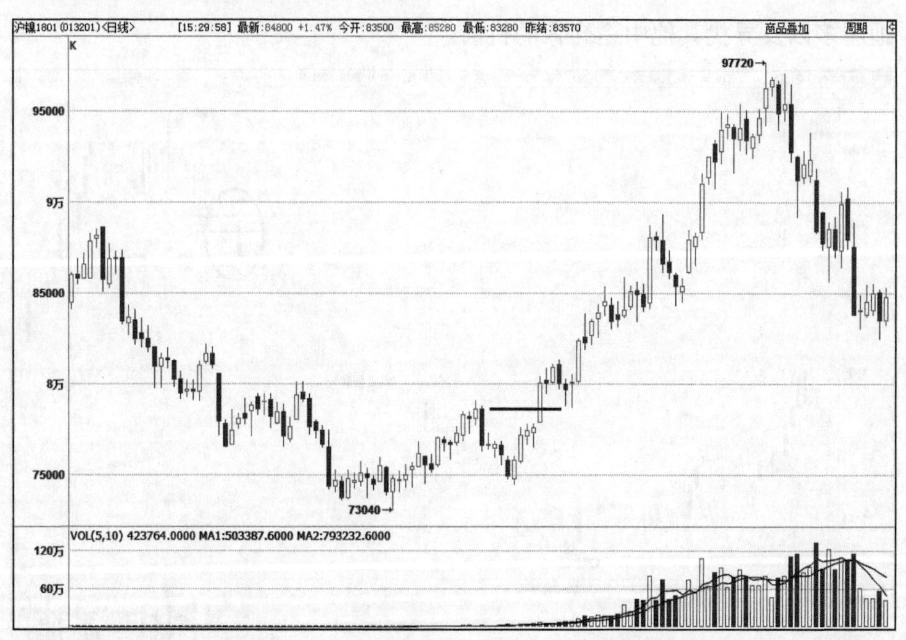

图2-6　沪镍1801合约2017年7月走势图

在图2-6中，沪镍1801合约2017年7月价格见底之后出现上涨，但很快便出现短线的回落走势。对于这种上涨后调整但不创新低的走势，随时都要重视，一定要牢牢盯死调整之前留下的那个高点，若价格涨不上去，就此回落，那这个高点是不可能在近期突破上去的。但若调整只是多方的蓄势行为，那就必然会向上越过之前的高点。

在价格调整回落的过程中，投资者没有必要提前准备，但当价格企稳回升，并且离高点较近的时候，投资者就需要设置上预警，或直接画线进行下单，一旦真正形成了突破，也不至于手忙脚乱。人工来不及下单或忽略了这个交易机会时，也可以利用软件。突破点是死的，是事先存在的，所以在哪里开仓非常容易确定，交易点位可以预先得知，这是突破走势的特点，有利于投资者提前制定操盘计划。

沪镍的价格越过突破点之后，多方便直接展开了攻击，至收盘的时候，价格已摆脱了突破点一定的空间。从K线形态来看，这一天的实体大部分都在突破点上方，形成了标准的突破大K线，意味着后期价格进一步上涨的概率是极大的，就算错过了突破点的操作机会，也应当在后期坚定地看多以及寻找其他中途介入的机会。

图2-7　焦炭1801合约2017年8月走势图

在图2-7中，焦炭1801合约2017年8月进入了牛市阶段，在较短的时间内价格便出现了翻倍的走势。这一阶段的上涨过程技术形态非常单一，留给投资者中途介入的完美机会并不是太多，大多数中途的买点都是不太规则的，这样的上涨形态更适合于持仓，并且持仓压力是极小的。

经过两大波上涨之后，价格于上涨中途形成了一次调整的走势，只要调跌一出现，就必然会留下一个高点，这个高点就是日后的突破点。如果价格想要继续上涨，就必须要向上突破这个点位，除非价格再也涨不上去。

经过几天短线的调整之后，价格再度发力上涨并且突破调整的高点，到了收盘的时候 K 线的实体已远远摆脱了突破价位。由于突破以后大部分实体在突破位之上，所以将这种走势称为突破大 K 线，它预示着价格上涨的意愿非常强烈，后期还可看高一些。

图 2－8　动力煤 1801 合约 2017 年 8 月走势图

在图 2－8 中，动力煤 1801 合约 2017 年 8 月下跌见底之后出现了第一波上涨的走势，这一波力度较大的上涨结束之后开始了长时间的调整，随着价格的回落，调整的高点清晰地暴露了出来。这个点就是未来价格涨与不涨的分界点。

在后期调整、震荡的过程中，价格的波动高点始终位于突破点的下方，这并不是要上涨的信号，此时需要做的就是耐心等待突破的那一刻，并且在价格临近突破点的时候可以预先设置条件单或是进行画线下单，以防突破性的点位出现而自己没有留意到。

经过一段时间的震荡，价格终于向上完成了突破的走势，并且突破的力度还比较大，至收盘 K 线大部分的实体都位于突破价格的上方，这说明价格上涨的意愿非常大。虽然在突破之后价格短线有了回踩的动作，但这并不影响未来较大的上涨概率，反弹有了突破点回踩走势的支撑可以为未来的上涨提供更多的动力支持。突破有力，再来个蓄势下蹲，上涨的概率岂不是更大。

图2－9　沪铅1710合约2017年8月走势图

在图2－9中，沪铅1710合约2017年8月在经过了两波上涨之后，价格短线出现调整，但仅下跌两天之后便结束调整随之继续向上。两根小阳线之后，价格已经临近突破点，伴随着跳空高开之后，价格向上大力度进行了突破，K线绝大部分的实体位于突破点的上方。从这种走势来看，突破干脆有力，价格后期进一步上涨的概率是很大的。

但随后的走势却并非这样。突破大K线形成以后，第二天价格便低开，很快便跌回到突破点以内，这意味着此时突破出现了失败。要知道当真实的突破形成，价格就犹如发射升空的火箭一般一去不回，而现在价格掉了回来，这也就意味着火箭发射失败。

虽然形成了突破大K线，但由于突破并不是真实的，因此需要根据最新的波动形式来修正分析的思路，介入了突破的多单也应当及时进行止损操作。由于此时有了一个新的高点，因此可以确定：在价格没有向上突破新的高点之前，上涨行情都是无法预期的。

图 2-10　沪锌 1711 合约 2017 年 8 月走势图

在图 2-10 中，沪锌 1711 合约 2017 年 8 月在经过了三天的短线调整之后，价格再次展开了一轮新的上涨走势。从许多持续性上涨或下跌的案例中可以发现这样的规律：突破点就是新一轮行情的起点，在这个位置入场操作获利的效果非常好。

但价格的走势有时候却并不一定给投资者留下入场的机会。沪锌在价格临近突破点的时候，直接以跳空高开的形式完成了突破的操作，突破点处根本没有任何机会介入，想入场的话只能提高滑点。由于滑点有时大、有时小，无法统一，所以，这种跳跃式的突破虽然非常强劲，体现了多方强大的攻击力量，但只能用于持仓，而无法进行新开仓的操作。

一旦价格的波动留出了交易的机会，那就应当积极地入场操作；若价格的波动并未留出介入的机会，无法判断其上涨或下跌的力度，就应当主动放弃这样的操作机会。留出介入机会的突破肯定会出现，不给机会的突破走势其实是少见的现象。

2.4 中途长影线

价格在上涨或下跌中途的时候，另一种走势也较为常见，并且这种走势还容易对投资者的分析产生一定的误导，它就是中途长影线。上涨时出现的是较长的上影线，下跌时出现的则是较长的下影线。

价格上涨到某个位置之后，会收出长长的上影线，看似是一种受压回落的走势，其实只是市场在化解过于沉重的抛盘。一旦抛盘减轻，价格往往会继续向上攻击。而价格下跌之后也是如此。获利盘或是套牢盘较为沉重，这个时候价格有轻装向前的需要，因此主动通过盘中大幅下跌而后又大幅拉回的走势抛压，从而减轻未来下跌的阻力。只要价格整体下跌或上涨的幅度不是太大，那么，较长的上影线与较长的下影线便不会构成顶部或底部的信号，这一点一定要牢记！

在实际走势中，较长下影线与较长上影线出现之后，往往意味着又一次交易机会的到来。上涨之后收出上影线，价格虽然不会改变趋势转为下跌，但也会短线调整一下，这就给投资者留下了一次趁调整逢低做多的机会。下跌趋势中也是如此。长下影线出现之后，虽然不会转势上涨，但短线肯定会有所反弹，这样一来，就可以借助反弹的高点进行做空操作。最终，上影线高点位置肯定会再度出现并且向上突破，下影线指向的那个点位也会再度出现并且最终还会向下去突破。影线到达哪里，后期的价格就会再度回到哪里！

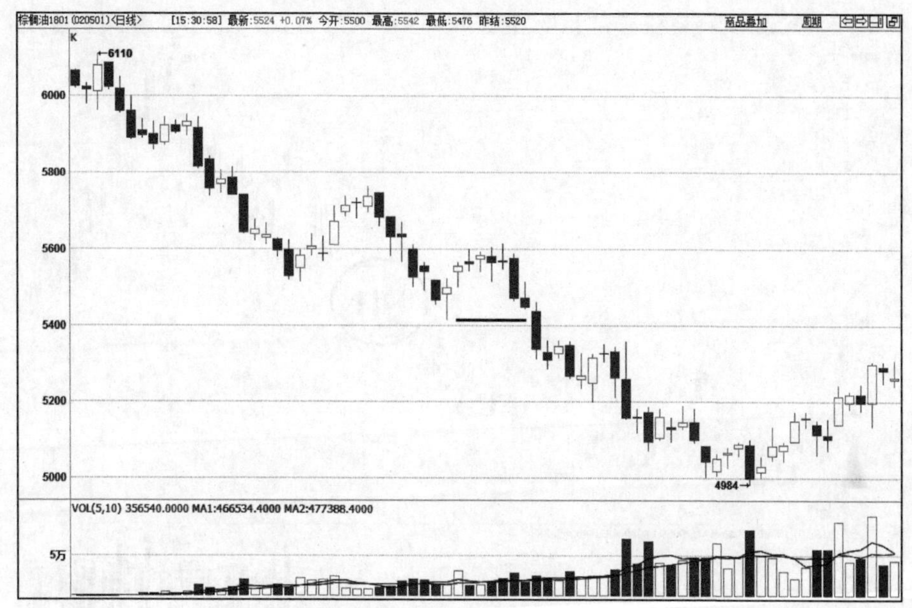

图 2－11 棕榈油 1801 合约 2017 年 3 月走势图

在图 2－11 中，棕榈油 1801 合约 2017 年 3 月期间价格形成了明确的下降趋势，下跌中途出现了第一次有规模的反弹之后，价格于创新低的点位收出了一根带有较长下影线的星 K 线，这一根下影线是下跌以来最长的一根，具备较高的分析价值。

价格盘中大幅下跌而后又全部收回，这是否意味着多方力量强大，已经有能力与空方抗衡？是不是见底要了解底部的基本特点：持续且大幅度下跌之后才会形成底部。那么，当棕榈的价格跌到此处时，下跌时间是否足够长？下跌幅度是否足够大？显然，都不是。因此，此时并不能称之为底。在价格刚形成两次向下突破走势的情况下，形成底的概率并不高。

经过了几天的小幅反弹之后，价格便继续下跌，最终又回到了下影线曾到达的位置。在实战操作的时候，只要跌幅不够深，收出的长下影线一定意味着，未来一段时间价格必将故地重游。

图 2-12　PVC1801 合约 2017 年 7 月走势图

在图 2-12 中，PVC1801 合约 2017 年 7 月随着低点的逐步抬高，价格终于突破了之前的大高点形成了非常明确的上升趋势。在上涨的过程中，一根实体并不大的阳线拖着一根长长的上影线出现。这是否是价格上涨到终点的信号？是否与射击之星的上影线是一个意思呢？

这根较长的上影线出现在价格突破之前的高点后不久，这意味着市场中坚定做多的投资者全部实现了盈利，涨到此处已经累积了一定量的获利盘，若有止盈抛盘在此出现，则必然会造成价格的回落。同时，从形态来看，就算价格回落也只是正常的回踩前高点的走势，再加上价格整体上涨空间并不大，因此，说上影线的位置是顶部并不恰当。

较长的上影线出现之后，价格在短线的确有了一定幅度的震荡，很快便向上越过了上影线所对应的区间。在整体涨幅并不大的情况下收出较长的上影线，这多是市场的一种正常调整形态，上影线点到哪里，后期价格极大概率地将会再度回到那里。

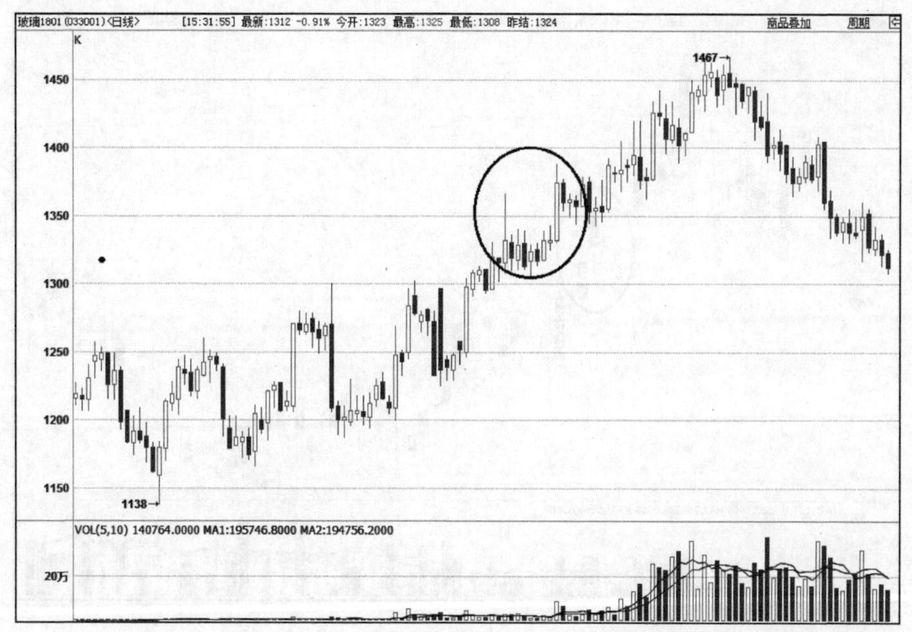

图 2－13　玻璃 1801 合约 2017 年 7 月走势图

在图 2－13 中，玻璃 1801 合约 2017 年 7 月价格已形成明显的上升趋势，在上涨的中途收出了一根带有较长上影线的 K 线。看似价格好像受压回落，其实由于上涨的整体空间并不大，因此，这一根较长的上影线形成顶部的概率并不高。

较长的上影线出现后，价格短线出现了调整的走势，但是波动重心却并没有明显下移。若价格真的形成顶部，早应该连续回落；调整而不下跌，说明价格根本就不想出现真正的下跌走势。在经过了几天的小幅震荡之后，一根大实体的阳线向上完成了突破，价格重新踏入上涨的趋势之中！

上影线点到了那里，经过调整之后价格便又重新涨到了那里。因此，若在价格形成明确上升趋势，以及涨幅并不大的情况下收出了较长的上影线，那么，这根上影线就告诉了我们，价格未来还会再次回到这里，甚至还会有更高的价格出现。

图 2－14　玉米淀粉 1801 合约 2017 年 4 月走势图

在图 2－14 中，玉米淀粉 1801 合约 2017 年 4 月在短线的高点收出一根大实体的阴线后，价格便出现了连续回落的走势，下跌中途一根阴线带有较长的下影线。这根下影线是价格见底的信号吗？首先，从下跌的整体幅度来看，价格跌到下影线的位置，下跌的幅度并不是很大，底部绝对不会在小幅度的下跌之后形成，因此较长的下影线形成底部的可能性并不大。

较长的下影线出现之后，第二天价格便直接下跌并在短线上出现了较大的下跌幅度。较长的下影线被迅速吃掉，时间越短其下跌的欲望越强。下影线所指向的低点，在下跌的中途，价格整体跌幅并不大的情况下，绝对不能被视为底部到来的信号。

在下跌途中长下影线出现之后，短线有可能出现反弹，但只要反弹区间没有收出大实体的阳线，就意味着下影线为我们指明了价格下跌的最小目标位。较长的下影线预测底部的功能，只能在较大的下跌、较长周期的下跌之后发挥作用，在下跌幅度不大的情况下，都只是下跌途中的信号。

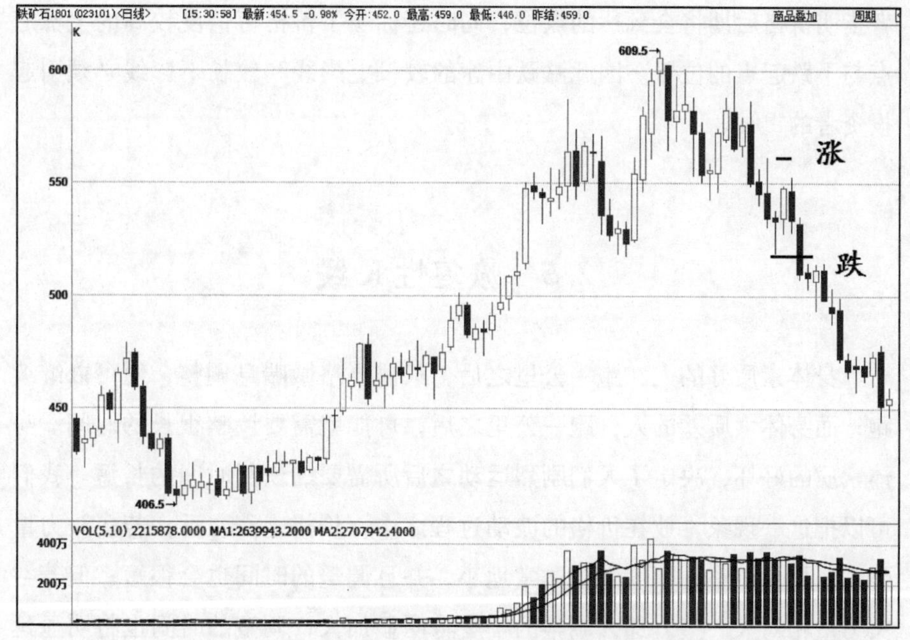

图 2-15 铁矿石 1801 合约 2017 年 9 月走势图

在图 2-15 中，铁矿石 1801 合约 2017 年 9 月价格见顶之后进入下降趋势，但此时的下降趋势只是短线性质的，所以是否进入到熊市，还需要更多的数据来分析。在短线回落的过程中，价格收出了一根有长上影线的阴线，和一根有长下影线的 K 线。面对这样大幅震荡的技术形态，价格后期到底是要上涨还是要下跌呢?

我们可以把上影线指向的高点和下影线指向的低点，作为价格上涨与下跌的起始点位。若价格后期向上突破长上影线的高点，那么就要入场进行做多的操作；若价格向下跌破下影线的低点，则需要入场进行做空的操作。这种方法，不仅可以针对类似图 2-15 的走势，还可以针对一根 K 线同时带有较长上影线和下影线的形态。

若投资者手中没有持仓，在价格没有向上突破较长上影线的高点或向下跌破较长下影线的低点之前，不应当提前入场进行操作；只有价格向上越过了较长上影线的高点，或向下越过了较长下影线的低点，才意味着新一轮上涨或下跌的开始。较长的上影线和较长的下影线，不仅可以为投资者指明价格后期将会到达的点位，同时还标明了价格可信度较高的上涨起点与下跌起点的位置。因此涨跌中途的较长上影线和较长下影线必须引起投资者的重视。

2.5 恢复性 K 线

身体素质好的人，跑一公里之后，只需要略微喘息调整，便可以继续跑；而身体素质差的人，跑一公里之后，可能就需要调整很长的时间。身体素质的好坏，决定了人们剧烈运动之后所需要的恢复时间的长短。我们可以把这一现象，放在价格的波动过程之中。价格上涨之后，若多头力量强大，那么调整的幅度就会非常地小，并且调整的时间也会很短；但若空头力量相对大一些，那么调整的幅度将明显加大，调整的时间也将明显延长。因此，在上升趋势中，调整形态过后的走势，可以帮助投资者看出多头力量的大与小。调整出现，若价格快速地完成修复上涨，那就说明多方力量非常强大，我们便可以在价格完成调整修复之后入场操作。

每一次调整走势的出现，往往都会伴随价格的下跌。这些短线的下跌，有一种破坏上升趋势的迹象，就好像是多头趋势受了伤一样，而随后价格的上涨则好像是完全恢复了身体健康，所以在多头的伤好了以后，上升趋势近在眼前。具体实战操作是，价格一旦向上收复了调整区间的所有失地，便意味着上升趋势的恢复工作已经完成。

利用这一现象，在价格出现调整走势的时候，就没有必要再去担心什么，调整的出现反而是好事一件。透过调整，可以看出多方力量的大与小。一旦后期价格快速向上恢复，则择机做多；若价格始终难以恢复向上，那也就没必要入场进行操作。

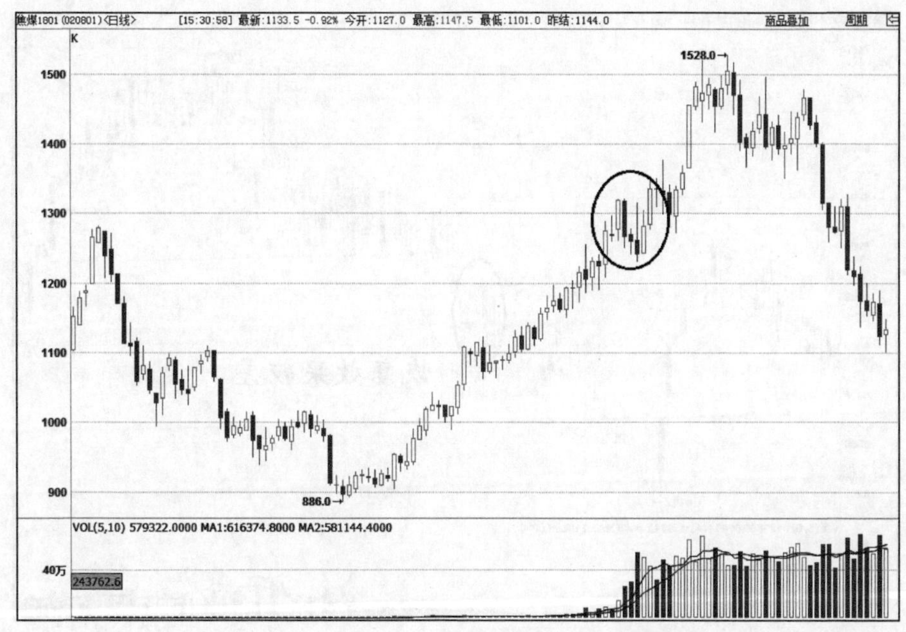

图 2－16　焦煤 1801 合约 2017 年 8 月走势图

在图 2－16 中，焦煤 1801 合约 2017 年 8 月价格见底之后，形成了明确的上升趋势，在上升中途出现了连续三天的调整。从调整的走势来看，价格在这三天之中向下大幅震荡，这必然会对投资者的操作产生极大的干扰。不过，投资者应当善于把风险视为机会，将此次调整作为一杆标尺。若价格可以快速地向上收复失地，则说明多方力量非常强大，可以积极入场做多；但若价格始终无法快速地向上收复，则说明多方力量较弱，应当放弃对该品种的操作。

三天短线调整之后，价格仅用了两天的时间便向上创出了新高，完全收复了失地，这种走势说明多方的力量非常强大，完全可以与空方抗衡，显然上涨的概率是极大的。形成了恢复式的 K 线之后，价格略作调整，完成蓄势起跳的动作，便向上展开了猛烈的攻击。

若不懂得恢复性 K 线的形态，看到价格下跌，只会认为这是风险到来的信号，而没有意识到，机会其实就隐藏在一次次的调整之中！未来再有调整，就没有必要担心了，什么时候价格可以快速地向上收复失地，机会也就随之到来！

图 2－17 菜油 1801 合约 2017 年 7 月走势图

在图 2－17 中，菜油 1801 合约 2017 年 7 月价格形成上升趋势，并且第一次形成突破走势之后，收出了一根实体较大的阴线。这一根阴线是上涨中途的信号，还是反弹即将结束的信号呢？在阴线出现的当天，是无法作出判断的，需要在后期的走势之中找到答案！

如果后期涨不上去，价格不会越过大阴线的实体；若价格想要继续上涨，肯定会吃掉这根要将上升趋势破坏掉的阴线。此时要做的事情就是等待价格形成恢复性 K 线，在收复失地之后入场做多；如此一来，价格即使涨不上去也不会使资金造成损失，而上涨一旦出现又不会错过机会，可谓是一举两得。

这一根阴线被三根阳线吃掉，说明虽然多方占上风，但多方的力度却并不太大，价格有较大的上涨可能性，但快速且大幅度的上涨走势可能并不会出现。多方形成恢复性 K 线时的力度越大，后期价格上涨的力度也将会越大。但如果抛开上涨力度的因素，只要形成了恢复性 K 线，未来价格上涨的概率肯定远远高于下跌的概率。

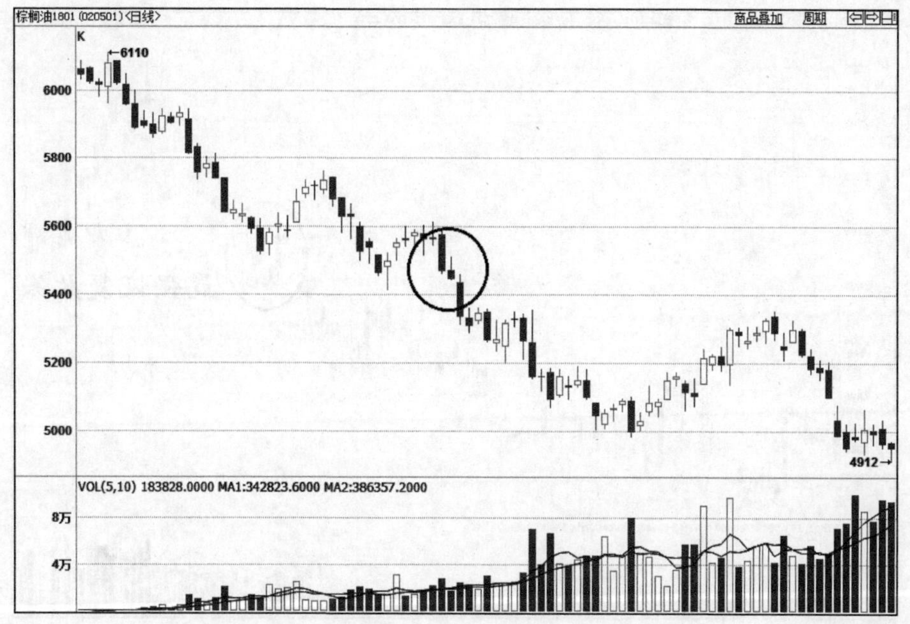

图 2－18 棕榈油 1801 合约 2017 年 3 月走势图

在图 2－18 中，棕榈油 1801 合约 2017 年 3 月期间，下降趋势已非常明确。下跌过程之中，价格出现了两次反弹的走势，但是每一次反弹的幅度都非常小，这说明多方的力量非常虚弱，多弱则空强，因此价格下跌的概率是比较大的。

经过了连续七天的小幅反弹之后，价格仅用了两天的时间便对下降趋势进行了完美的修复。反弹迟缓且幅度小，下跌干脆利落且幅度大，多空双方的力量对比一目了然。既然下降趋势得到了完美的恢复，那么下跌将只会成为后期波动的主旋律。在价格创下新低，也就是反弹走势完全修复之后，就是完美的介入点。

在实际走势过程之中，只要能够对反弹或是调整的走势进行恢复，那么，趋势就将延续之前的方向。修复的时间越短，价格后期涨跌的概率就越大。那些修复时间很短的技术形态，应当被视为操作的重点，因为这种走势下价格涨跌的趋势极强。

图 2－19　甲醇 1801 合约 2017 年 8 月走势图

在图 2－19 中，甲醇 1801 合约 2017 年 8 月价格盘出了震荡底部之后，形成了温和且连续的震荡上涨形态。在上涨的中途价格连续收出四根阴线，这种技术形态再次使上升趋势岌岌可危。价格是要见顶回落，还是又形成了一次调整走势呢？在价格下跌的过程之中，我们无法找到答案，只能从后期的走势之中作出判断。

几天的调整之后，一根大实体的阳线随之出现，这一根阳线一举收复所有的失地，并且创出新高。这种走势就是最强势的 K 线恢复效果，它的出现使上升趋势再一次明确，代表着未来价格上涨的概率是极大的。当这一根 K 线恢复了上升趋势的时候，投资者应当在创新高的点位入场操作。

有一些恢复性的形态可能需要多根阳线，只要价格的上升趋势能够恢复，就意味着多方力量强大。还有一些非常强劲的技术形态，只需要一根或者两根阳线，就可以把上升趋势恢复，显然，恢复时间越短的走势，就越值得我们入场进行操作。

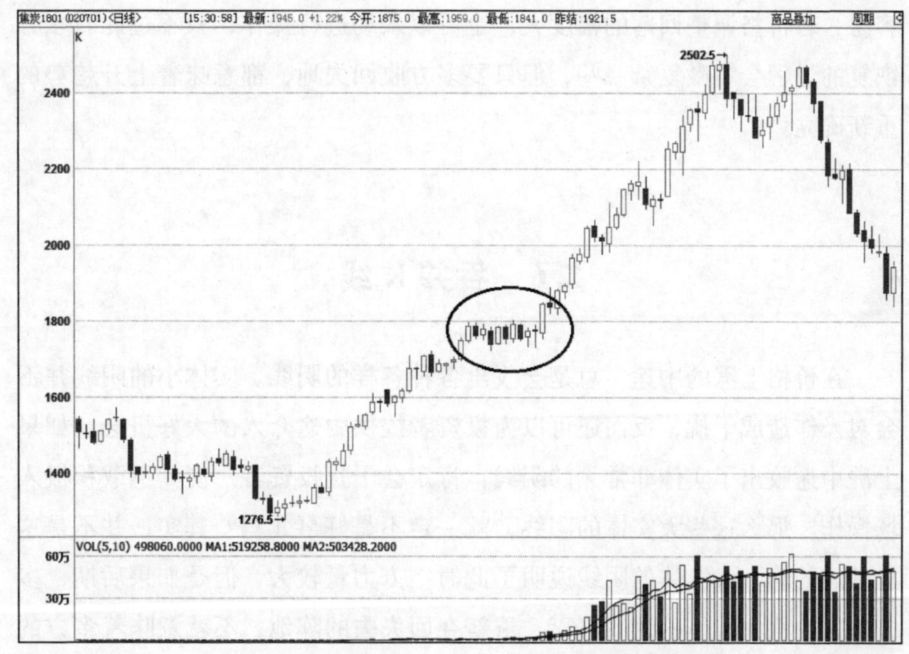

图 2-20 焦炭 1801 合约 2017 年 7 月走势图

在图 2-20 中，焦炭 1801 合约 2017 年 7 月价格形成了非常明显的牛市行情。在后期上涨的过程之中，价格出现了两次短线调整的走势，但每当连续的阴线出现之后，阳线都可以以最短的时间恢复上升趋势。只要多方有能力将伤口快速地复原，那么上升趋势就会勇往直前。

在上涨中途的时候，价格也曾出现连续的调整走势，但是，这一期间的调整整体回落的幅度非常小。有意思的是，每当一根阴线出现之后，第二天阳线都会将其吞没，空方无法把价格打下来，多方却可以轻松地收复失地，显然多头占据了明显的上风。在这种情况下，找机会做空是非常不明智的。虽然阳线总是可以轻松地吃掉阴线，但就整体行情而言，价格并未向上创出新高，恢复性的走势表现得并不太完美，真正的恢复应当以价格向上创出新高为标志。

随着一根实体较大的阳线出现，价格终于向上创出新高，这就意味着调整走势已经彻底结束，新一轮上涨行情就在眼前。在这一根大阳线出现的时候，应当及时入场，进行做多操作。价格调整幅度小，恢复就会非常容易，若价格调整回落的幅度大，也可以入场进行操作，只不过此时多方恢复的过程会略微复杂一些，但只要多方收回失地，都意味着上升趋势的重新确立。

2.6 吞并 K 线

在价格上涨的中途，总是会收出各种各样的阴线。实体小的阴线并不会对操作造成干扰，反而还可以为投资者提供中途介入的大好机会。如果上涨中途收出了实体非常大的阴线，肯定会干扰投资者，使其不敢积极入场操作。那么这些大实体的阴线，就一定不是好事儿吗？其实，并不是这样的。的确，大实体的阴线说明了此时空方力量较大，但是如果后期，多方把这一根大实体的阴线歼灭，重新夺回失去的阵地，不就意味着多方的力量其实也很强吗？顺着这个思路进行思考，就可以发现，上涨中途的大阴线其实完全可以作为一次操作的大好时机到来的信号。下跌中途的大阳线，也是如此的操作思路。

进行实战操作需要做到知己知彼。若趋势是向上的，己就是多头，彼就是空头。空头力量小，则多头力量大。即使空头力量大，由于上升趋势正在确立，价格也并不见得就一定会跌下来。能不能跌，取决于多方是不是可以组织起来反攻！若是把空头轻易地消灭夺回失地，那么上涨行情就将继续，这一点也有一些恢复性 K 线的特点。

恢复性 K 线以小幅调整为主要操作对象，而吞并 K 线，则以上涨中途的大实体阴线以及下跌中途的大实体阳线为操作对象。于是我们就找到了一种方法，可以把风险转为一种机会，上涨中途的大阴线不仅不应当令我们担心，反而应当受到欢迎，因为上涨中途大阴线的出现意味着难得的入场良机。那具体该如何操作呢？方法很简单。当上涨中途收出大实体阴线时，若阳线可以把这一根大实体阴线的实体吞没掉，便可以入场做多。同理，在下跌趋势当中，若阴线可以把反弹的大实体阳线实体吞没，则可以入场做空。

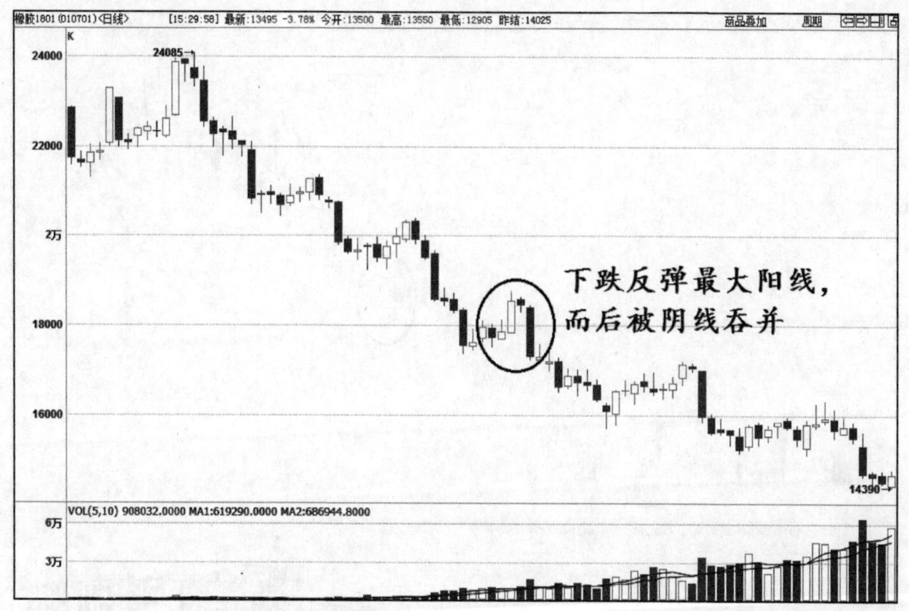

图2－21　橡胶1801合约2017年4月走势图

在图2－21中，橡胶1801合约2017年4月期间，价格的下降趋势非常明显。价格下跌的中途，必然会出现一次又一次的反弹，这些反弹的走势其实只是空方的暂时休息，投资者需要善于利用这些反弹来进行操作。

在第三次反弹的区间，收出了一根实体较大的阳线。这根阳线是价格下跌以来最大的一根实体，因此，它代表了多方最大的力度。若空方无法攻克这一道关卡，下跌走势就不会延续。但实际的情况是，阴线很快便将这根大实体的阳线吞没，代表了多方最大的力度也挡不住空方的打击。这种走势说明局面依然被空方牢牢地把控，价格后期继续下跌的概率非常大。

这一根大阴线的收盘价形成了K线恢复性走势，但在价格下跌的中途，却形成了吞没走势。在价格跌破大阴线实体的时候，便可以入场进行做空的操作，卖点的位置会更加理想。

图 2－22　螺纹 1801 合约 2017 年 7 月走势图

在图 2－22 中，螺纹 1801 合约在形成上升趋势的过程之中，收出了多次的阴线，但之前的阴线实体都非常小，这说明空方的力量非常虚弱。空弱则多强，因此价格的上涨就是大概率的事情。但到了 7 月，一根大实体的阴线出现。这里的阴线是上涨以来最大的一根实体，并且其实体远远大于任意一根阳线，说明在这个位置空方的力量突然变得强大。那么后期该如何进行操作呢？

如果空方力量非常大，价格将很难上涨；若空方只是纸老虎，那么价格必将向上创出新高。所以创新高的点位就是价格是否能够起涨的点位，此时需要做的就是静待市场变化。如果价格下跌，那就等到下降趋势明显以后再入场做空；若价格要继续上涨，一定要等到多方收复失地之后再入场做多。

经过连续几根小阳线的努力，价格最终收复失地！空方最大力量的实体被多方攻克，谁的力量更大是很容易分辨的。在这个案例之中，吞没 K 线与恢复性 K 线进行了结合，这两种方法的买点都在一起。在具体分析时需要注意一点，上升趋势当中的阴线实体一定要大，并且越大越好，越大越能说明空方力量的强盛。随后的吞没走势却说明多方力量更加强大！所以用这种方法根本不要担心大阴线的出现，而应当欢迎大阴线，因为它的到来是又一次绝好的操作机会。

图 2－23　沥青 1712 合约 2017 年 4 月走势图

在图 2－23 中，沥青 1712 合约 2017 年 4 月价格见顶之后开始连续回落。在第一波下跌后，出现了猛烈的反弹走势，一根大实体阳线出现，使得下降趋势有结束的迹象。这一根反弹大阳线不仅是下跌过程之中实体最大的，也称得上是前期上涨过程之中实体最大的一根，但是这一根大阳线过后，价格并没有形成上升趋势，而是继续回落，步入熊市。按照恢复性 K 线的操作方式交易，卖点是在价格破位的区间，但若利用吞没 K 线的方法进行操作，卖点的位置则可以变得更加理想。

虽然大实体阳线的出现说明多方力量较大，但是只要空方有能力吃掉这一根阳线，多方的所有努力也就前功尽弃。经过三天的小幅震荡之后，一根大阴线从天而降，干脆利落地吃掉了一根大阳线的实体。多方好不容易打下的阵地，被空方全部收回。既然多方无法战胜空方，价格继续下跌就是大概率的事情。

当阴线吃掉大阳线的时候，可以以多根阴线缓慢吞没的方式进行，也可以一根或者两根大阴线快速吞没的方式进行，总之，吃掉反弹大阳线的速度越快，价格后期下跌的概率就越高，下跌的持续性也就越好。

图 2-24　沥青 1712 合约 2016 年 11 月走势图

在图 2-24 中，沥青 1712 合约 2016 年 11 月经过下跌见底之后，开始了震荡上涨的走势。还没有上涨多少，就收出一根大实体的阴线。这一根大阴线的实体是近期最大的，因此可以作为重要的参照信号。若价格涨不上去，这根大阴线就会成为上涨的最高点；若价格还要继续上涨，多方必然会收复失地。

经过多方不懈的努力，在数根小阳线的共同作用下，终于将这根大实体的阴线全部吞没。空方的力量看似强大，但多方的力量也不弱，否则又怎会收复失地呢？只要阳线吃掉了大阴线的实体范围，投资者便可以入场做多。

在这个案例之中，虽然后期价格出现了持续性的上涨，但在实战操作的时候，还是应该选择那些干脆有力吃掉大阴线的走势，实在没有选择的情况下，才可以选择这种数根阳线吞没大阴线的案例。

图 2 - 25　PTA1805 合约 2016 年 11 月走势图

在图 2 - 25 中，PTA1805 合约 2016 年 11 月本来涨得挺好，从正常的角度来看，就算是价格下跌，也不可能以跌停的方式进行。从天而降的跌停大阴线，使得走势充满了诡异。面对这种走势，该如何进行操作呢？

在跌停阴线出现的时候，肯定是要先将多单平仓出局的。做空是不适合的，因为下降趋势并没有形成，不能因为一根 K 线的实体过大，就在趋势形成之前匆忙操作。借跌停大阴线的出现逢低做多可以吗？这显然也是不适合的。因为价格此时的下跌，并不是正常的下跌，而是一种异常波动，所以应当多看少动。

想要入场做多，必须要等价格摆脱此时的异常波动区间，也就是多方吃掉这根跌停大阴线的实体，把空方夺走的失地重新夺回。从整体走势而言，PTA 的多方的确收回失地，但是中间的过程却极为曲折，走势上有了一些断档。在实战操作的时候，类似的走势实际上是应该放弃的。

大实体阴线的出现并不可怕，但价格长时间才能够收回失地，说明多方的力量并不强大。做多肯定是要找多方力量强的点位来进行操作。所以，虽然形成了形态，但是多方力量较弱，还是放弃为好。

2.7 K 线的支撑与压力

凡是涉及成本概念的都具有支撑与压力作用。为什么前高点或前低点有支撑以及压力的作用？因为前高点与前低点囤积了一定量的资金，构成了一个密集的成本区间，故此会对价格的波动产生支撑或压力的作用。移动均线或是布林线指标也具备支撑与压力的作用，这是因为它们的计算方式取值收盘价，而收盘价可以从一个侧面反映并不十分精细的成本，因此也就产生了支撑与压力的作用。

K 线更是由资金推动产生的，因此，K 线必然也会产生支撑与压力的作用。在使用 K 线判断支撑与压力位时一定要注意，必须要选取实体较大的阳线或是阴线。若 K 线的实体比较小，分析的价值也就不高；K 线实体越大，越是具有参考价值。

支撑与压力历来都是一个区间性的概念，而绝不是某一个具体的价格，在使用 K 线判断支撑与压力位时也是如此。K 线的全部实体都是支撑位或是压力位，有时收盘价发挥了作用，有时开盘价发挥了作用，有时其他实体部位发挥了作用。

从实战的角度出发，支撑的位置越高，也就越值得进行做多操作。例如，A 品种阳线的收盘价产生了支撑作用，B 品种阳线的开盘价产生了支撑作用，那肯定是要选择支撑位更高的 A 品种进行操作。做空也是如此，压力位越低则越具有实战价值，应当尽量选择压力位低的品种进行操作。

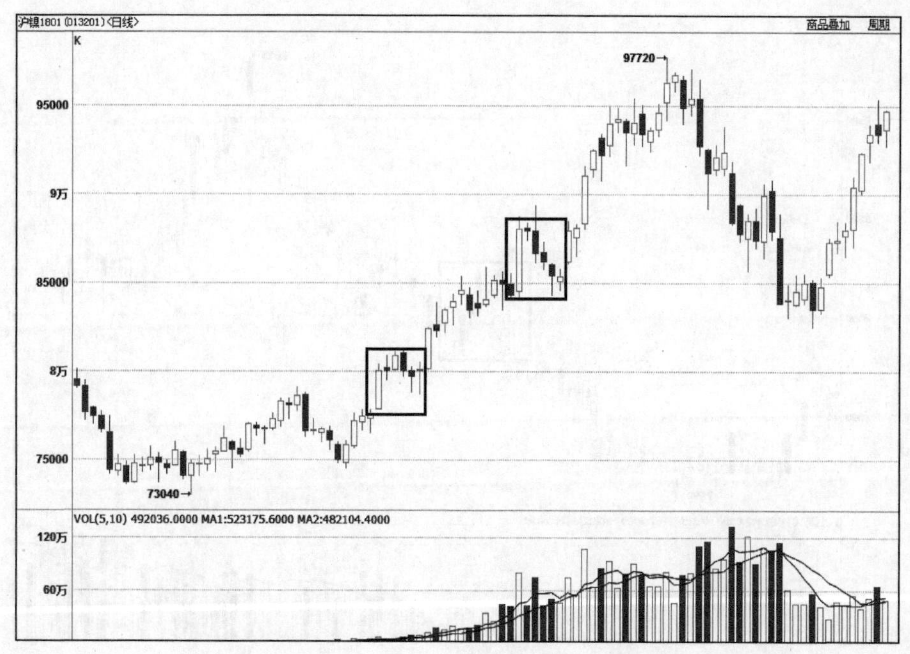

图2-26 沪镍1801合约2017年8月走势图

在图2-26中，沪镍1801合约2017年8月价格已步入明确的上升趋势中，在上涨的过程中必然会见到实体较大的阳线，而一旦遇见这些大实体的阳线就一定要习惯性地将它们作为近期的一个重要参照。若价格继续上涨，大阳线会对上涨起到促进作用，若价格调整，这些大实体的阳线则会发挥强大的支撑作用。

从图中的走势来看，价格的两次调整均得到了大阳线的支撑。第一次是大实体收盘价附近产生的支撑作用，第二次则是大阳线开盘价产生的支撑作用。当支撑发挥作用以后，价格均出现了进一步上涨的走势。支撑的目的就是守住成本的底线，进而推动价格延续之前的波动方向，所以，当支撑有效时，也就意味着价格后期继续上涨的概率是很大的。

从实战的角度来讲，第二次大阳线的支撑位置较低，而第一次的支撑位置更高。位置的高低其实反映了空方力量的大小，若空方力量小，则不可能把价格打落得太多。空弱则多强，所以，第一次较高支撑位的技术形态是最值得进行操作的。

图 2－27　PP1801 合约 2017 年 7 月走势图

在图 2－27 中，PP1801 合约 2017 年 7 月价格见底之后形成了一波持续上涨的行情，在上涨的过程中，价格的波动形态并不复杂，操作的难度不是很大。在价格上涨或下跌意愿强烈的时候，其形态往往都比较简单。但凡碰到不愿意连续涨跌的走势时，行情的变化就会非常复杂，例如横盘区间。

在价格上涨的中途，曾连续收出三根阴线。单看这三根阴线，好像价格的上涨趋势有暂时结束的迹象，但若仔细观察便可以看到，三根阴线调整的低点恰恰打到了之前价格收出大阳线的开盘价位置。在大阳线的实体发挥了支撑作用时，投资者就一定要密切留意后期可能的获利机会。

价格面对大实体 K 线支撑位时，一定要持续关注。若价格还将会继续下跌，那必然会跌破支撑，但若价格要起涨，支撑位则会发挥应有的作用：阻止价格下跌以及促使价格上涨。在后期价格跌不下去的时候，就要意识到，支撑位将会构成一个重要的低点。

图 2－28　鸡蛋 1801 合约 2017 年 7 月走势图

在图 2－28 中，鸡蛋 1801 合约 2017 年 7 月价格经过短线的调整之后继续上涨。只要方向不是下降的，就应当密切留意收出的那些实体较大的阳 K 线，因为这些 K 线往往会向投资者透露出支撑与促涨的信号。

在企稳的点位收出一根实体较大的阳线之后，价格连续调整了五天。从这五天的走势来看，调整的低点在打到大实体阳线收盘价的位置时便全部停止了回落，这是重要大阳线实体产生的支撑作用，并且支撑位置比较高，意味着价格上涨的概率是非常大的。支撑位越高说明空方越没有能力将价格打落下来，空方虚弱则多方强大，故此，涨的概率自然会加大。

价格在突破了前高点之后，再次形成了调整的走势，但这一次调整的形态更加强劲，所有调整的低点全部悬浮在大阳线收盘价的上方，相比前一次调整时的支撑位置，第二次的支撑位更高。这种现象意味着：随着价格的位置越来越高，多方的力量在不断地增强，调整始终不回落，价格进一步上涨的概率是极大的。支撑位处的技术形态为投资者提供了后期的上涨机会。在实战操作时，碰到调整不要担心，仔细看一下受到支撑的位置高点，机会就在这些强势的支撑形态中！

图 2-29　橡胶 1801 合约 2017 年 4 月走势图

在图 2-29 中，橡胶 1801 合约 2017 年 4 月价格见顶之后出现了连续回落的走势，在下跌的过程中收出了多根大实体的阴线，一次又一次宣示着空方牢牢把控局面。阳线实体小而阴线实体普遍较大，面对这种整体 K 线形态，必须要服从方向坚定做空。

下跌途中先后出现了两次反弹的走势，但每一次反弹的结束都以一根大实体的阴线为标志。任凭多方进行了几天的抵抗，空方一天便重夺失地！大阴线出现之后，价格短线下跌后再度反弹，但是反弹的高点全部受到了大实体阴线收盘价的压力，到达压力点之后，反弹行情便随之结束，并进入到下一轮的下跌之中。

若价格的方向明显，趋势向空并且收出了大实体的阴线，只要价格反弹到大阴线的实体范围时，便需要密切留意随时出现的做空机会，此时下跌的概率非常大，只需要再结合其他技术将进出点位进行细化，便可以把握住下跌中途顺势做空的获利机会。

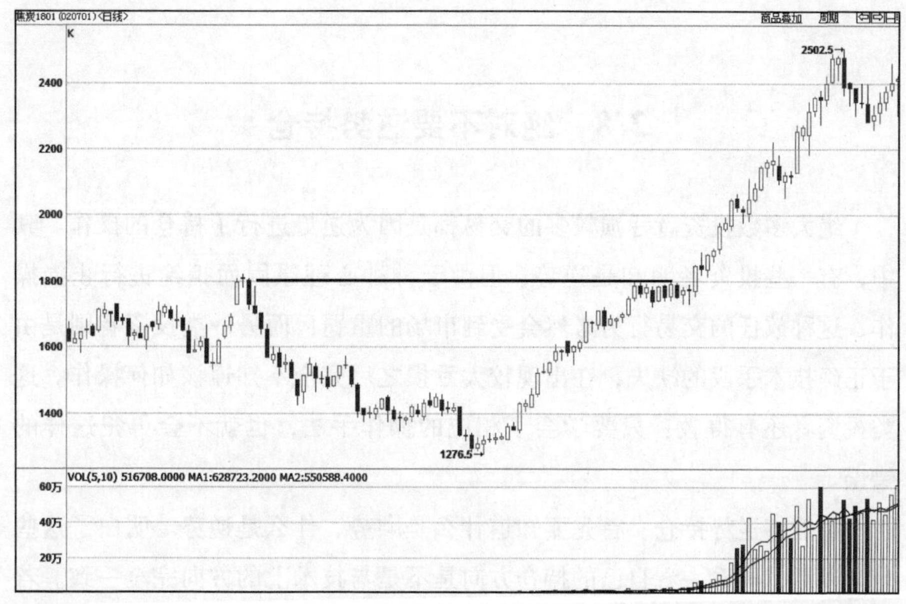

图 2－30　焦炭 1801 合约 2017 年 7 月走势图

在图 2－30 中，焦炭 1801 合约 2017 年 7 月价格见底之后进入了又一轮的牛市上涨行情，价格从低点一口气上涨到前期的高点附近。虽然后期成功地突破了前高点，但也在突破前主动低了低头。是什么原因导致价格在这个位置出现回落呢？

从前一个高点的走势来看，价格短线上涨行情的结束以一根大实体的阴线为标志，这一根大阴线足以与短线上涨行情中的任何一根阳线抗衡，它的出现封杀了价格的上涨之路。虽然这一根大阴线对临近的走势并没有产生压力的作用，但却对相隔时间较远的下一阶段行情产生了影响。价格涨回到这个位置时，压力的作用虽然有所减弱，但并未消失，因此才使得价格出现了短线上的震荡走势。

若前期的行情在某个阶段收出大实体的阴线或是大实体的阳线，当价格再度回到这个位置时，压力或支撑作用肯定会减弱，但往往并不会完全消失，不过，此时暂时的震荡可以被视为是顺势过程中的正常波动，价格化解了压力或支撑之后，往往还将会继续延续之前的趋势方向。

2.8 绝对不要逆势持仓

绝大多数投资者亏损较多的交易都是因为逆势进行了持仓的操作。其中，有一些投资者明知是逆势，但由于种种心理原因而拒绝进行止损操作，这种放任的交易行为必然会受到市场的重罚！而另一类投资者则是由于正确技术手段的缺失，在出现较大亏损之后完全不知道该如何操作。这类投资者还有得救！只要学会了相应的操作手法，也就不会再犯这样的错误。

不能够逆势持仓，首先要知道什么是顺势、什么是逆势。明白了这些定义以后，再看一看自己的持仓方向是不是与技术上的方向完全一致。若是一致的，便可以继续持仓，此时盈利的概率将会是极大的；若是与技术上的方向不一致，那就得马上离场，离场越早亏损的幅度也就越小。

提到顺势就要明确价格的走势方向。在确定价格波动方向的时候，趋势类的指标是应当优先使用的，笔者建议使用布林线指标。相比移动均线，它可以提示更多的市场信息：价格的支撑与压力位、涨跌的方向以及转变、均线所没有的变盘信号、强势波动等十余种提示信息。在选择技术指标的时候，谁能够同时发出的信号越多，谁就越值得被使用。

在使用布林线指标的时候，中轨的方向即可以被视为是持仓方向的参照：在布林线指标中轨向上的时候，持有多单是正确的，持有空单则是错误的，在此时很容易亏钱；在布林线指标中轨向下的时候，持有空单是正确的，是很容易实现盈利的，但持有多单则是错误的，必须及时离场。

只要能够始终顺从布林线指标中轨的方向，再精确一下进出点位，别买在相对波段的高点或低点区间，亏大钱的事情就绝不会发生。

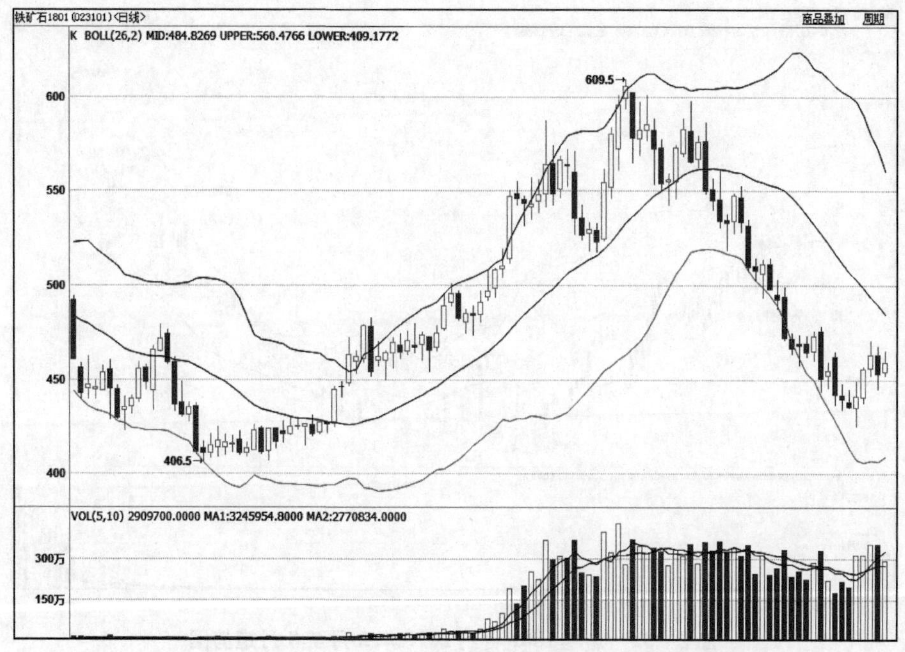

图2-31 铁矿石1801合约2017年6月至10月走势图

在图2-31中，铁矿石1801合约2017年6月至10月期间，价格见底之后开始了新一轮的上涨行情。随着价格波动重心的不断抬高，布林线指标中轨在上涨的初期由下降趋势转变为上升趋势。中轨方向上的变化意味着投资者手中持仓的方向也必须要做出相应的调整：中轨向下时持有空单是正确的，而中轨转为上升趋势以后，必须要持有多单，若继续持有空单，亏损必将会越来越大。

一轮趋势的形成往往会有惯性，虽然有一些走势在较短的时间内便再度发生了转变，但这是小概率的事情，大概率的事情则是方向会延续一段时间。而在这一阶段内，若是逆势持仓，无论有多少资金都必然会被不断上涨的走势吞没。

图 2－32　热卷 1801 合约 2017 年 2 月至 8 月走势图

在图 2－32 中，热卷 1801 合约 2017 年 2 月至 8 月期间，价格先是下跌，而后又形成了上涨的走势。由于 K 线的波动较复杂，所以，使用布林线指标来平滑 K 线复杂的形态，可以使得趋势方向更容易识别。

在价格下跌的过程中，布林线指标中轨始终保持着下降的趋势，意味着这一时期投资者手中必须要持有空单。虽然下跌过程中有多次反弹的走势，但反弹过后价格还是跌了回来，持有空单盈利的概率远大于持有多单。

下跌到底部之后，价格略经震荡便展开了上涨，随着波动重心的不断抬高，布林线指标中轨也随之由下降趋势转变为上升趋势。中轨方向发生转变时，投资者的持仓就应当由空单转变为多单。只有将手中的持仓始终与布林线指标中轨的方向保持一致，投资者才会远离风险，接近盈利！

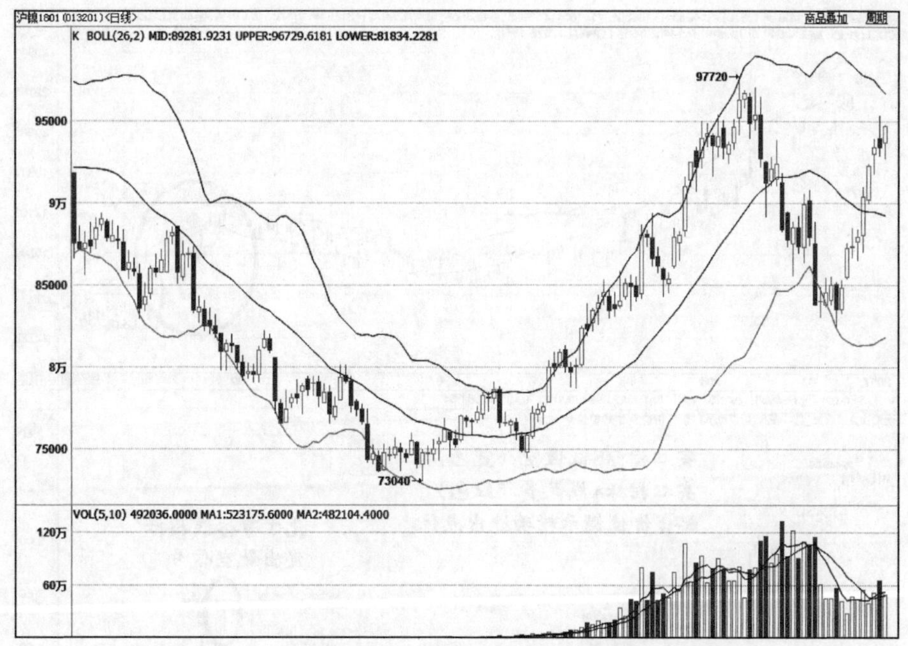

图2-33 沪镍1801合约2017年3月至10月走势图

在图2-33中，沪镍1801合约2017年3月至10月期间价格经过了一轮上涨与下跌的走势。从图中的走势来看，布林线指标中轨都始终紧紧追随着价格的方向，虽然有一些滞后，但并不会因此而错过大的机会与承担大的风险。

在布林线指标中轨明确向下的情况下，投资者需要做的就是坚定地顺从中轨向下的方向进行做空的操作，以及耐心地持有空单。在中轨向下的时候，任何做多行为的成功率都非常低，并且风险远大于收益，与顺势做空的情况完全相反。当价格下跌到底部形成上升趋势时，布林线指标中轨及时地跟随价格的变化形成方向的转变。一旦发现中轨转为上升趋势，此时所有的做空操作都要停止，而后择机入场进行做多的操作。

若是在布林线指标中轨向下时逆势做多，或是在布林线指标中轨向上时逆势做空，一旦仓位略重，几根K线就会被清理出局，就算运气好碰上了价格的反弹或是调整，也马上会出现大幅的亏损。

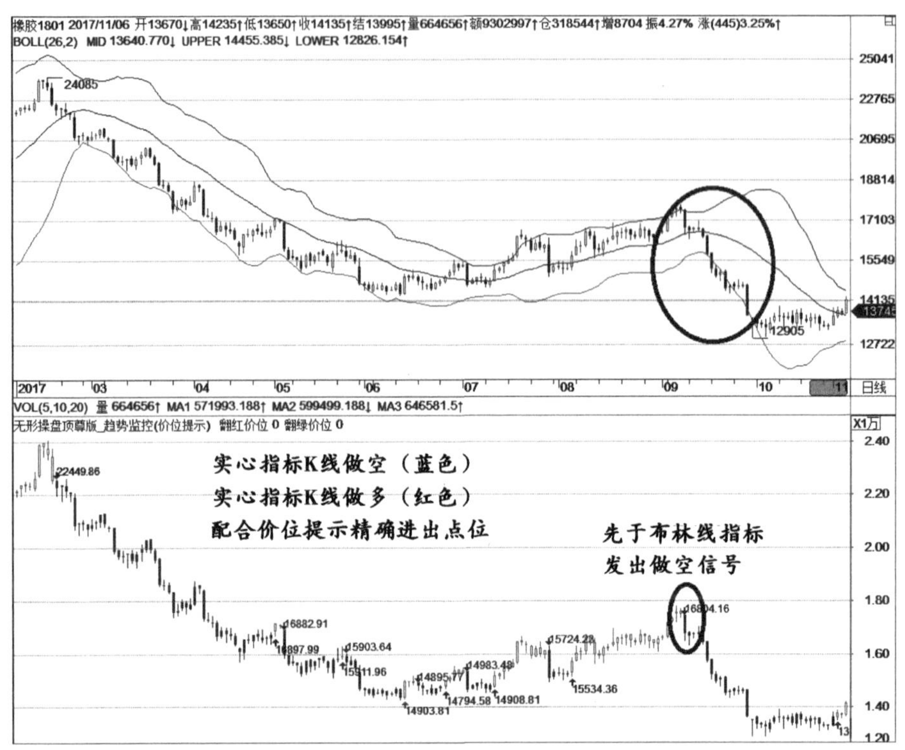

图 2-34　橡胶 1801 合约 2017 年 2 月至 10 月走势图

在图 2-34 中，橡胶 1801 合约 2017 年 2 月至 10 月整体形成了持续下跌的走势，虽然中途出现了一次反弹，但并未能够扭转颓势。在价格反弹的过程中进行做多操作完全可以理解，任何真正的上涨行情都是由反弹转变而来的。而当做空信号到来的时候，若不能及时地平仓多单，则必然会受到重创！从笔者的操盘系统趋势监控指标来看，在价格反弹到终点、第一根阴线出现的时候，做空信号形成，并且一直持续到下跌的低点，直到反弹开始才重新形成了做多信号。若在这一时期逆势持有多单，哪怕只是开仓一手也要亏损 3 万元以上，若是仓位重一些，很容易便会爆仓。

虽然此时布林线中轨的转向并没有趋势监控指标及时，但也可以帮助投资者回避掉大的风险。逆势持仓是巨亏的根源，投资者想要避免大亏，就必须要坚决做到在布林线指标中轨向下时不持有多单！

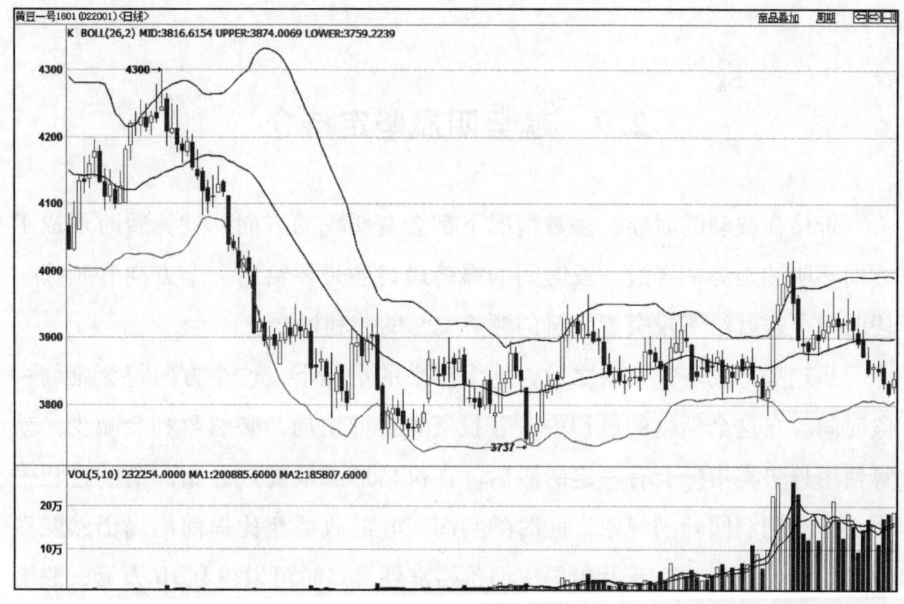

图 2-35 黄豆一号 1801 合约 2017 年 4 月至 9 月走势图

在图 2-35 中，黄豆一号 1801 合约 2017 年 4 月至 9 月价格下跌之后形成了长时间的低位震荡走势。在价格波动的过程中，布林线指标中轨的方向不明，时而略微向上，时而又有向下的迹象。对于这样的走势该如何判断呢？

在实战的时候，操作一定要在布林线指标中轨方向非常明确时进行，其标准为：只要看一眼就可以明确趋势方向。凡是模糊不清的，一律视为无方向。在布林线指标中轨无方向的阶段，像图 2-35 中的走势，可以持有空单，但不宜再去新开仓，多单与空单都不适合开仓。

中轨方向不明时，就算持有了不利的仓位，也不会产生较大的亏损，因为价格在此时多数是上下波动的。虽然不会亏大钱，但也绝不会给投资者赚大钱的机会，行情犹如鸡肋，应当放弃。只有在方向明确时顺着方向坚定持仓，在方向不明时寻找方向明确的品种进行操作，才可以获得好的收益。

2.9　趋势明显坚定持仓

价格在波动的时候，多数情况下都会有明确的方向。就算暂时形成了方向不明的走势，经过一段时间的震荡最终还是要给出一个方向并延续一段时间，这就给了投资者大量的顺势交易的获利机会。

当趋势形成一个方向之后，绝大多数的情况下，这个方向将会延续一段时间。在这个延续的过程中，若投资者提前出局，必然盈利会减少。就算使用趋势类指标会有一定的滞后，在价格形成最高点开始回落的过程中也必然有利润回吐的现象，此时的利润回吐的收益相比提前出局仍然要多很多。假设盈利 3 万元就出局，而价格涨到最高时可以盈利 10 万元，假设最终在价格回落到盈利 8 万元时出局，虽然利润回吐了 2 万元，但相比在盈利 3 万元时出局，是不是还多赚了 5 万元？所以，在持仓的时候，不要担心利润回吐的问题，利润回吐往往是在盈利进一步增多之后发生的。

趋势类指标有好多种，使用哪一种都可以，完全可以依据自己的操作喜好来进行选择。只不过有的指标反映的市场信息会更全面一些，谁反映出的市场信息越多，谁就越值得使用。

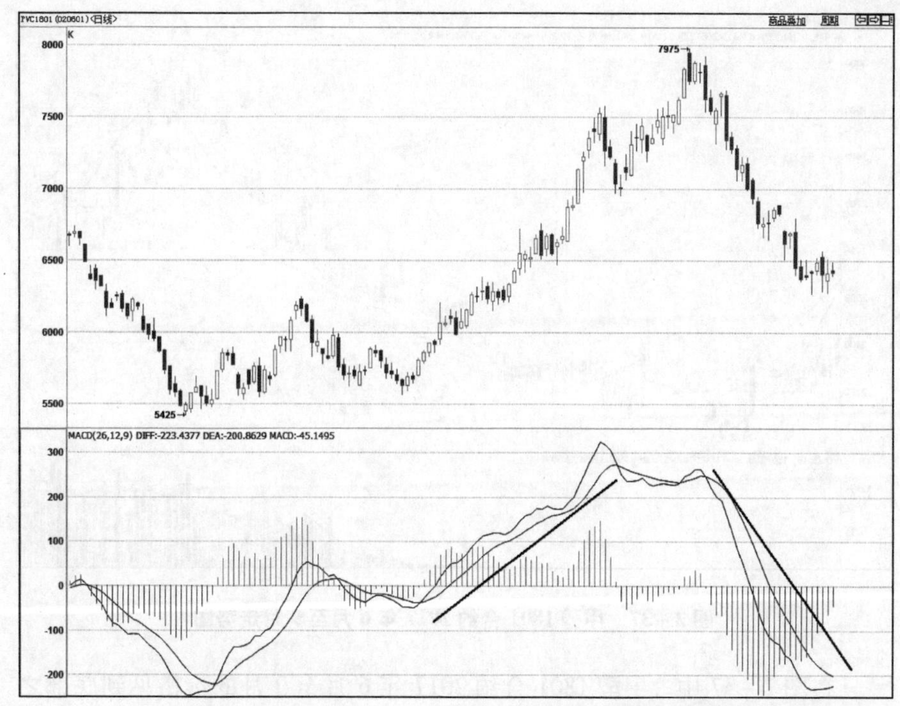

图 2－36　PVC1801 合约 2017 年 6 月至 10 月走势图

在图 2－36 中，PVC1801 合约 2017 年 6 月至 10 月价格见底之后形成了一轮上升的趋势，在上涨的过程中，若使用 MACD 这个趋势类指标作为辅助参考，则可以很好地把握住盈利的机会，掌握大段的上涨空间。

使用 MACD 指标时，可以查看指标线体作为追踪趋势的信号。只要快慢两条指标线没有形成死叉，就不必理会 K 线的阴阳变化，始终持仓，而一旦形成死叉，要么减仓，要么清仓。同时，还可以根据 MACD 指标的柱体变化来判断价格上涨或下跌时的力度变化。若指标柱体始终放长，那就表示力度在不断地增长，这是必须要坚定持仓的阶段；若指标柱体有所减短，那就表示涨跌的力度有所衰竭，此时需要多加留意，做好减仓准备。

MACD 指标虽然属于趋势类指标，但并不像移动均线或是布林线一样紧密追随价格，它有时会形成背离状态，对局部的持仓造成一定的干扰。所以，MACD 指标对持仓起到的帮助是辅助性的。发现指标线向上就坚定持有多单，发现指标线向下就坚定持有空单，这是不可能犯大错的做法。

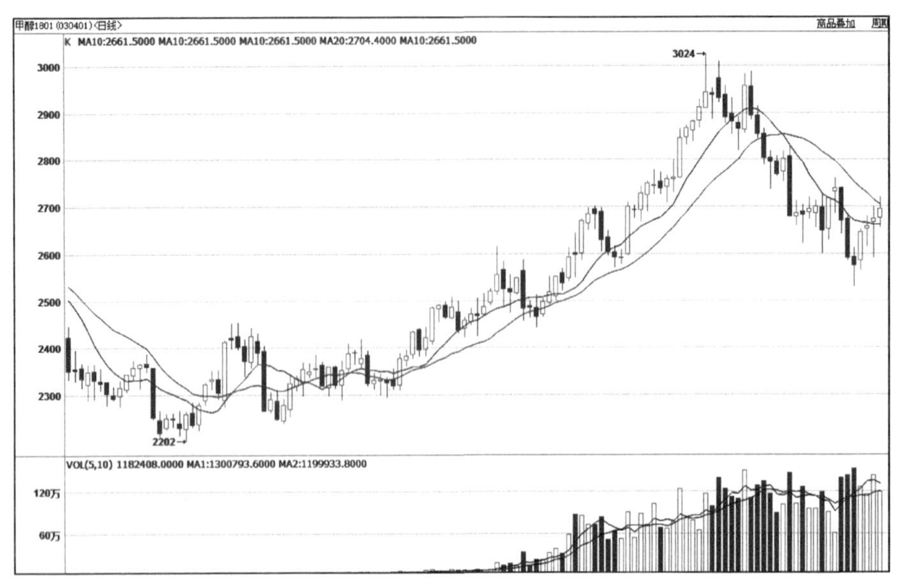

图 2－37　甲醇 1801 合约 2017 年 6 月至 9 月走势图

在图 2－37 中，甲醇 1801 合约 2017 年 6 月至 9 月的价格见到底部之后，形成了震荡上涨的走势。由于上涨过程中的震荡较多，所以用裸 K 线或是较短周期的移动均线的方式进行局部持仓是不太好赚够大波段带来的收益的。这个时候若使用移动均线进行持仓参考，就需要略微放长一些周期。在实际操作时，笔者建议使用 10、20 两个周期的均线。过短的周期没有意义，过长的周期反映过慢，趋势的追随效果差，所以不建议使用。

在价格震荡上涨的过程中，10 周期与 20 周期的移动均线均保持着坚挺的上行趋势。只要均线没有任何拐头向下的迹象，便应当坚定持仓，而不必理会价格暂时性的调整。再牛的行情也必然会有调整，若是调整则不会带动均线向下，所以，在均线向上的过程中，也需要一些耐心与信心在震荡中持仓。

若价格经过几波上涨之后，跌破了 10 周期均线，则可以进行减仓操作，而不必等到均线拐头向下或是形成死叉，而一旦跌破 20 周期的均线则可以清仓操作。请切记：这种跌破均线便减仓或清仓的做法，只适用于价格经过了几波上涨的高位区间。若价格仅仅是第一波或是第二波的上涨，还是以均线拐头向下或形成死叉为出局信号为宜。

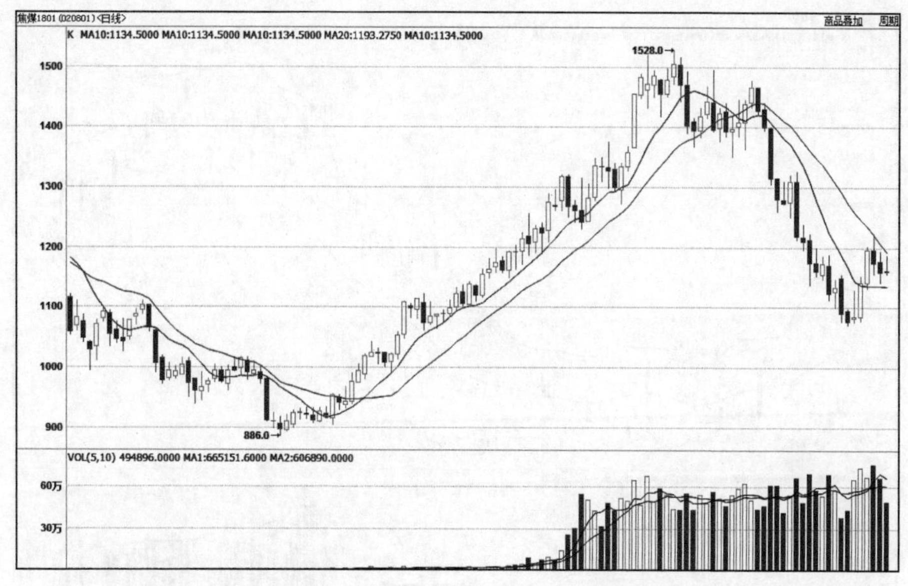

图2－38　焦煤1801合约2017年6月至9月走势图

在图2－38中，焦煤1801合约2017年6月至9月期间价格形成了一轮非常简单的上涨行情。对于这种连续按一个角度上涨的技术形态，无论什么样的持仓方法都可以一路拿到高点区间。只不过在价格没有走出来之前，到底是简单地上涨，还是像甲醇一样震荡地上涨，谁也无法提前预知。所以，在刚刚上涨阶段，还是要以统一的思路进行持仓操作。

在价格上涨整体幅度并不大的情况下，在使用移动均线时，需要关注的是均线是否拐头向下或形成死叉。因为在上涨初期阶段，盈利幅度不大，所以需要多留给价格一些波动的空间，以期捕捉到后期可能的大机会。而经过一段时间的上涨，整体涨幅已经较大的时候，需要观察价格有没有向下跌破移动均线的支撑，一旦跌破10周期均线便可以进行减仓操作以锁定收益，而一旦跌破20周期的均线便可以清仓操作。

上涨初期需要留一定的空间以博取大的收益，而当大收益到手之后，需要做的就是保全到手的收益。虽然同样使用移动均线进行分析，但由于价格所处的位置不同，具体的使用细节也有所差异。

图 2－39 螺纹 1801 合约 2017 年 6 月至 9 月走势图

在图 2－39 中，螺纹 1801 合约 2017 年 6 月至 9 月价格见底之后出现了持续性的上涨行情。在上涨的过程中也可以使用布林线指标进行操作，因为布林线指标中轨就是 26 日移动均线。只不过布林线指标既是趋势指标，也是通道类指标，所以，在具体使用时还可以使用通道这个功能进行操作。只不过通道针对的是更大规模的波动，形态走得久远则可以将利润全部拿下，但在涨到了头时，利润回吐的幅度远大于使用移动均线时的操作。所以，在价格涨幅较大以后可以同样采取使用移动均线的方式进行持仓。

使用布林线指标与使用移动均线相同之处是：在布林线指标中轨方向坚挺向上的时候，一定要耐心地持仓，等待着花开之后果实慢慢长大。当价格上涨到高位之后，若发现布林线指标通道有收窄迹象时，就需要考虑进行减仓操作，这是因为布林线通道一旦收窄便意味着价格的波动幅度将会由此减少。

若价格整体涨幅较小，则可以盯着布林线指标下轨，不破下轨便始终持仓。若价格涨幅较大，则可以在跌破中轨时减仓，而后在跌破下轨时进

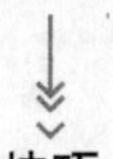

行清仓操作。由于布林线指标周期为26日，相比移动均线周期长，所以对趋势追踪的稳定性更好。但缺点也因此而来，周期的放长会使得见到真正高点后锁定收益的能力略有下降。

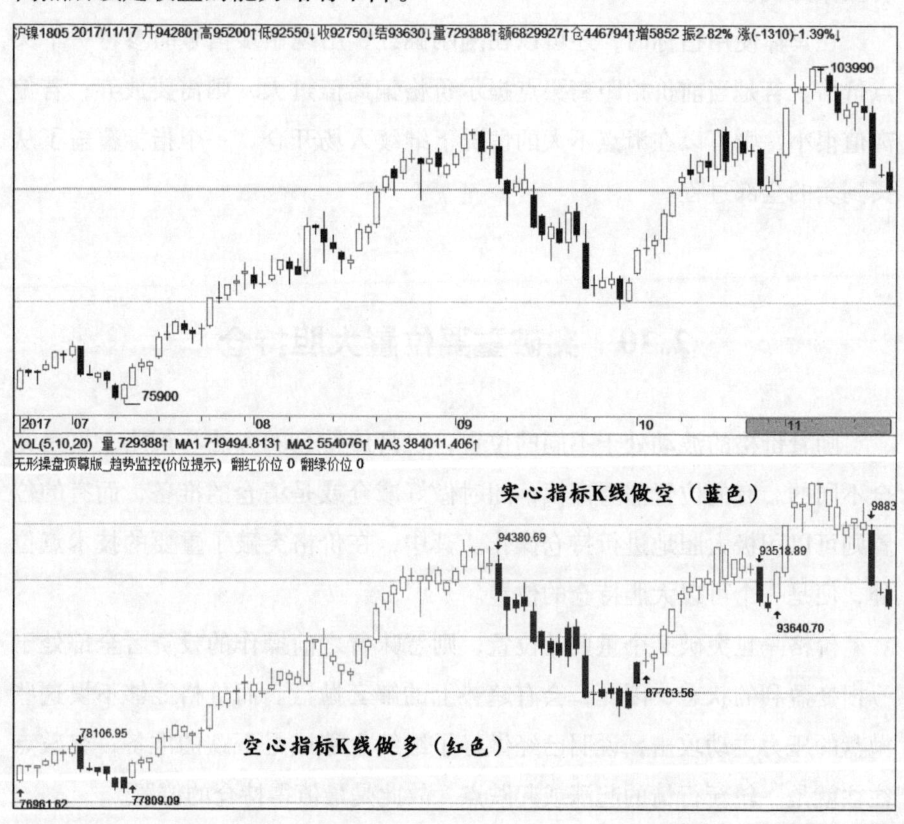

图2-40 沪镍1805合约2017年7月至11月走势图

在图2-40中，沪镍1805合约2017年7月至11月价格形成了宽幅震荡、上下翻飞的走势。这种震荡幅度较宽的走势使用常规指标进行操作的话将会较难适应，很难及时捉住价格的拐点，所以，如果使用传统的技术指标，需要在其计算公式与显示效果上进行处理，以使指标的显示效果更适用于实战交易。

趋势监控指标在显示效果上非常直观，多头状态就是空心红色（即图2-40中空心指标K线，注意与价格K线的区别），空头状态就是实心蓝色（即实心指标K线）。指标一直保持红色就做多，形成蓝色就做空，如此可以密切对趋势的变化方向进行监控并提示投资者该如何操作。可以看出，虽然价格形成了宽幅震荡的状态，但这个指标均可以及时地提示投资者操作的机会。

在具体使用指标时，还可以在刚刚翻红、出现做多信号时参考一下买点价格。若是当前价格距离买点提示价格偏离值过大，则需要放弃；若偏离值很小，则可以在滑点不大的情况下继续入场开仓。一个指标覆盖了从买到卖的全部过程。

2.10 突破重要位置大胆持仓

随着价格的波动处于不同的位置，在具体持仓的方法与策略上也是完全不同的。有的位置需要谨慎，随时做好减仓或是清仓的准备，而有的位置则可以积极大胆地进行持仓操作。其中，在价格突破了重要的技术点位处，便是一个可以大胆持仓的位置。

价格一旦突破某个重要的位置，则意味着之前操作的投资者全部处于亏损变盈利的状态，因此，会有趋势上的解套抛盘。而价格能够不惧这些抛盘的压力主动攻击，说明已经做好了继续上涨或是下跌的准备，突破点往往就是一轮新行情的起涨或起跌点，故此是最值得持仓的位置。

当然，其中也会有假突破的存在。但凡对假突破进行一些研究就会发现，假突破多发生在价格已经有了一大段波动空间之后。利用这个思路，在价格涨跌幅度不大，又恰恰出现突破走势时，便可以大胆持仓。若涨跌幅度较大，虽然可以持仓，但需要随时警惕假突破的形成。

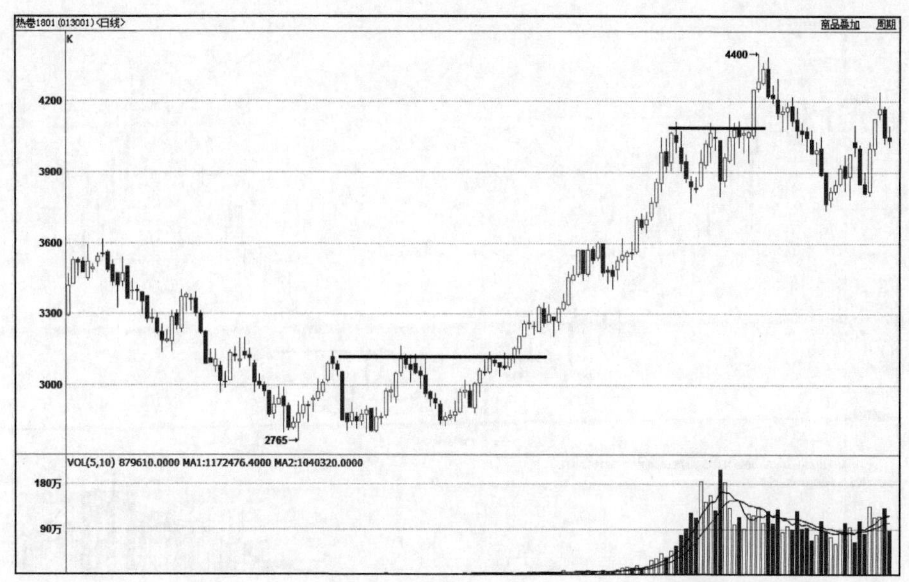

图 2-41　热卷 1801 合约 2017 年 6 月及 9 月走势图

在图 2-41 中，热卷 1801 合约 2017 年 6 月和 9 月在底部形成了一个三重底的技术形态，并且后两个底部在不断地抬高，多头蓄势的迹象已经比较明显，只不过多头正处于聚集力量的状态，因此形成了两个高点接近一致的短线头部。不过这个短线头部却隐藏着重要的信息：若价格始终无法突破这里，则不会出现上涨的行情，若价格在后期可以突破这里，那必然会引发一轮上涨行情。一旦突破形成，便意味着多头的蓄势已经完成。

终于，价格主动地向上完成了突破，此时的突破位是见底以来的第一次突破，这是绝佳的介入点位。多方刚刚起跑，未来将会有大把的上涨空间，此时若不坚定持仓，而抱着赚一点就跑的想法，是大错特错的。上涨初期的所有突破，不仅需要坚定地持仓，更需要大胆地开仓以及加仓。

经过一大波上涨之后，价格在高位区间再度形成突破的走势，形态一致但位置却完全不同。因此，突破的性质也就会变，由于突破已经形成，也可以继续持仓，只不过在持仓的过程中必须要加一份谨慎。

图 2-42　沪镍 1801 合约 2017 年 7 月走势图

在图 4-22 中，沪镍 1801 合约 2017 年 7 月下跌之后价格形成的底部比较干脆，直接一个左低右高的 W 形强势底部形态后便展开了持续性的上涨。在上涨的过程中，价格形成了第一次突破。此时该如何进行操作呢？

从传统的分析方法来看，突破之前价格的波动幅度有多宽，突破之后价格的波动幅度至少也会有同等的幅度。故此，在价格的涨幅没到位之前必须要坚定地进行持仓操作。而当价格达到理论上涨空间之后，此时的趋势必定已经完全明确，故此，可以在盈利的情况下将突破位持有的仓位转化为趋势单进行操作，使用的方法前边已经讲过。

一轮行情中会有多次的突破。价格所处的位置越低，在突破形成时的持仓积极性也就应当越高；反之，价格所处的位置越高，在突破形成时也可以进行持仓操作，但一定要谨慎。高处不胜寒，位置越高，主力越愿意使用假突破来诱骗投资者入场接盘。

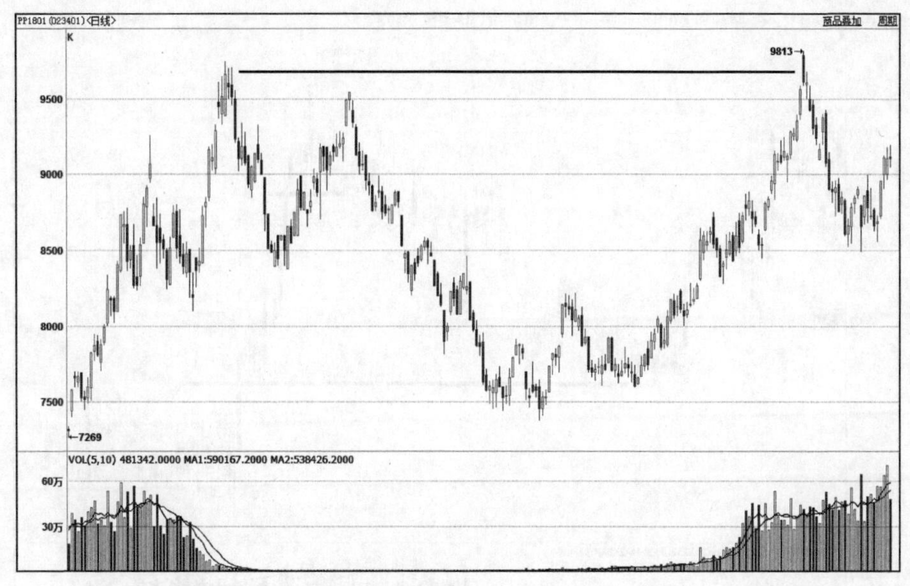

图 2-43　PP1801 合约 2017 年 9 月走势图

在图 2-43 中，PP1801 合约 2017 年 9 月完成了见底与持续上涨之后，到达了前期大高点的位置，并且一举高开形成突破，此时还可以继续积极地进行持仓吗？能不能积极地持仓必须要从整体走势来看。PP 的走势中，价格所处的位置与前两个案例完全不同，前两个案例是处于底部，还没有经历过上涨，而 PP 则处于一大波上涨之后，故此，交易的手法肯定是不同的。

上涨到前高点处时，已经有了比较大的盈利幅度，因此，这个位置是不必担心亏损的，而是要注意控制利润回吐的幅度。跳空突破之后，价格并没有连续上涨，而是出现了回落的走势，因此，可以结合移动均线或布林线进行持仓。破第一道线可以减仓，再继续向下则可以清仓。

若再对比价格底部的走势便可以轻松地看到：底部阶段，在整体涨幅不大的情况下，应坚持持仓，而在涨幅较大的情况下，持仓是可以的，但不能坚定而要谨慎，两者有很明显的区别。底部突破之后就算回落，也可以采取不要收益守住止损的方式持仓，而高位则不能让这只“煮熟的鸭子”飞掉。

图 2－44　橡胶 1801 合约 2017 年 9 月走势图

在图 2－44 中，橡胶 1801 合约 2017 年 9 月之前，价格已经出现了一大轮的下跌，而后低点抬高的震荡上涨让许多投资者认为是铁底到来。在价格形成上升趋势时做多肯定是没错的，但是，若是价格形成突破性的走势，就一定要顺势将手中的多单转变成为空单。

之前案例讲解的都是价格创新低与创新高的突破形态。这种突破走势非常容易识别，操作也不是太困难的事情。但还有一些突破形态是比较“低调”的，必须要仔细识别才可以明确。许多时候，在顺势而为思想的支配下，这种突破形态就会变得不那么清晰。这种突破就是局部突破，它针对的并不是前期最低的那个低点，而是近期最为临近的低点。一旦跌破这个低点，持有多单的就需要赶紧离场，持有空单的则可以大胆且坚定地持仓。

突破是灵活的，创整体性新高与新低这是常规的操作，碰到这种走势是必须要坚定持仓的，这个时候方向是顺大势。而突破临近高点或低点，有时是顺势的突破，有时则是逆势的突破。若是逆势的突破形态，在突破形成的时候手中不会持有与当前方向一致的单子，这个时候就需要及时转变思路去追随价格波动的最新形式。

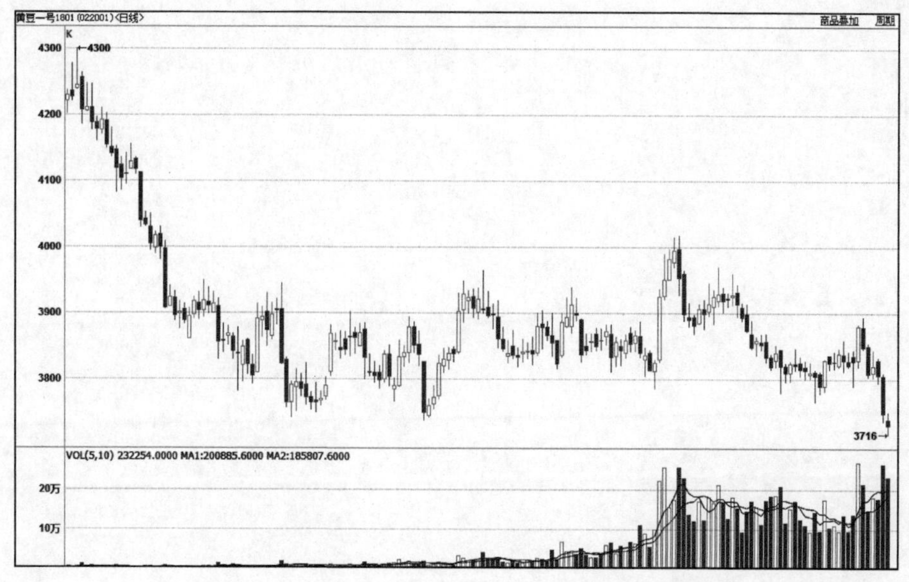

图2-45　黄豆一号1801合约2017年10月走势图

在图2-45中，黄豆一号1801合约2017年10月期间，价格的整体走势非常弱，始终在一个箱体的范围内上下震荡。这种走势结合趋势类指标来看的话，属于标准的无方向波动。在实际操作时，对于这种方向未明的波动形态一定要放弃，实战时必须要选择方向异常明显的品种进行操作。

在价格保持着箱体状态的时候，向下的突破始终没有能够很好地出现。由于震荡之前的方向是向下的，因此，在这一区间持有空单是非常辛苦的。在箱体区间内，向上突破前高点的走势经常出现，只不过突破的走势全是假的，突破很小的幅度之后价格便再度回到了突破点以内。此时若在向上的突破点持有多单，效果将会很差。空单不好持仓，多单也不好拿着，这些技术上的问题就是方向不明确造成的。

如果仔细对一些形成大波段上涨或下跌的品种进行分析就可以发现，成功的突破必定是在方向明确的情况下出现，而许多假突破正像豆一的走势一样，伴随着无方向的波动出现。故此，能不能够坚定地在突破点进行持仓，也需要看一下价格方向上的变化，在有明确方向的情况下按形成的技术信号进行操作多是成功的。

3. 日内投机操作技巧

无形认为：长周期大趋势的操作是必须要进行的，因为这是赚大钱的方式，但在进行这种操作之前，要么要有充足的后援资金，要么操作的资金完全是盈利资金，抗风险能力极强。对于绝大多数辛苦工作的投资者来说，进行期货投资的资金都是血汗辛苦钱，若进行长周期的操作，连亏几笔，资金的巨额损失暂且不说，心理上也难以承受。一旦背上沉重的亏损压力，后期将会极难实现稳定的盈利。故此，长周期的操作对于大多数投资者来说，绝对不是上来就适合的。

的确，日内投机操作单笔盈利的幅度并不大，但是这种操作方式风险很小。就算是满仓操作，一次的止损幅度也很难超过2%，而一旦形态成功，一天盈利5% ~10%并不是什么难事。风险小是大多数本金没有抗风险能力的投资者最应当考虑的问题。通过一段时间的日内操作，在本金实现了翻倍收益之后，便可以用全部的盈利去进行长周期的操作，在资金完全零风险的情况下，追求更高收益的机会。这才是正确的道路！

而要实现这个目标，您必须要掌握相关的日内投机操作技巧！日内投机操作难吗？学之，难者亦易矣；不学，则易者亦难矣！

3.1 首根 K 线确定早盘交易方向

进行日内投机操作，交易的方向是重中之重！这是因为日内的获利机会太多，“乱花渐欲迷人眼”，若不严格按照交易方向执行操作，很容易一会儿做多，一会儿做空，做来做去没有了主心骨，稳定平和的心态也做丢了。因此，日内交易以方向为重！

日内交易从一开盘便有了操作的机会，因此，操作方向的确定也需要从早开盘开始进行。但是，开盘的时候，价格难免会有各种幅度的高开、低开，在这种情况下，突然的高开或是低开将会对趋势类指标的数值产生严重的干扰。以 5 周期均线为例，收盘前四根 K 线的数值为 3801 元、3802 元、3800 元、3801 元，平均值为 3801 元。但若开盘之后第一根 K 线的收盘为 3880 元，数值一下子就会被拉升，5 周期均线的数据就是虚的，没有任何参考价值，只有时间周期度过了指标相应的周期以后，数值才能恢复正常。因此，在价格出现高开或是低开的情况下，趋势类指标都将在一定的时间段内不具备实战指导意义。只有收盘时的数值与开盘后第一根 K 线收盘价的数值相差不大的时候，才可以直接参考趋势类指标进行操作。

若价格出现了较大幅度的跳空，该如何确定日内操作的交易方向呢？此时只能使用 K 线数据进行分析。把开盘之后形成的第一根 K 线视为参照物，若价格后期的波动在第一根 K 线之上，则应当进行做多操作，但若价格后期的波动位于首根 K 线下方，则应当进行做空操作。实战操作时，首根 K 线是阳线还是阴线是没有关系的，重点是价格后期的走势与首根 K 线上下的位置关系，以此来确定交易方向。

这种方法只适用于在早盘期间进行操作，一般 10:00 之后这个方法就没有太多价值了。这时可以参考趋势类指标进行方向的确认。

图 3－1　热卷 1801 合约 2017 年 10 月 19 日走势图

在图 3－1 中，热卷 1801 合约 2017 年 10 月 19 日虽然从跌幅上看，价格有低开的可能，但从实际走势来看，收盘前最后一根 K 线的收盘价与开盘时第一根 K 线的收盘价并没有过大的差值，这样的开盘形态并不会对任何趋势类指标造成干扰，因此，没有必要参照首根 K 线的形态，可以直接依据技术指标的走势进行操作。

每一种方法的使用都有其前提条件。首根 K 线的使用前提是价格有跳空走势，在指标失去参考价值的时候，使用这种方法可以帮助投资者在早盘的动荡之中发现形成的投机性方向，以便捕捉早盘波动时的获利机会。

图 3－2　PP1801 合约 2017 年 10 月 19 日走势图

在图 3－2 中，PP1801 合约 2017 年 10 月 19 日出现了大幅跳空低开的走势。不仅在下跌幅度上明显跳空，在 K 线形态上也是如此，前一交易日最后一根 K 线与当天第一根 K 线的收盘价间出现了大幅的断档。这必然会导致所有的趋势类指标在一定时间范围内失真，因此，能在早盘期间为投资者提示方向的就只有 K 线形态。

当天开盘的第一根 K 线是阳线，不过，首根 K 线是阴还是阳并不重要，重要的是未来几根 K 线与首根 K 线的上下位置关系。从后面的走势来看，价格跌破了首根 K 线的实体范围，这就意味着空头的形态就此形成。虽然下跌不久便出现了反弹，但反弹的高点却受到了首根 K 线实体的压力，从而再度出现了一轮持续性下跌的走势。

首根 K 线定上下，这是早盘出现跳空时最有效的方向确定技巧。若出现价格在早盘期间波动幅度较大的行情，这种方法必然有效。

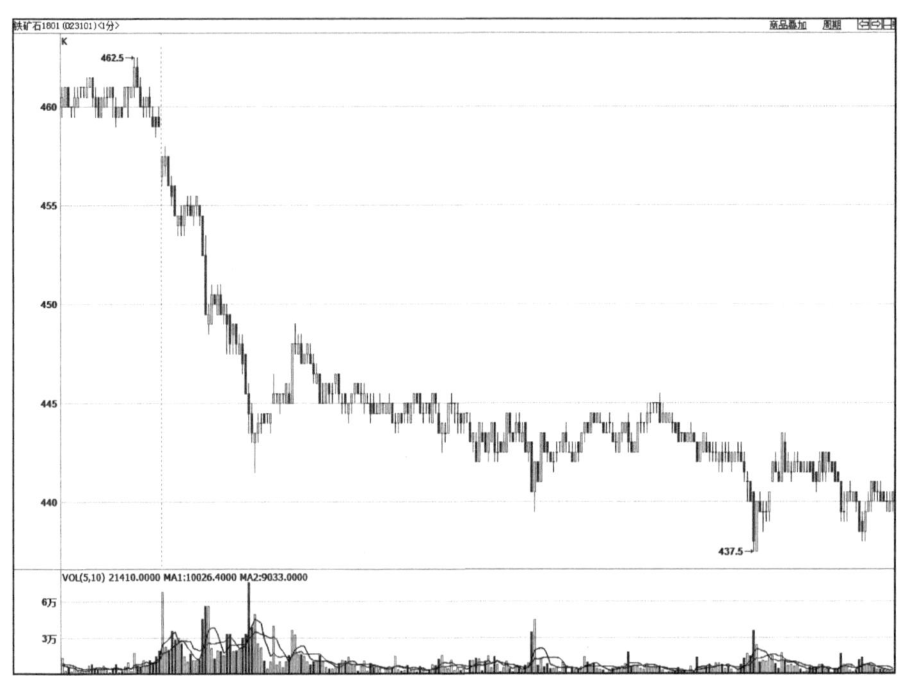

图 3－3　铁矿石 1801 合约 2017 年 10 月 19 日走势图

在图 3－3 中，铁矿石 1801 合约 2017 年 10 月 19 日出现了跳空低开的走势。像这样低开幅度并不算很大的走势，其实对趋势类指标的影响也不太大，各种趋势类指标可以很容易地躲避低开的干扰。不过在实战操作时，投资者还是要养成见到低开或高开便使用首根 K 线判断方向的习惯。

首根 K 线出现之后，价格很快便向下跌破了首根 K 线的实体范围，这种走势说明空头形态明确成立。价格位于首根 K 线下方时，不仅要看空，更要积极地做空。只要执行的是做空的操作，后期一轮连续下跌的行情就可以轻松把握。

从铁矿以及 PP 的走势来看，首根 K 线虽然都是阳线，但并未影响做空操作的进行，所以千万不要靠首根 K 线是阳是阴做判断。这一根 K 线无论是阴还是阳都无法对后期的走势做出方向上的指引，必须要参考未来几根 K 线的数据进行分析。

图 3 – 4　硅铁 1801 合约 2017 年 10 月 18 日走势图

在图 3 – 4 中，硅铁 1801 合约 2017 年 10 月 18 日出现了跳空高开的走势，前一交易日收盘时最后一根小阳线的收盘价与开盘后第一根阳线的收盘价相距甚远，这种现象意味着，想要在早盘确定出价格波动的确切方向，就必须要结合首根 K 线进行。

第一根 K 线形成之后，后面的几根 K 线全部位于首根 K 线上方，这说明此时的方向是趋多的，投资者应当顺势进行做多操作。随后，在成交量放大的推动下，拉出了一波早盘期间非常不错的上涨行情。

许多时候早盘的波动都是非常剧烈的，从日内操作的角度来看，此时的信息数据比较少，所以加大了操作的难度。但若掌握了首根 K 线定方向的交易方法，再碰到早盘剧烈波动的行情，也就知道该如何正确操作。未来几根 K 线位于首根 K 线上方则为多，反之则为空！

图 3－5　L1801 合约 2017 年 10 月 17 日走势图

在图 3－5 中，L1801 合约 2017 年 10 月 17 日价格出现了较大幅度的低开，随后便快速上行收出了一根实体较大的首根 K 线。虽然有上影线的回落，但随后的价格均位于首根 K 线上方，这说明多头的形态已经形成，此时应当依据首根 K 线的方向指引进行做多操作。

首根 K 线在指引方向的时候，它是阴线还是阳线是没有关系的，价格的高开、低开也没有关系，低开并不意味着不能做多，高开也并不意味着不能做空，一定要记住：未来价格与首根 K 线上下的位置关系才是决定方向的因素。

操作历来的顺序就是先确定方向，再确定介入点位。首根 K 线判断方向的方法相信大家已经掌握，接下来就是延续这个思路进行深化，打磨好细致的交易点位。这样一来，早盘跳空以后的获利机会也就不可能错过。

3.2 趋势类指标确定盘中交易方向

在价格收出的第一根 K 线的收盘价与前一交易日最后一根 K 线的收盘价有较大断档的时候，早盘期间应当使用首根 K 线来确定交易的方向。而随着时间的行进，首根 K 线对价格盘中走势的影响越来越弱时，就需要使用趋势类指标来辅助判断当前的波动方向。在使用趋势类指标的时候，任何趋势类指标都可以，完全可以依据自己的交易习惯来选择。因为笔者在操盘时喜欢使用布林线指标，所以，这一节讲解的交易方向的确定也依据该指标。原因很简单，布林线指标能够反映的市场信息多于其他趋势类指标。

随着价格的波动，布林线指标会呈现三种方向：中轨向上的做多方向，中轨向下的做空方向，以及中轨横向或基本横向的水平无方向。在具体参数中，只要中轨的数值比前一个取值点大，就应当视其为方向上的。但在实际操作中要切记，没有时间让您仔细地研究中轨的数值是不是比前边的数值大，只要看一眼，只一眼就行，如果可以明确地说出方向是向上或向下的话，那就是有方向的。如果一眼无法判断出是明确的向上还是向下，哪怕有微微的向上或向下，但无法准确识别，需要你睁大眼睛去看的话，这就是无方向！只要一眼就可以识别，这一点非常重要！

方向确定了，操作的问题就解决了一大半。中轨向上时，只能做多，不能有任何做空的想法！中轨向下时，只能做空，不能有任何做多的想法！中轨处于无方向状况时，停止操作，等待方向形成之后再入场进行操作。

顺应布林线指标中轨进行的操作，只有在介入点选择不是很恰当时，才有可能造成略大的亏损。如果介入点选择恰当但形态失败，虽然也会造成亏损，但是亏损的幅度是极小的。

一定要牢记，在下单之前问一下自己：下单的方向是不是与布林线指标中轨保持一致！

图 3-6　橡胶 1801 合约 2017 年 10 月 19 日走势图

在图 3-6 中，橡胶 1801 合约 2017 年 10 月 19 日价格在盘中形成了一轮持续性下跌的走势。在价格还保持着温和下跌状态的时候，布林线指标中轨便开始有了下降的趋势。如果发现中轨方向形成了转变，并且及时地在下跌跌幅不大的时候入场做空，便可以在后期捉住一轮能带来可观收益的下跌行情。

多数情况下，价格的波动都是先缓慢起步，再加速下行的。在缓慢起步的阶段，中轨的方向必然会明确形成。因为跌幅并不大，所以会留给投资者多次做空的机会。中轨下降的新趋势形成、新方向确定之后，接下来就是操作的第二步，寻找具体的介入点。

确定方向，而后选择具体的介入点，这才是操作的正确顺序。没有明确的方向，也就不需要去判断有没有操作的机会，因为此时不会有成功率较高的操作形态。

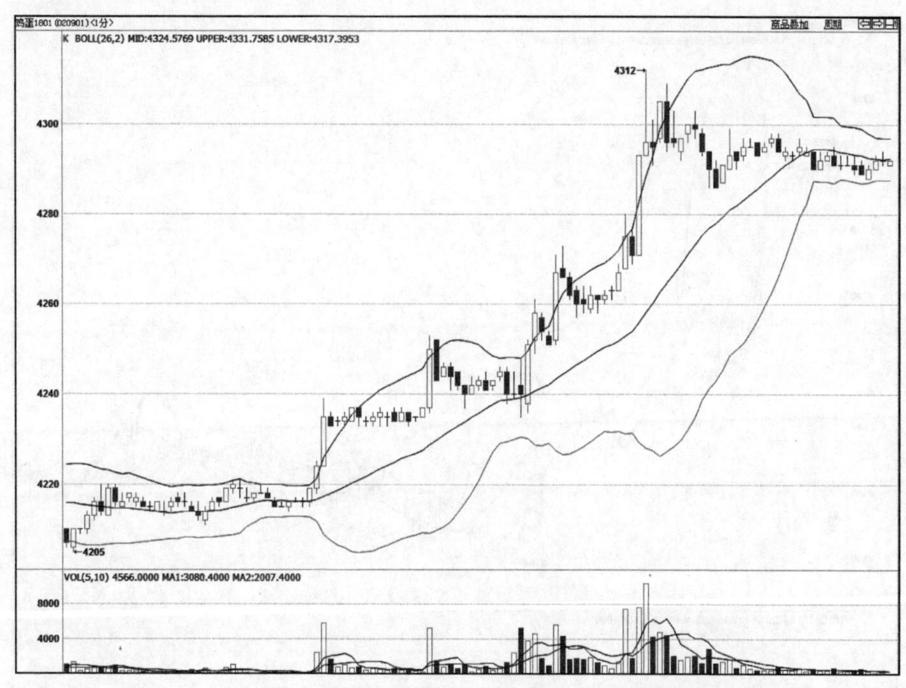

图3－7 鸡蛋1801合约2017年10月15日至16日走势图

在图3－7中，鸡蛋1801合约2017年10月15日至16日价格在盘中形成了一轮震荡上涨的走势。在布林线指标中轨形成明确向上的方向之前，布林线指标有一段方向模糊的走势，看似微微向下，而后又有些微微向上。对于这种一眼看去无法准确识别的趋势，一律视为无方向。

随着价格波动重心一步步地上移，在布林线指标非常明确向上的时候，就要意识到：交易的机会来了！价格的波动一定是先形成明确的方向，再给投资者提供交易的点位，而不会先有点位再有方向。所以，即使价格的第一波攻击没有做到也千万不要着急，这一波攻击仅仅是在打地基，地基打牢了才能盖高楼！

有时候会出现趋势刚一形成便马上结束的小概率事件，但大概率的事件是新的方向一旦形成便会持续一定的时间，投资者有足够的操作机会与操作时间，所以完全不用担心错过行情。只要您有正确的操作技术，确定性的操盘机会永远是不缺的，缺的只是您的耐心与捕捉机会的方法。

图 3-8　PP1801 合约 2017 年 10 月 19 日走势图

在图 3-8 中，PP1801 合约 2017 年 10 月 19 日价格形成了三大轮的波动行情：早盘开盘之后的下跌行情，下跌到底之后持续性的反弹行情，尾盘期间再度下跌的行情。在这三轮行情之中，尾盘的机会无法把握，因为从日内交易的角度来看，当新的下降方向形成的时候，已接近收盘而无法再操作。一般到 14:45 的时候，只可以持有日内单，而不宜再新开日内单。

早开盘时，由于出现了低开的走势，所以早盘时期应当依据首根 K 线的方向进行方向上的识别。经过一段时间的下跌之后，价格跳空对布林线指标中轨的影响作用消失时，则可以使用布林线指标中轨来确定交易的方向。从图 3-8 中的走势来看，在中轨向下的情况下，其实留给投资者数次中途入场做空的交易机会。

下跌结束之后，价格形成了持续性的震荡上涨走势。虽然整体上涨的空间并不大，但也有做多获利的机会，而这个机会正是由布林线指标中轨向上带来的。因此，在实战操作的时候切记：新方向形成的时候一定会带来新的盈利机会，所以，只要中轨发生方向上的转变，操作的思维就要随之调整。

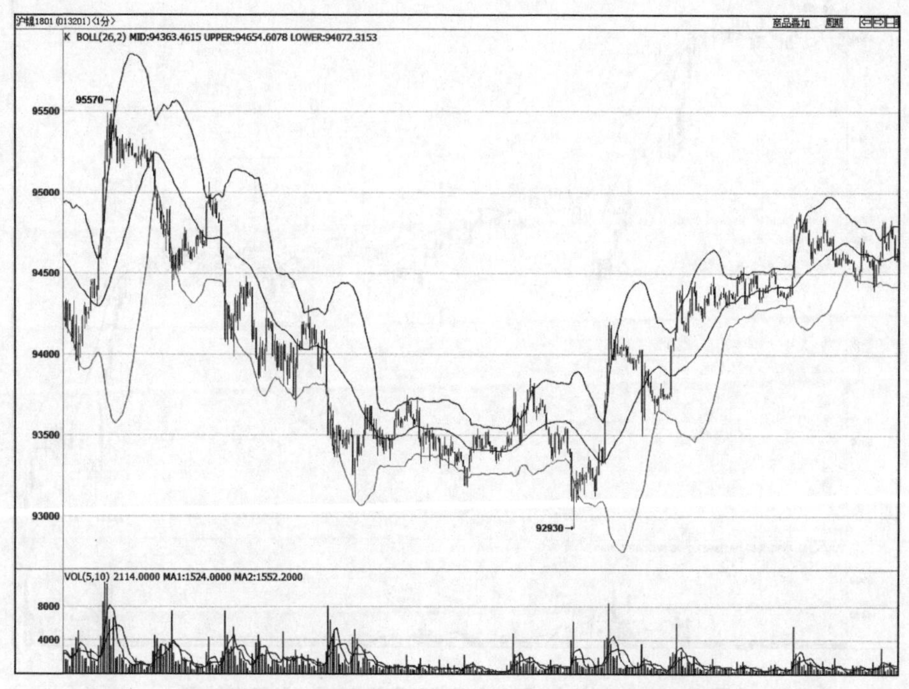

图 3-9　沪镍 1801 合约 2017 年 10 月 19 日走势图

在图 3-9 中，沪镍 1801 合约 2017 年 10 月 19 日价格的波动比较复杂，K 线形态有涨有跌。如果仅看 K 线，在很多时候方向并不是十分明显，但如果使用布林线指标，方向一下子就变得清楚多了，这就是趋势类指标的好处。通过平滑收盘价数据，可以为投资者提示更为稳定的方向变化，虽然存在滞后的缺陷，但趋势一旦形成就必然会延续的特性，足以抵消滞后带来的影响。

依据布林线指标确定方向是非常容易的事情。中轨向上时，就耐心等待做多信号的出现，有信号就坚定交易，没有信号或是信号模糊就继续耐心等待。若中轨由上升趋势转变为下降趋势，则随之转变操作的思路，即由做多转为坚定地做空，直到方向再次发生转变。

方向可以不断地延续是好事，这会不断增加当前的持仓获得的盈利；而布林线指标中轨发生方向上的转变，也是好事一件，因为新的方向意味着新的机会，两个方向可以有两次好的收获。

图 3－10　棕榈油 1801 合约 2017 年 10 月 19 日走势图

在图 3－10 中，棕榈油 1801 合约 2017 年 10 月 19 日价格在盘中出现了持续下跌的走势，在下跌中途虽然有所反弹，但是价格波动的高点却呈现依次降低的态势，这使得空头的整体形态非常明显。如果能从 K 线形态上判断出清晰的方向，那就没必要参考任何指标，但若无法从 K 线形态中识别出方向，就必须要使用经过平滑处理的趋势类指标辅助确定趋势。

由于移动均线的数值要比布林线指标短，因此其追随价格的能力更强，但同时，追踪过快导致在震荡区间内指标线上下变化频繁，方向多变。因此，趋势类指标周期长的话，则稳定性强，但存在滞后影响；周期短的话，则追踪能力强，但稳定性差。因此，若使用移动均线进行分析，短周期的话选 10，长周期的话选 20 即可。周期过短的，指标太过灵敏，周期过长的，指标太过滞后。

与布林线指标相比，移动均线由于缺少上轨与下轨，因此支撑压力位的识别效果差于布林线。在使用方法上，两者没有任何差别，均线向上则做多，均线向下则做空。做多时，只要两条均线没有死叉，多头趋势延续的概率就是极大的；做空时，只要两条均线没有金叉，则下跌的概率是较大的。

在进行实战操作的时候，对于方向的确定有着时间上的要求。笔者的要求是 1 秒钟之内必须要确定出方向，这不是什么难事。

3.3 “回马一枪”操盘技巧

MACD 指标对于广大投资者来说并不陌生，这是一个学习投资操作时最早接触的指标。MACD 指标同样可以反映出许多市场信息，这一节就结合 MACD 指标为大家介绍一种非常实用的操盘技巧。

许多价格的下跌在 MACD 指标上的体现是形成死叉，而后价格连续回落。但通过对大量的案例进行总结却可以发现：有些时候 MACD 指标虽然形成了死叉，但这却是主力资金的一种洗盘行为，死叉之后价格不仅没有下跌，反而很快再度走出了一波上涨行情。多头走势看似将要结束，谁料突然回马一枪正中敌方胸膛。

“回马一枪”有怎样的技术形态呢？第一步是 MACD 指标形成死叉；第二步是在 5 个时间周期范围内（若看 1 分钟 K 线便是 5 分钟时间的总长度，若看日线便是 5 天时间的总长度），MACD 指标重新形成金叉。一旦金叉重新出现便可以在场中进行做多操作。做空也是如此。

若价格真要下跌，是不会在很短时间内重新形成金叉的，而是会持续走空。一旦短时间内重新恢复多头迹象，那就表示多方力量非常强大，根本不希望价格下跌，MACD 指标金叉形成之时就是新一轮上涨行情启动之际。

图 3－11　沪镍 1801 合约 2017 年 10 月 20 日走势图

在图 3－11 时，沪镍 1801 合约 2017 年 10 月 20 日价格在上涨中途出现了一次调整的走势。在前几根 K 线调整的时候，多头的强势特征还比较明显，价格的波动重心此时并未出现下移，若一直能以这种形态完成调整的全过程，价格上涨的概率是极大的。

不过，随着一根实体较大的阴线的出现，问题变得复杂。这一根阴线使上升趋势变得不那么明确。是要继续上涨，还是要就此回落，从当时的 K 线形态来看很难找到答案。在这个时候，MACD 指标死叉的出现进一步降低了继续看涨的可能性。

调整过程虽然让人难以琢磨，之后的走势却为投资者指出了清晰的方向。MACD 指标形成死叉之后，空头形态仅保持了三根 K 线，在死叉形成后的第三根 K 线处（不算死叉形成时的负值柱体），金叉就此成立。这说明下跌只是多头虚晃一枪，上涨也在 5 周期内重新形成金叉之后到来。

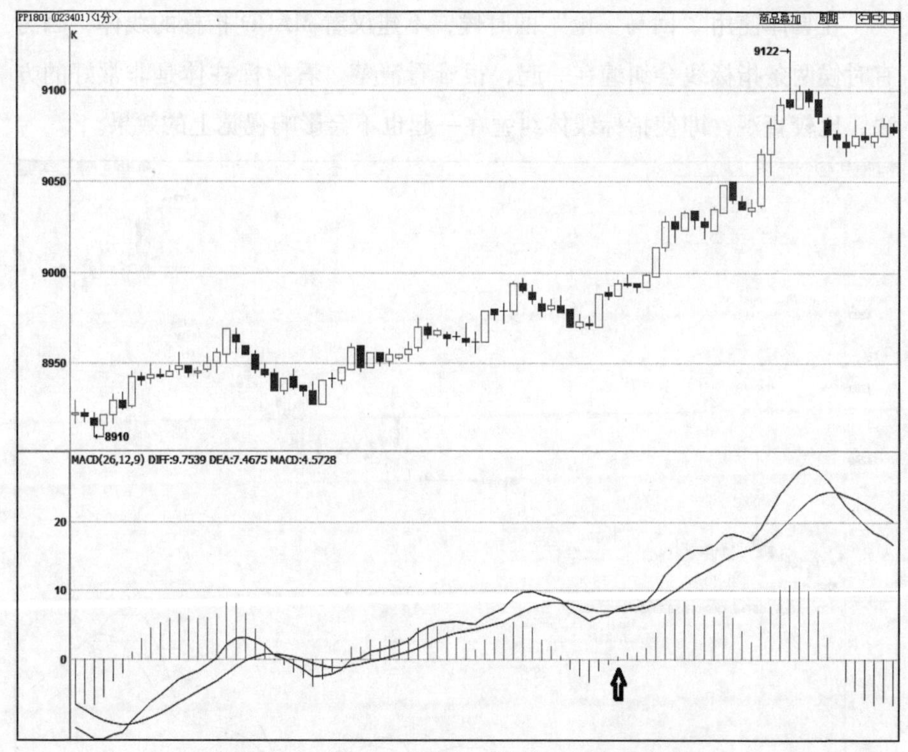

图 3-12　PP1801 合约 2017 年 10 月 16 日走势图

在图 3-12 中，PP1801 合约 2017 年 10 月 16 日时，价格的上升趋势由两波上涨垫底已经非常明确，随后价格迎来了第三次调整的走势。在第一次调整的时候，MACD 指标形成了死叉，虽然再度形成金叉的时间并不长，但毕竟超过了最长 5 周期的要求，故此不能使用“回马一枪”进行操作。而第二次调整时由于幅度很小，MACD 指标没有任何死叉的反应，故此也没有机会使用。但到了第三次调整时，机会来了。

价格的调整使 MACD 指标形成死叉，死叉共保持了四根 K 线（从指标柱体的负值来看），在第五根 K 线的时候，MACD 指标形成了金叉。这种形态意味着“回马一枪”走势的形成，此时便是绝好的入场点位。在很短的时间内重新转变成金叉，这说明多方根本不想让价格持续下跌，这是多方有能力控制价格运行的体现，谁的力量大自然就要追随谁，这样才更容易实现盈利。

在具体使用“回马一枪”的时候，不建议看 MACD 指标的线体，因为有时候两条指标线会纠缠在一起，很难看清楚。看指标柱体是非常好的方法，比较直观，即使指标线体纠缠在一起也不会影响视觉上的效果。

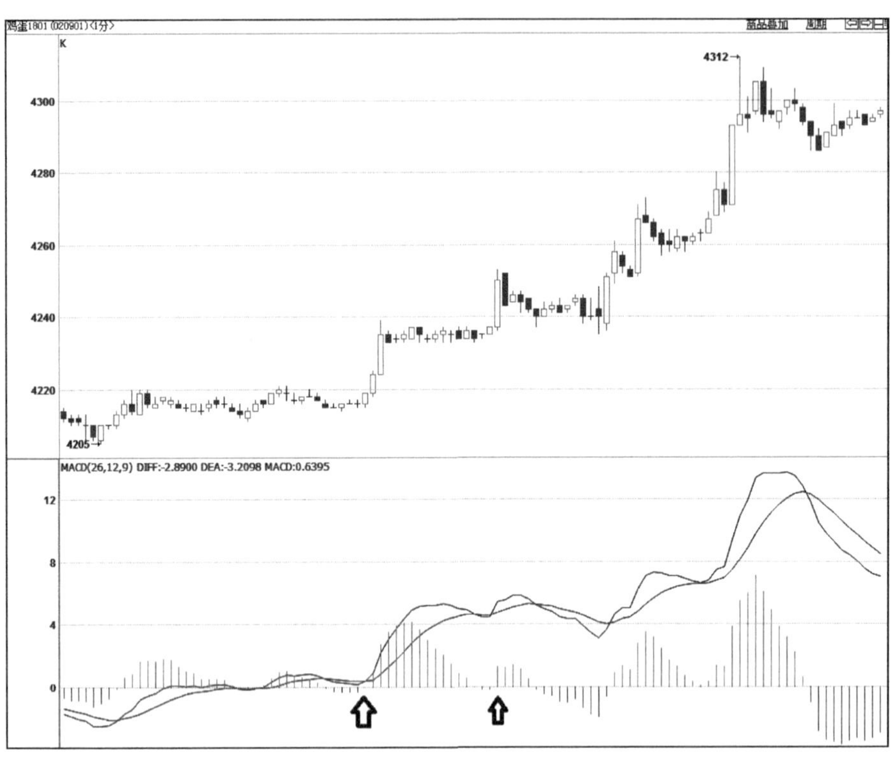

图 3－13　鸡蛋 1801 合约 2017 年 10 月 13 日走势图

在图 3－13 中，鸡蛋 1801 合约 2017 年 10 月 13 日随着价格的波动重心不断上移，MACD 指标紧紧追随着价格的方向形成向上的走势。在上涨的过程中出现了多次调整，调整时间有长有短，从而也就有了不同的操作方法。“回马一枪”主要是针对调整时间较短的走势来提示投资者交易机会。当然，这个调整时间的长短并不是指具体的时间，而是站在指标的角度来考虑的。

上涨之后价格调整，使得 MACD 指标随之形成死叉的走势，随后，先后两次都在五根 K 线的时间范围内重新形成了金叉。只要金叉出现便意味着调整的结束，这个时候应当及时地入场进行做多操作。在具体使用的时候，只要是在五根 K 线周期内形成金叉了就都可以做，在第二天形成金叉与第五天形成金叉没有任何区别。这种操盘的方法只适用于死盯几个品种的操作。

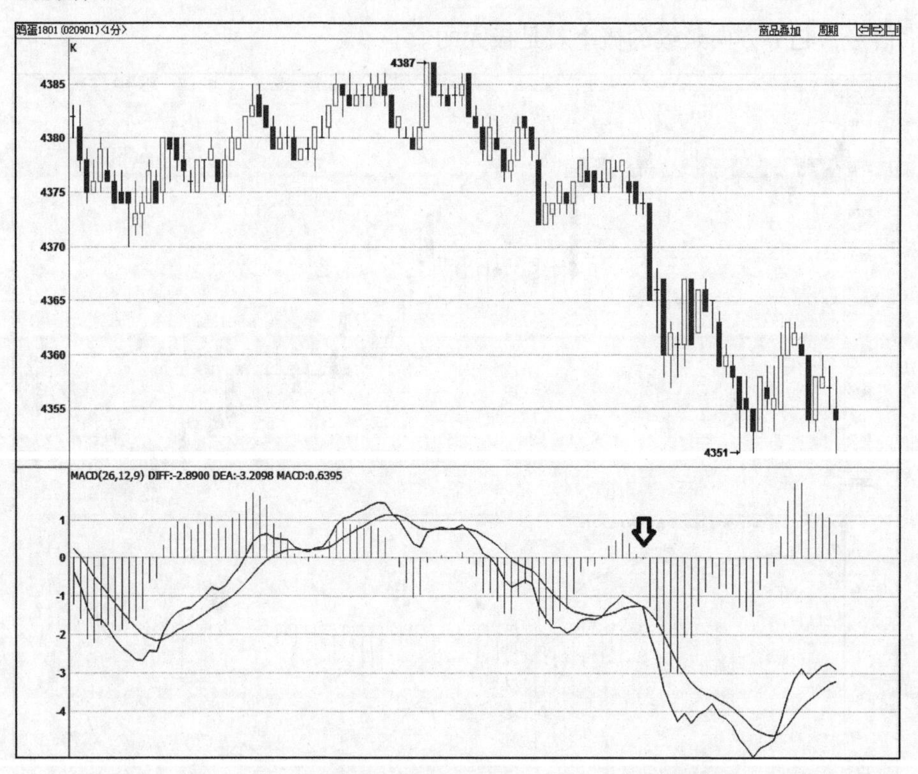

图 3－14　鸡蛋 1801 合约 2017 年 10 月 20 日走势图

在图 3－14 中，鸡蛋 1801 合约 2017 年 10 月 20 日经过反弹之后，价格步入下降通道之中，在下跌的中途出现了一次中等规模的反弹。从整体走势来看，反弹的幅度并不大，这说明多方的力量非常虚弱。下跌过程中多方力度越小，未来价格下跌的概率就越大。除了可以从 K 线形态看出端倪以外，MACD 指标的技术形态也同步向投资者发出操作的信号。

随着价格的反弹，MACD 指标形成金叉，从指标柱体来看，多头状态仅保持了五根 K 线，便重新形成空头的状态。这样的走势是标准的“回马一枪”技术形态，在盘中见到金叉形成时，便可积极地入场进行做空操作。由于利用的是再次形成死叉进行做空的机会，若技术形态失败，指标叉一次形成金叉，则应当在金叉出现时止损。

使用“回马一枪”做空的要点就在于金叉保持的时间要短，而后要很快形成死叉；做多则形态正好相反。只要在五根K线的时间范围内形成了信号，趋势方向延续的概率就是极大的。

图3-15　甲醇1801合约2017年10月18日走势图

在图3-15中，甲醇1801合约2017年10月18日盘中价格下跌的方向非常单一，并且在价格下跌过程中出现反弹走势时，反弹的幅度也都非常小，这说明此时多方的力量非常虚弱。在操盘的时候，一定要养成一种习惯：时刻留意敌方力量的变化。多空是对应的，多强则空弱，空强则多弱。知道了多弱，那就意味着价格继续下跌的概率是非常大的。

价格波动形态简单便可以直接从K线形态上做出判断，若价格波动形态复杂或想简便操作则可以根据各种指标的形态来进行判断，这样做不仅省力而且效率高。从MACD指标的形态来看，价格下跌之后的两次反弹走势中均形成“回马一枪”的走势；从指标的角度来看，价格的反弹力度非常弱，多头状况保持不了多久便马上被空方压了下来，既然空方牢牢控制着局面，那就应当在“回马一枪”形成死叉时入场做空。

“回马一枪”技术形态简单，并且属于顺势交易的方法，故这种形态的稳定性非常好，技术形态的成功率也比较高，非常适合进行各种周期的波动操作。虽然这个指标非常传统，但使用起来威力依然十分惊人。希望这个非常有效的方法可以帮助各位读者获得好的实战成绩！

3.4 抄底摸顶技巧

底是一轮上涨行情的起点，顶则是一轮下跌行情的起点。在这两个地方进行操作并一路持有，收益率自然要比中途上车的投资者多很多，这也是许多投资者总喜欢进行抄底与摸顶操作的原因。但使用抄底摸顶方法之前必须要明白：抄底摸顶是一种逆势交易的方法，使用是有前提的，只有当投资者的顺势交易已经可以稳定地实现盈利时才可以使用。若投资者顺势都赚不到钱，就不要做逆势交易。绝大多数投资者都喜欢抄底摸顶的逆势操作，所以这个市场绝大多数的投资者都是赔钱的。这说明投资者用错了抄底摸顶这种方法。你觉得你是在抄底摸顶，但从正确的技术角度来看则完全不是这样。除了技术运用不正确导致绝大多数投资者亏损以外，本身逆势交易的成功率就要比顺势交易成功率低。较低的交易成功率，以及不正确的方法，是大多数投资者抄底摸顶失败的主要原因。

抄底摸顶其实并不难，只是需要耐心配合。真正的顶与底是在一轮持续性的上涨或下跌之后才会形成，刚上涨或下跌了一波往往很难形成真正大的顶与底，这些小顶、小底抄了也没什么意思。

笔者讲的抄底摸顶方法要使用两个技术指标，一个是 MACD 指标，用其高点降低功能，另一个是布林线指标，用其上轨或下轨的支撑与压力功能。

在价格上涨之后，若发现 MACD 指标有高点降低迹象时，就不用管价格与指标是不是处于背离状态。价格可以在指标高点降低时形成高点抬高现象，所以此时只看 MACD 指标形态，而不用管价格实际走势。在 MACD 指标形态满足条件之后，当价格正好处于布林线指标上轨压力位时，便可以入场进行做空操作。

价格下跌之后，MACD 指标要形成低点抬高的走势，在随后价格正好处于布林线指标下轨支撑处时，便可以入场进行抄底的操作。

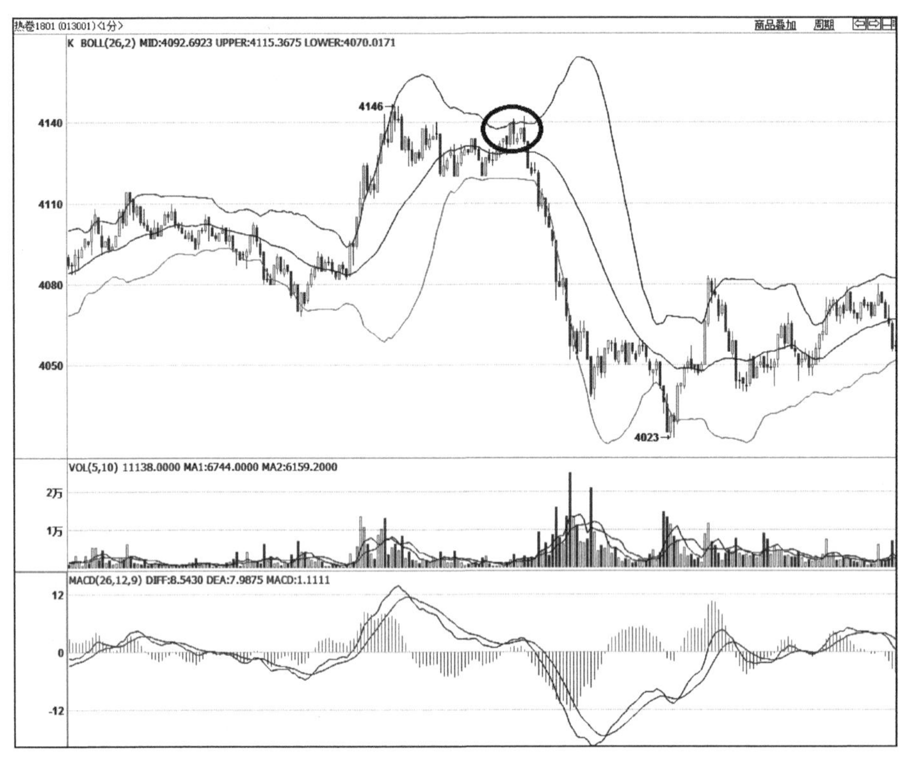

图 3-16　热卷 1801 合约 2017 年 10 月 17 日走势图

在图 3-16 中，热卷 1801 合约 2017 年 10 月 17 日价格出现了一大波上涨，在形成一段震荡之后，便转为下跌的走势。上涨与下跌都非常凌厉，可以为投资者提供两次操作的机会。不过，在价格下跌的时候技术形态非常单一，除了追空以外，中途没有什么好的介入机会，想把握住这一轮下跌的走势最好的方法就是在刚刚起跌的顶部入场。

在价格上涨到高点震荡区间后，MACD 指标形成了高点降低的走势。这种形态并不是背离走势，因为此时价格也是高点降低的。除了 MACD 指标的形态符合了高点降低的重要条件以外，价格经过反弹也恰恰到达了布林线指标上轨的压力区间，两个技术要求全部满足，便可以在此点位入场进行做空操作。

MACD 指标高点降低说明：从指标的角度来讲，价格上涨力度衰竭，在多头力量衰竭并且又受到压力的点位，价格继续上涨的概率是较低的，因此，这个点位值得去“赌”一下趋势方向的转变。

图 3-17　螺纹 1801 合约 2017 年 10 月 11 日走势图

在图 3-17 中，螺纹 1801 合约 2017 年 10 月 11 日价格经过了一小波、一大波以及又一小波的上涨之后，形成了顶部并直接转为下跌走势。这样的上涨恰恰符合了波动理论中的五浪上涨结构。在实际走势中，五浪见顶的案例虽然时有出现，但很多时候并不是很标准，有的时候三浪就见顶，更有甚者只涨一波就见顶。利用波数来抄底或摸顶也会有局限，因此，还是统一从技术上入手比较靠谱。

在价格第三小波上涨的时候，MACD 指标形成了高点降低的态势。一旦出现这种走势就要敏锐地意识到：顶部有可能就要形成。此时再查看价格所处的位置，若是正好到达布林线指标上轨的压力位，便可以入场进行做空操作。

这个案例与第一个案例的不同之处在于：价格靠近上涨的时候，成交量微微放大。若量能放大则不宜在放量收阳线的时候入场，放量说明有资金进来，只要场中有资金在活跃，价格也就很难下跌。所以，必须要等到缩量之后再进行操作。缩量意味着价格失去了资金的维持，此时，压力才能很好地发挥作用。

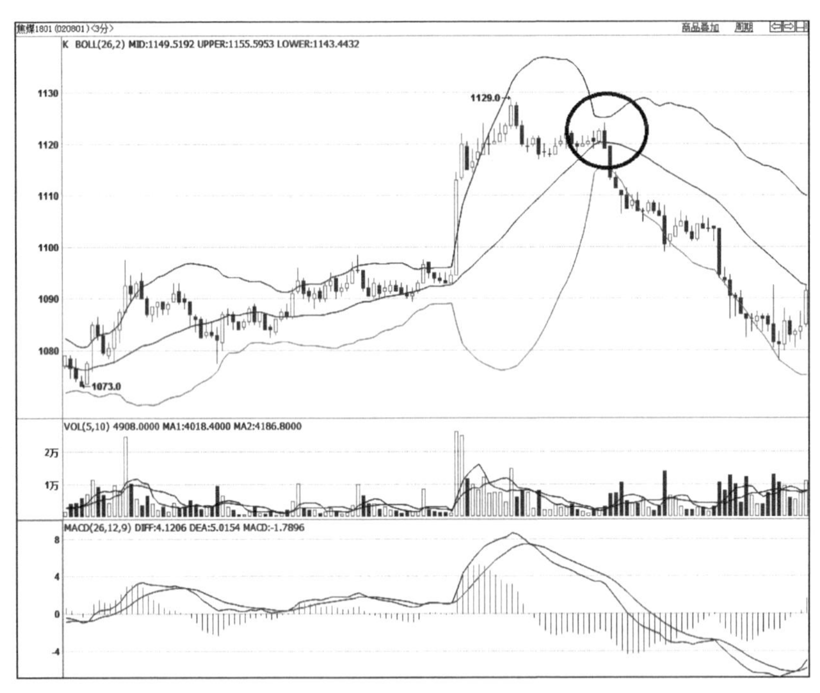

图 3-18 焦煤 1801 合约 2017 年 10 月 11 日三分钟走势图

前两个案例都是 1 分钟 K 线图，本案例中的焦煤 1801 合约 2017 年 10 月 11 日的走势则为 3 分钟 K 线图。无论什么周期的 K 线，抄底摸顶的技术形态都是完全一样的，没有任何差别。只不过在期货交易中，针对短周期 K 线图的分析可以看成交量，而长周期 K 线图则不必看成交量，比如期货日线，看成交量是没有任何意义的。

在图 3 – 18 中，价格经过前一阶段的震荡上涨以及加速上涨之后，MACD 指标终于形成空头排列的走势。这个案例的特殊之处在于：指标一路空头排列向下，并没有高点降低的迹象。这该如何分析呢？若 MACD 指标能一路空头排列，这是最好的技术形态，说明价格空头的力量更强大一些，只是技术形态上不如高点降低直观。

在 MACD 指标一路空头排列的状态下，价格也受到布林线指标上轨的压力。这是一种悬浮压力，价格离上轨还略有一点距离，涨不到上轨处，进一步说明多方力量的虚弱。不管是 MACD 指标还是布林线指标都显示出抄底摸顶的最强势技术形态，价格下跌的可能性更大。

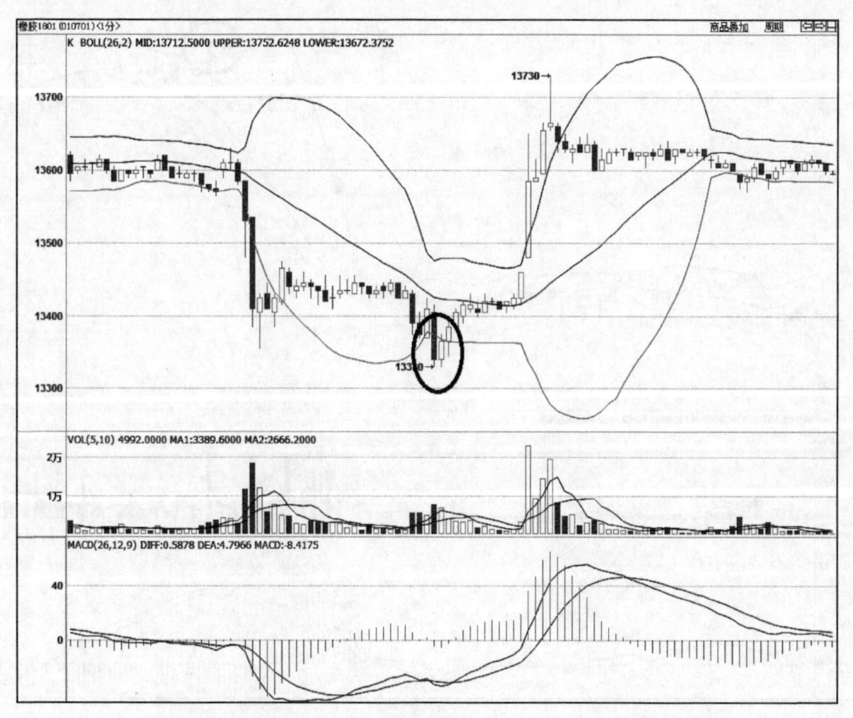

图 3 – 19　橡胶 1801 合约 2017 年 10 月 18 日走势图

在图 3 – 19 中，橡胶 1801 合约 2017 年 10 月 18 日价格经过了一波放量快速下跌之后，出现了缩量小幅度的反弹走势。由于量价形态的完美配合，价格再度产生了一波下跌。不过，第二波下跌却出现了许多不支持继续下跌的技术信号。

第二轮下跌时，成交量是减小的，说明资金在此时做空操作积极性明显降低。得不到资金大力度的推动，价格很难再像第一波一样大幅度地下跌。第二轮下跌虽然创出新低，但 MACD 指标却形成低点抬高的迹象，这是明显的底背离迹象。虽然价格跌穿下轨，但很快便又回缩上来，这说明破价格的下跌是虚假的行为。综合以上几点可以确定，底部已形成。

若价格没有跌破下轨，在发现底背离的时候就可以做多，但若价格跌破下轨，这个时候不宜直接开仓，以防价格进一步下行，可以在价格回缩到下轨上方的时候再进行抄底操作，这样一来安全性就提高了许多。

图 3－20　甲醇 1801 合约 2017 年 10 月 17 日走势图

在图 3－20 中，甲醇 1801 合约 2017 年 10 月 17 日在成交量的推动下，出现了一波非常快速的上涨行情。上涨过程中由于调整的幅度非常小，因此没有给投资者留下好的中途介入机会。一轮大幅上涨之后，价格小幅缩量调整，从量价形态来看，价格还将继续上行。果然，在调整后不久，新高再度出现。可就在此时问题也出现了。

首先，价格虽然创出新高，MACD 指标却形成连续下行的走势，这是顶背离最弱势的技术形态，连金叉都没有出现。其次，价格虽然创出新高，却受到上轨的压制。这不是好的走势，价格若要继续上行，应当是快速突破上涨，而绝不能触及压力便撤回。最后，价格上涨的确有放量，但这种放量太过异常，形成了急剧放大的状态。子弹一下子便打光了，这不利于后期进一步的上涨，特别是面对重要压力时，若出现过大的量能，那只能说明有资金借机逃跑。

综合以上几种技术形态可以判断，价格上涨的势头暂时要终结，在上轨压力的点位可以入场进行摸顶的做空操作。在进行摸顶操作时切记，初期的收益预期不能太高，毕竟此时大方向还是向上的，在方向未转变之前先抱着做调整的态度进行操作比较适宜。

3.5 如何判断价格是否会继续上涨或下跌

在实战操作的时候，若能知道价格是否会继续上涨或是否会继续下跌，将会对操作起到很大的帮助。若有技术信号显示价格可以继续上涨，那么不管在什么点位操作都可以获利，若手中有多单的，则可以积极大胆地加仓或是持仓。虽然有技术可以判断价格是否会继续上涨或是下跌，但也需要注意，这只是概率，而不是必然。只要概率大就可以制订相应的操作计划。

那该如何判断价格是否会继续上涨或下跌呢？首先，要从成交量的变化来进行判断。价格第一轮上涨时放量，调整时缩量，一旦形成如此完美的量价形态，价格继续上涨的概率是极大的。其次，价格调整或反弹时的幅度要小。上涨之后调整的幅度代表了空方的力量，调整幅度越大则意味着空方力量越强，而空方力量越强后期价格继续上涨的概率就越小。最后，看调整或反弹的时间。调整或反弹的时间越短，说明当前趋势方向的势头越足，价格进一步上涨或调整的概率就会越大。

价格继续上涨或下跌的核心并不在上涨或下跌本身，而是在上涨之后的调整过程以及下跌之后的反弹过程中。所谓知己知彼百战不殆，彼就是上涨后的调整与下跌后的反弹，这才是重点。

图 3－21　橡胶 1801 合约 2017 年 10 月 23 日走势图

在图 3－21 中，橡胶 1801 合约 2017 年 10 月 23 日夜盘期间分时线位于均价线下方，这样的技术形态说明价格此时处于空头波动状态，投资者应当在场中积极进行做空操作，任何做多的交易行为都是错误的！

价格经过曲折地下跌之后，随着成交量的放大，一轮加速下跌就此出现，并且将价格的正涨幅翻红状态拉到翻绿的状态，这使得空头的性质进一步明确。这一波杀跌之后价格还能够继续下跌吗？累积跌幅已达到 2%，有没有必要平仓空单呢？

在价格放量下跌之后，成交量出现萎缩，说明这是多方没有力量的上涨。同时，整个反弹过程上涨的幅度也非常小，这与成交量的变化是一致的。多方没有得到资金的支持，自然也就没有能力大力度上攻。且不说反弹时间的长短，仅从反弹区间的这两点技术特征便可以做出判断：价格继续下跌的概率是极大的。此时应当继续持有空单，或寻找机会再次介入空单。

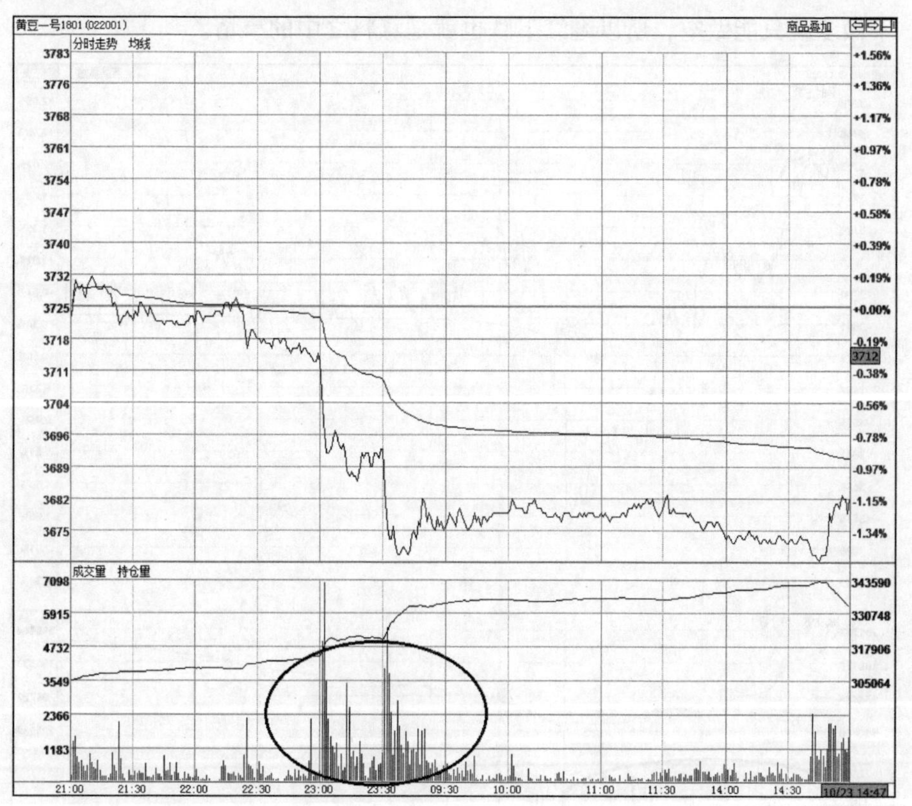

图 3－22 黄豆一号 1801 合约 2017 年 10 月 23 日走势图

在图 3－22 中，黄豆一号 1801 合约 2017 年 10 月 23 日价格在夜盘期间出现了一轮持续性下跌的走势。在初期下跌的过程中，从分时线的形态来看是可以捉住机会的，只不过此时的交易机会只能依据技术走势来定，在成交量始终没有明显放大的情况下，无法结合量能进行综合分析。

23:00 以后价格快速跳水，并且成交量急剧放大，这样的下跌只能持仓，而无法在空仓的情况下捕捉到。因为这种走势多半是由消息影响引发的，很难中途插进一脚。第一轮快速杀跌结束之后，出现了反弹的走势。

这一区间成交量明显萎缩，说明在反弹区间内没有大量的资金进行做多操作；多头行为缺少资金的支持，价格后期继续下跌的概率就会加大。

缩量震荡一段时间之后，资金再度入场积极交易，促使新一轮下跌行情随之出现。缩量区间的走势反映了投资者资金的态度：没有兴趣做多。不做多就只能做空，所以继续下跌也就是意料之中的事情。

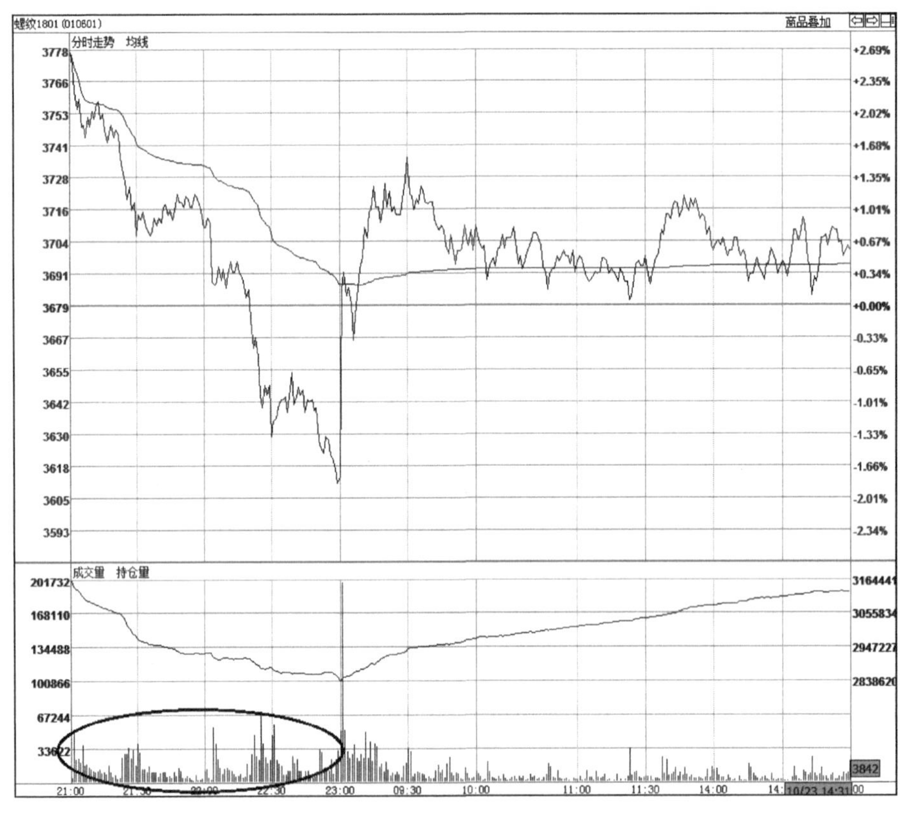

图3－23　螺纹1801合约2017年10月23日走势图

在图3－23中，螺纹1801合约2017年10月23日在夜盘期间出现了一轮持续性下跌的走势，价格形成震荡下跌的技术形态。这种形态虽然不像快速涨跌一样直上直下，在短时间内就可以给投资者带来极大的盈利机会，但这种震荡回落的形态，给了投资者许多中途介入的机会。

面对这种震荡回落的形态，如何在下跌中途判断价格是否还将继续下跌呢？首先，要看价格下跌时的成交量是否明显放大。一旦形成放量下跌的走势，便意味着资金在场中做空的积极性非常高，在资金支持的情况下，价格继续下跌的概率将是较大的。其次，要看反弹时成交量是否出现了萎缩。一旦成交量出现萎缩，便意味着资金没什么兴趣进行做多操作。积极做空而不愿做多，价格是不是就很容易继续下跌呢？最后，还要再看一下价格反弹的幅度。即使是放量下跌无量反弹，若在无量之中价格慢慢地形成了较大幅度的反弹，这也是不行的。反弹幅度的大小代表了多方力量的强弱，反弹幅度小说明多方弱，再结合量能进行综合分析，价格能不能继续下跌，心中就有底了。

图 3-24 沪镍 1801 合约 2017 年 10 月 23 日走势图

在图 3-24 中，沪镍 1801 合约 2017 年 10 月 23 日夜盘期间价格完成了当天主要的波动行情。价格波动幅度大，必然会形成种种可以持续下跌的技术信号，只要读懂了这些信号，就算错过了下跌的高点位置，在下跌的中途依然可以把握住盈利的机会。

下跌了一波之后，价格出现反弹的走势，在反弹区间成交量出现明显萎缩的态势，这说明价格此时的上涨没有得到资金的支持。在此情况下，价格反弹的幅度也变得非常小，进一步说明了多方力量的虚弱。仅需这两点便可以得知价格后期还将继续下跌，若此时手中持有空单则可以继续持仓，若没有空单也可以借助反弹的出现入场进行做空操作。

下跌区间曾出现两次缩量反弹的走势，虽然位置与具体的反弹形态各不相同，但相同的是：反弹都为缩量以及反弹的整体幅度都非常小。反弹虽然暂时会对空单的持有产生一定干扰，但不要忘了，透过反弹与反弹时的量能，可以轻松地判断出价格后期是否将会继续下跌。

图3－25 焦炭1801合约2017年10月23日走势图

在图3－25中，焦炭1801合约2017年10月23日在夜盘期间略微上冲之后形成放大量下跌的走势。一大段放量下跌之后，成交量出现萎缩，从量能来看，资金在此时并没有什么做多的积极性。只要多头行为得不到资金的支持，那么，价格后期继续下跌的概率是极大的。

除了要对反弹时的成交量进行分析以外，反弹的幅度也必须要进行分析，因为反弹幅度的大小是多方力量强弱最直接的反映。在无量反弹的整个区间，反弹的幅度都非常小，这说明多方力量很弱。多方力量为什么弱呢？量能可以回答，因为没有资金愿意做多。

经过几波下跌，价格形成最低点后，再度形成了缩量小幅度反弹的走势。从这种走势来看，价格后期继续下跌的概率是极大的。不过，问题来了，再一次下跌的时候，成交量没有像之前的下跌一样形成放大的态势，而是继续保持缩量的态势。这说明了什么？这说明资金在此时对做空没有兴趣。空头行为得不到资金的支持，价格后期继续下跌的概率非常低。因此，在缩量下跌的时候，应当将手中的空单进行清仓或是减仓。

判断价格后期能不能继续下跌或是上涨，一是要从量能上分析，量能是价格波动的动力，二是要从幅度上判断，幅度是力度最直接的体现，往往其与量能的方向是一致的。实战操作知己知彼，彼就是上涨后的调整以及下跌后的反弹，这是判断价格后期是否会继续下跌或上涨的核心所在！

3.6 三波上涨（下跌）定高（低）点

许多读者朋友都知道波浪理论吧？这套分析方法有一些观点非常不错，可以很好地诠释价格的波动性质，但其致命的缺点就是一浪的起点无法统一，从而形成了千人千浪的分析结论，实战性要差一些。不过，在《一年十倍的期货操盘策略》系列书籍中，笔者已为大家讲解了经过实战检验的波段战术的操作技巧。波段战术成功地解决了一浪起点无法统一的难题，使波浪理论可以直接用于实战交易，千人千浪经过笔者的方法变成千人一浪。

在波浪理论中，五浪上涨非常经典。其中一、三、五浪是三波上涨浪，这样的走势在价格的实际波动过程中也是常见的。“一鼓作气，再而衰，三而竭”，虽然在波浪理论中三浪并非衰而是强劲的波动，但这一波仍耗费了大量的能量，从而五浪就容易形成竭的局面。

在进行实战操作持仓的时候，若发现价格在上涨或是下跌的过程中形成连续三波的波动，这个时候就要小心，价格很容易在第三波上涨或下跌之后形成高点开始回落或是低点开始反弹。一方面，三波上涨或下跌后，成交量在第三波涨跌过程中很容易出现量能萎缩的现象；另一方面，三波涨跌之后，MACD 指标也往往容易形成顶背离或底背离的走势。故此，在有盈利的情况下，三波上涨或下跌之后就需要提高警惕。

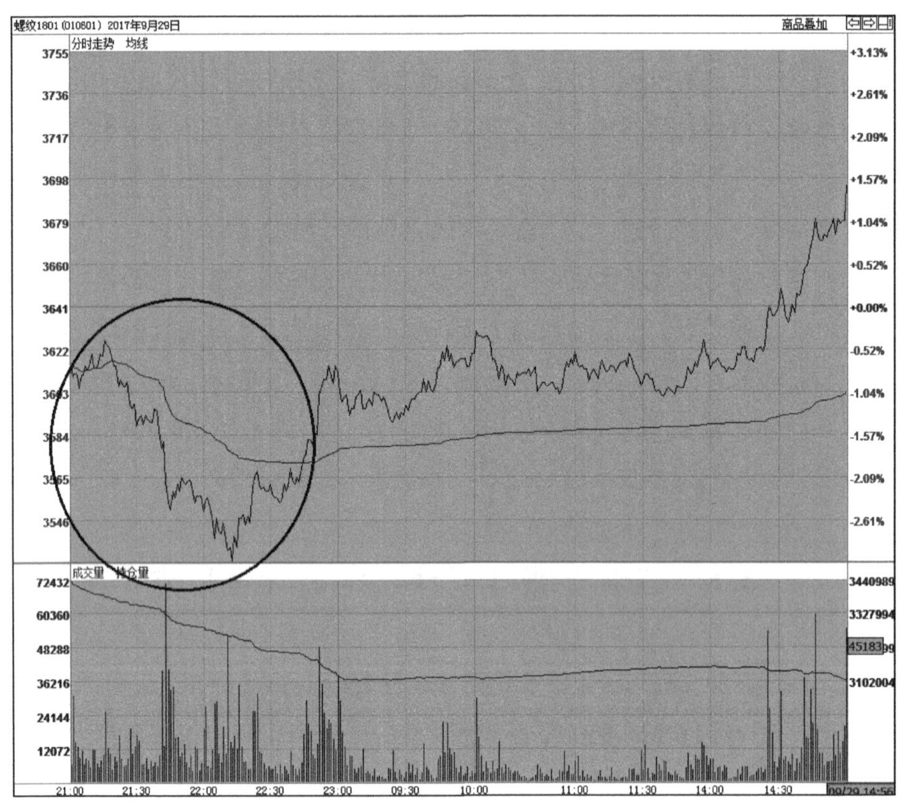

图 3－26　螺纹 1801 合约 2017 年 9 月 29 日走势图

在图 3－26 中，螺纹 1801 合约 2017 年 9 月 29 日开盘后略做上冲便形成下跌的走势。在第一轮下跌的过程中，成交量并未明显放大，仅有微弱的放量，这说明资金还没有反应过来，没有大量的资金在此时积极入场。

经过几分钟的缩量弱势反弹之后，价格再度下跌。这个时候由于趋势方向已经非常明显，再加上价格新近破位，入场的资金数量变多，成交量也出现明显的放大迹象。第二波下跌时的速度相比第一波快了许多。

再次弱势反弹之后，价格再度下跌。但第三波下跌的成交量却出现减少的迹象，这说明资金在此时继续做空的态度比较消极，价格再一次的下跌得不到资金的热情追捧。三波下跌结束之后，构成了当天的最低点，从而促使了一轮持续性震荡上涨的行情出现，五波下跌浪走完构成底部。这便是三波下跌见低点的重要技术形态。

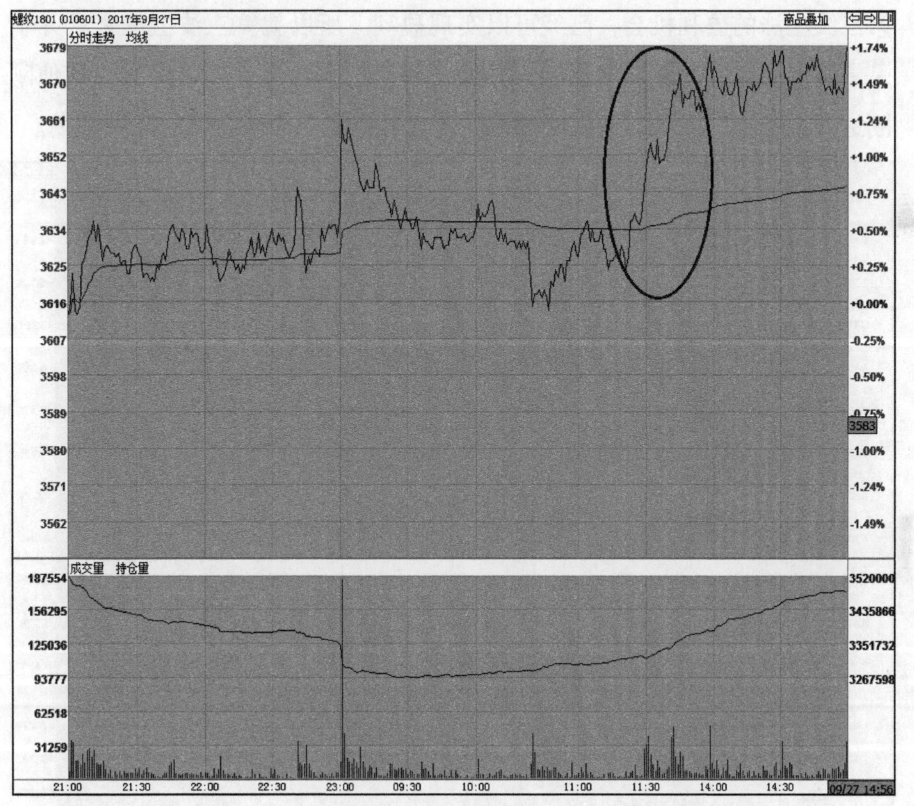

图 3-27　螺纹 1801 合约 2017 年 9 月 27 日走势图

在图 3-27 中，螺纹 1801 合约 2017 年 9 月 27 日的整体走势并不太完美，除了下午那一波不到半小时的上涨行情以外，当天基本上都呈现出自由散漫的上下震荡走势。面对这样成交量没有明显规律变化、价格方向不清晰的走势，应当采取放弃的态度，寻找其他方向明确的品种进行操作。

上午临近收盘时价格开始上涨。第一波上涨悄然爬上了多空分水岭的均价线，但这一波上涨的成交量未能明显放大，故此没有明显的起涨信号。第二波上涨的时候，成交量出现明显的放大迹象。在第二波放量的促进下，第三波上涨也带量而起。但由于价格已经连续涨了三波，之后便再也没有好的上涨，整体上涨空间被这三波行情透支完毕。

三波上涨有时会形成一个绝对的高点，有时会形成一个次高点。且不论后面的走势如何，三波上涨时，按正确的技术去做完全可以捉住第二和第三波上涨的盈利机会，已经可以实现盈利。所以就算三波上涨之后并不是最终的高点，此时出局也恰到好处，利用这个时间差可以再寻找其他刚刚进入主升浪的品种，而没必要跟这个已经走完一大段行情的品种较劲。

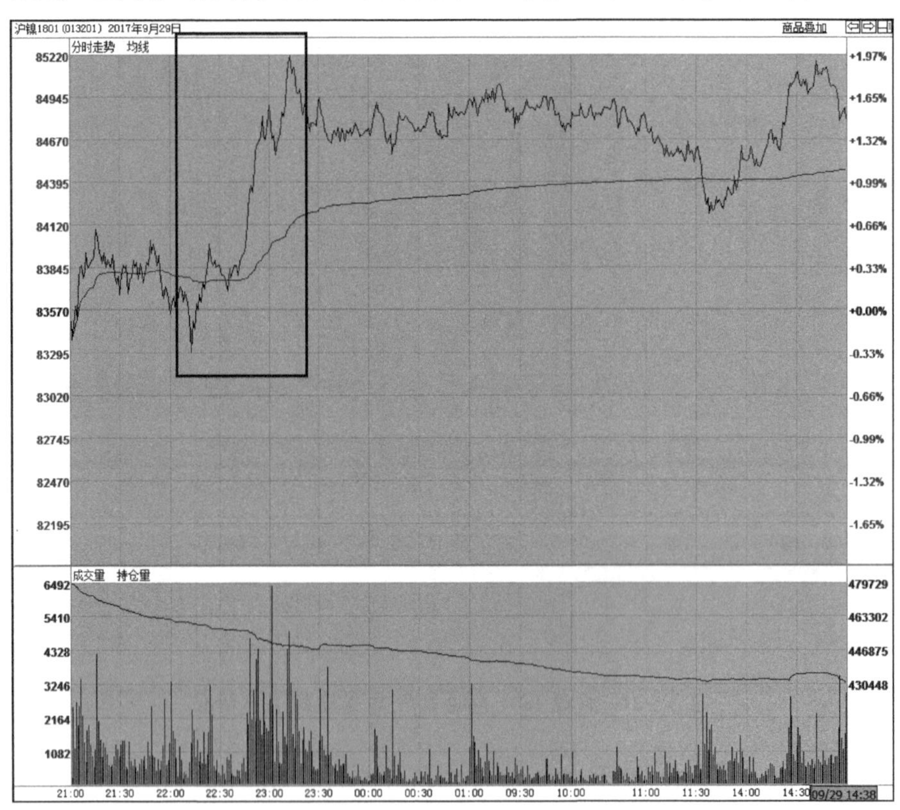

图 3 – 28　沪镍 1801 合约 2017 年 9 月 29 日走势图

在图 3 – 28 中，沪镍 1801 合约 2017 年 9 月 29 日经过了早开盘的上涨与随后的震荡回落之后，价格一个波动轻松地爬到均价线的上方。第一波的上涨其实是没有买点的，针对上涨之前的走势来看，应当在反弹上涨的初期将其视为下跌后的反弹，只不过在温和放量的推动下，价格转为上涨。

一波缩量调整的出现使得多头形成完美的量价配合形态，这意味着价格后期继续上涨的概率是极大的。时间不长的调整结束后，在成交量进一步放大的推动下，一大波上涨行情随之出现。三浪是主升浪在本案例中体现得淋漓尽致。

三浪走完小幅调整后价格再次上涨，但第三浪上涨时的幅度明显减小，同时，成交量也有了一定幅度的减少，说明资金做多的积极性明显降低。第三波上涨结束后价格形成长时间的震荡调整走势，直到尾盘也再未能创出新高。可见，在持仓过程中，在形成三波上涨定高点的技术特征后便出局，就可以最大限度地锁定收益，并且还可以利用时间差寻找其他的获利机会。

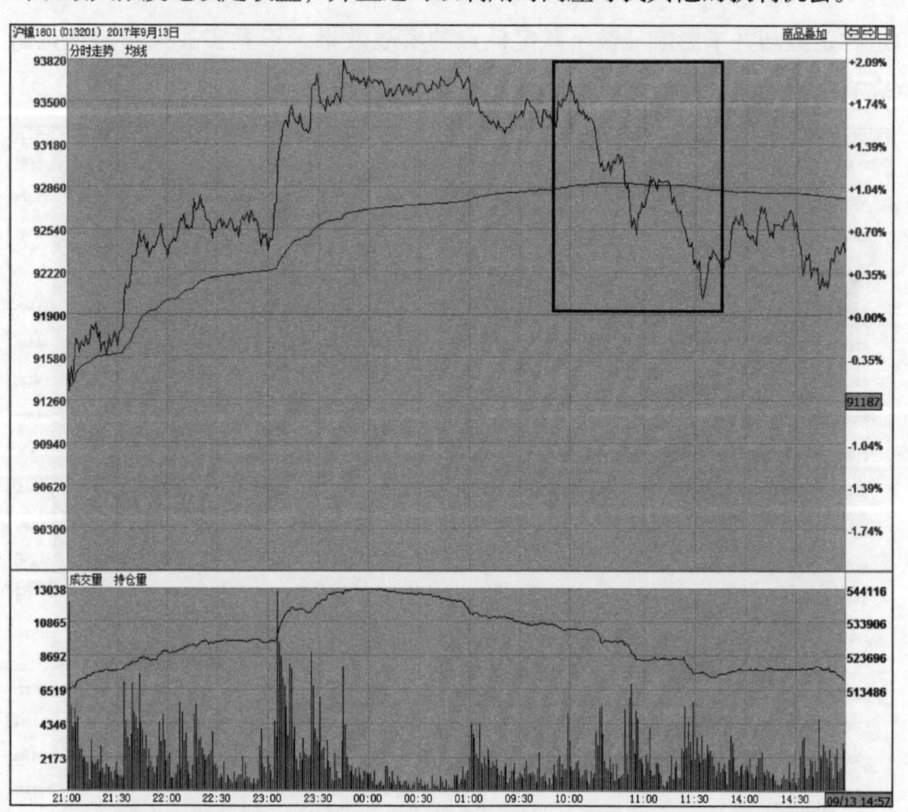

图 3-29 沪镍 1801 合约 2017 年 9 月 13 日走势图

在图 3-29 中，沪镍 1801 合约 2017 年 9 月 13 日在日盘期间，价格形成反转的走势。随着高点以及整体波动重心的下移，分时线下行时终于得到成交量放大的支持，由此便催生了一大波下跌行情的出现。

第一波下跌的时候，成交量小幅温和放大，随后的反弹过程中，成交量明显萎缩，并且反弹的幅度也非常小，这种走势说明多头的行为并未得到资金的支持，在这种情况下，价格转为上涨的可能性并不大。反弹结束后价格再度下跌，并且最终形成了完整的三波下跌形态。当第三波下跌出现以后，便形成了日盘期间的最低点，若在第三波下跌的低点区域进行平仓，便可以最大限度地锁定空单的盈利。

在本案例中有个特殊之处，那就是第二波下跌的幅度明显减小，这种现象是有违波浪理论的，因为波浪理论中三浪绝不可能是最短的一浪，但这种走势却并未影响三波下跌定低点的实战效果。毕竟实战操作与理论研究有很大的差别，开盘期间也没工夫细数浪型的变化。

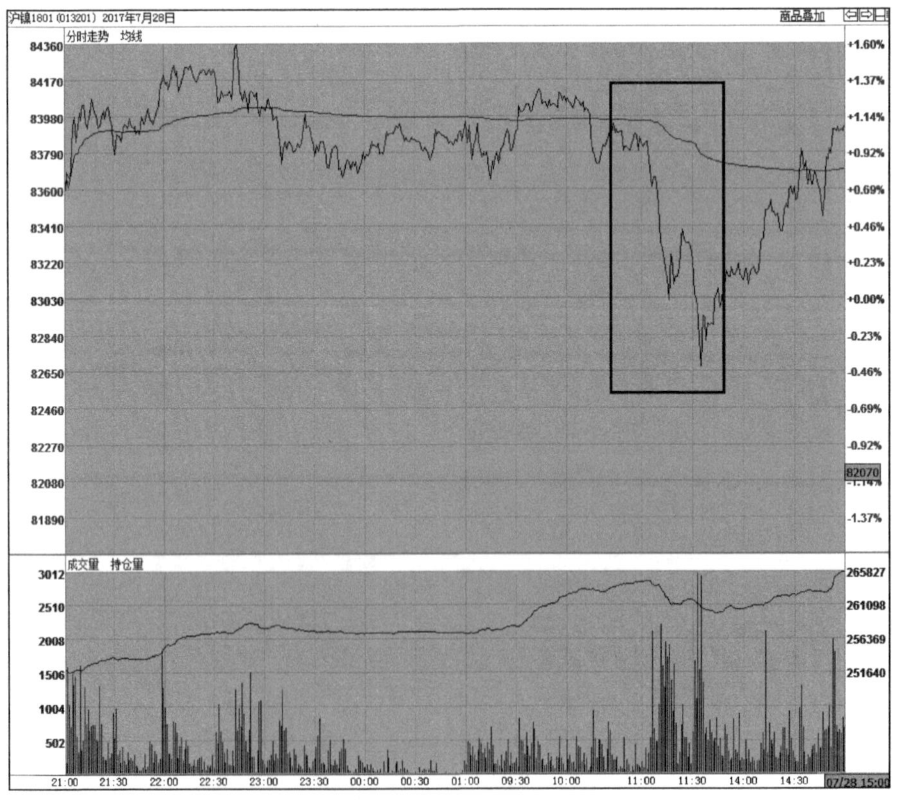

图3-30　沪镍1801合约2017年7月28日走势图

在图 3－30 中，沪镍 1801 合约 2017 年 7 月 28 日开盘后形成上下震荡的走势，在价格震荡的过程中，无论是上涨还是下跌，分时形态都非常曲折，很少出现流畅的变化。价格半死不活的波动状态很难让投资者实现好的盈利，面对这样的走势，小亏都可以称得上是高手。跟做生意一样，有旺季也必然有淡季，这一天是沪镍的淡季。

11:00 以后，第一波下跌跌破了均价线，但成交量并没有放大。这样的技术形态跟之前的走势没什么两样，所以无法识别出其中蕴含的机会。随后的破位突破走势倒非常清晰，这样的突破在之前震荡的过程中也出现过，只是这一次成功了而已。

第一波下跌奠定好基础之后，在成交量放大的推动下，价格先后两次出现两大波的下跌，第三浪明显成为最长的一浪。三波下跌结束之后，价格便出现大幅度的反弹走势，并一举回到了三浪的起跌点。若没有在三浪下跌定下的低点处平仓，利润的损失将会是非常严重的。

3.7　首次放量冲锋买点

成交量的放大是一个必须要引起重视的波动形态，因为成交量的放大意味着资金的入场，而一旦资金开始集中入场，价格波动的活跃度也必将随之提高。在成交量放大的区间，价格总是更容易给投资者带来盈利。所有大的盈利机会必然会伴随着成交量放大的出现，故此，想要实现更好的收益，就一定要踏准放量的节奏并在放量刚刚形成时入场进行操作，这样也就等于把握住了价格涨跌的起点。

成交量的放大往往是对比的结果，有之前的缩量做参照，有没有放量便可以很容易地判断出来。所以，成交量萎缩应当被视为机会到来的信号，此时要做的就是耐心等待放量的出现，一旦放量就要马上入场进行操作。

成交量的放大在盘中往往会有多次，而第一次放量的出现是最佳的操作机会，因为此时价格上涨或下跌的方向刚刚确立，并且幅度并不大，后期完全有延续当前涨跌的波动空间，故此，这个点位的波动应当被密切关注。

由于介入点是价格方向刚刚明确的时候，因此，可以将首次放量的节点称为冲锋买点。对于冲锋买点而言，一天只有一次机会，自日盘或夜盘开盘之后，必须要先经历一次缩量，只有经历了一次缩量之后，再出现的放量才可以被非常清晰地确认。缩量后，一旦放量，此时若价格在上涨，便可以入场做多，若价格在下跌，便可以入场做空。冲锋买点的介入点位不是非常精确的，是一个小区间的概念，带有一些追涨或追空的意思。入场点位就是涨跌的初期阶段，所以一旦价格的方向确定，很容易出现一大波的行情，因为冲锋买点对应的就是资金当天刚刚入场的点位。

图3-31　热卷1801合约2017年10月20日走势图

在图3-31中，热卷1801合约2017年10月20日高开之后价格出现了回落的走势。在价格回落的过程中，成交量出现了倒三角式的萎缩状态，越来越小的成交量说明资金在早开盘以后的交易热情在不断地降低。就局部来说这并不是太好的事情，但对于后期的波动而言，此时的缩量则是必须要被关注的，因为缩量之后必见放量，而一旦出现放量现象，盈利的机会也就随之到来。

经过一段时间的缩量之后，成交量终于形成放大的状态。有缩量做参照，放没放量一眼便可以识别。在成交量放大的时候，价格的波动方向是下跌的，因此，在这一区间应当在场中进行做空的操作。放量下跌说明资金的操作态度是做空，故此，在下跌刚刚形成的时候顺势做空，成功的概率就会非常大。

价格自冲锋做空点开始至夜盘收盘前，下跌了2%，这样的获利幅度对于日内交易来说已算是暴利。之所以能够捉住这样的波段，是因为介入点就是价格下跌的起点位置，这个点位捉到大机会并不稀奇。

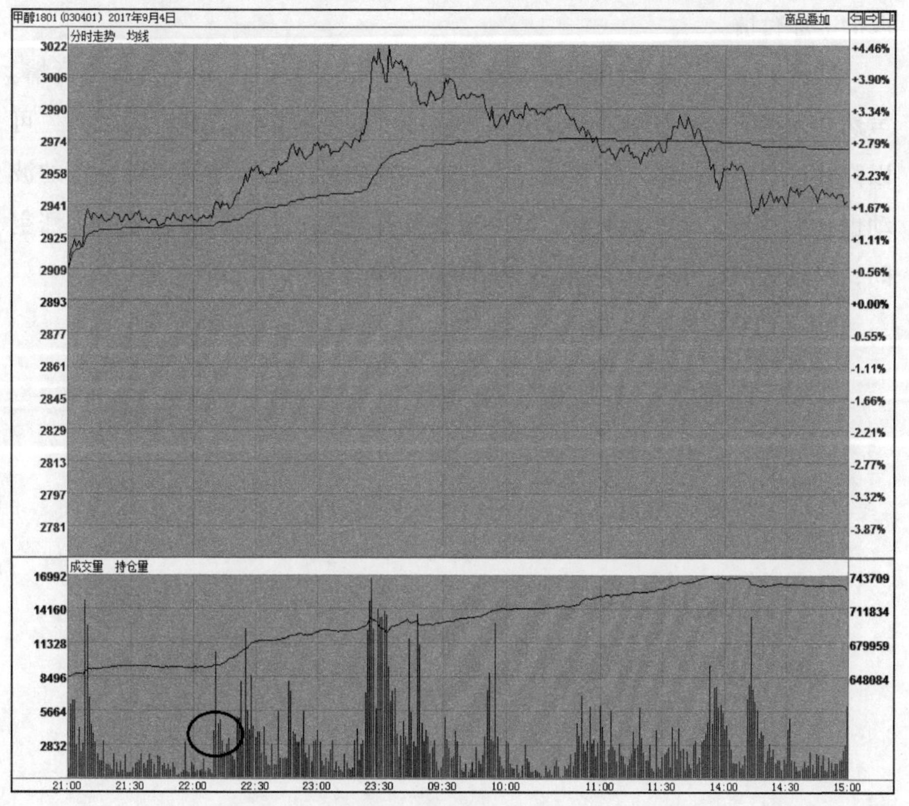

图3-32 甲醇1801合约2017年9月4日走势图

在图 3－32 中，甲醇 1801 合约 2017 年 9 月 4 日开盘之后，价格在放量的推动下出现第一波上冲的走势。这一轮的放量是开盘以来的第一次放量，可以被视为冲锋买点吗？答案是否定的。第一次放量，这个性质没错，但冲锋买点的要求是：开盘之后一定要经历过一次明显的缩量，而后再度出现放量。这才叫作冲锋买点中的第一次放量，两者的意义是不同的。

第一波上冲过后，价格形成较长时间的缩量震荡。由于分时线始终位于均价线上方，因此价格的波动依然保持多头的状态。较长的缩量结束后，成交量终于形成放量的态势，此时的放量是开盘后经历一次缩量之后的第一次放量，这个节点就被称为：冲锋买点。放量区间价格是向上的，所以，应当进行做多的操作。多头吹响了冲锋的号角，价格也开始了一大波的上涨行情。

冲锋买点往往是行情的启动点，所以，很容易催生出一大波的行情。虽然介入点的价格并不是十分清晰，但由于能把握住的盈利空间较大，可以弥补这个小的缺陷。正常情况下，第一轮放量之后，即使周期最短的波动也会出现第二次放量现象，第一轮放量的机会加上第二轮放量的上涨空间，仅是这两轮的获利幅度就已经非常可观。

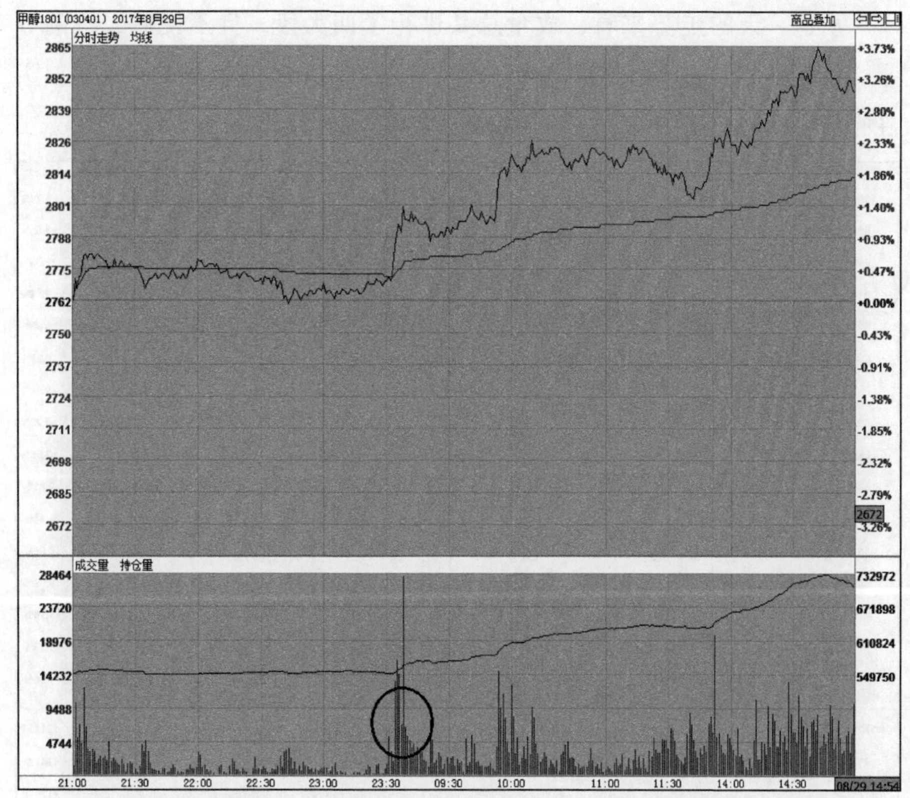

图 3-33　甲醇 1801 合约 2017 年 8 月 29 日走势图

在图 3-33 中，甲醇 1801 合约 2017 年 8 月 29 日早开盘之后价格略做上冲之后，便陷入长时间的缩量状态之中，并且缩量现象一直延续到夜盘的收盘。“缩量之后必见放量”这句话绝对没错，只是无法得知具体会在什么时候出现放量，因此，在实战操作时，唯有耐心等待放量的出现这一种做法。

直到日盘开盘后，成交量才出现放大的态势。自夜盘来看，这是长时间缩量之后的第一次放量，所以可以确定，资金在此时才开始集中入场。由于价格的波动方向是向上的，所以，操作的方向肯定是要进行做多操作。而具体的介入点位则是开盘后第一波上冲的范围，在这个范围内手快的操作者多单成本会低一些，手慢的操作者多单成本可能会高一些，但只要是在冲锋买点形成时的第一波上涨时进行的多单操作，都可以在随后的行情中获得不菲的收益。

从这一天的走势来看，放量总共进行了四大段，且不说后二段的放量，仅是第一波的放量与第二波的放量带来的日内收益就非常可观了。买在行情启动的初期阶段，这就是冲锋买点最大的特点。

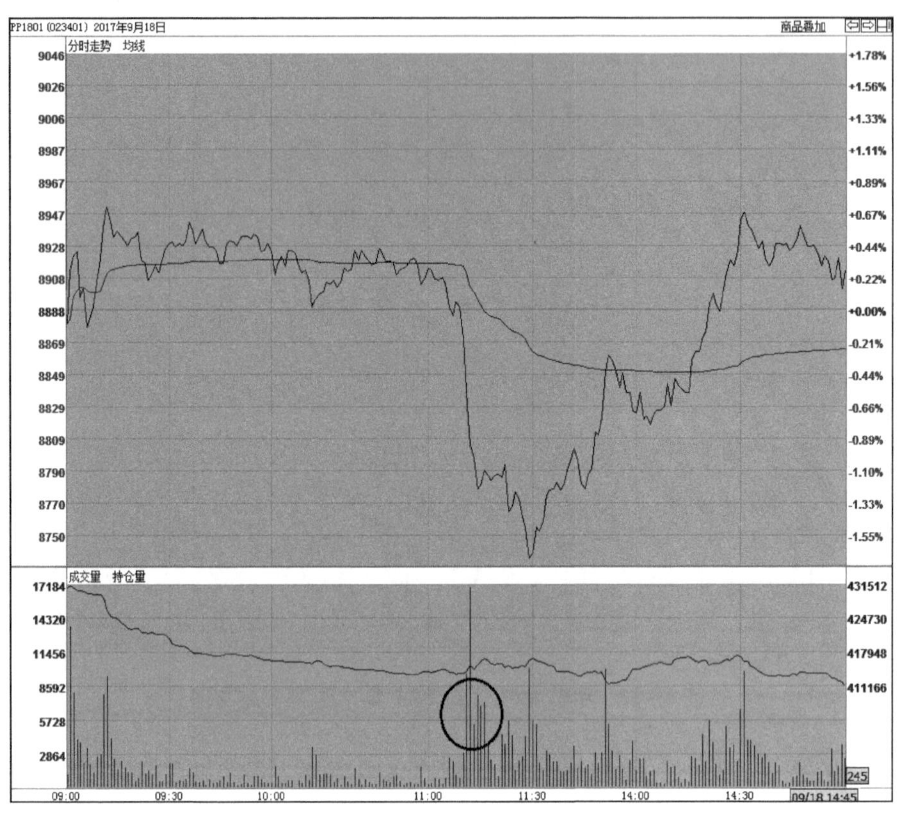

图 3－34 PP1801 合约 2017 年 9 月 18 日走势图

在图 3－34 中，PP1801 合约 2017 年 9 月 18 日开盘后在成交量相对活跃的情况下，价格早开盘出现较为剧烈的震荡，随后便出现了一个多小时的持续性缩量。缩量区间虽然没有什么好的操作机会，但也要认识到：机会就隐藏在缩量之中。缩量之后就是放量，而一旦放量就意味着盈利机会的到来，所以，在缩量区间必须要随时警惕放量现象的出现。

经过较长时间的缩量后，成交量终于形成放大的态势，在成交量放大的推动下，价格也形成了较为快速的下跌。由于方向向下，因此冲锋点位的操作就是要开仓做空。自放量到下跌的低点，10% 的日内盈利空间还是非常轻松的。对于长周期的操作来说，10%的盈利只是刚刚起步，但对于日内的操作来说，这样的盈利已经可以列入日内暴利的行列。

在这个案例中，总的盈利效果没有前几个案例好，主要的原因在于，下跌之后价格又形成放量上涨的走势，通过放量扭转了价格的波动方向。这也就意味着：就算是介入的位置比较理想，也需要随时留意成交量放大的动向，继续保持放量下跌则可以耐心持仓，而一旦形成放量反方向的波动，就必须要止盈出局。

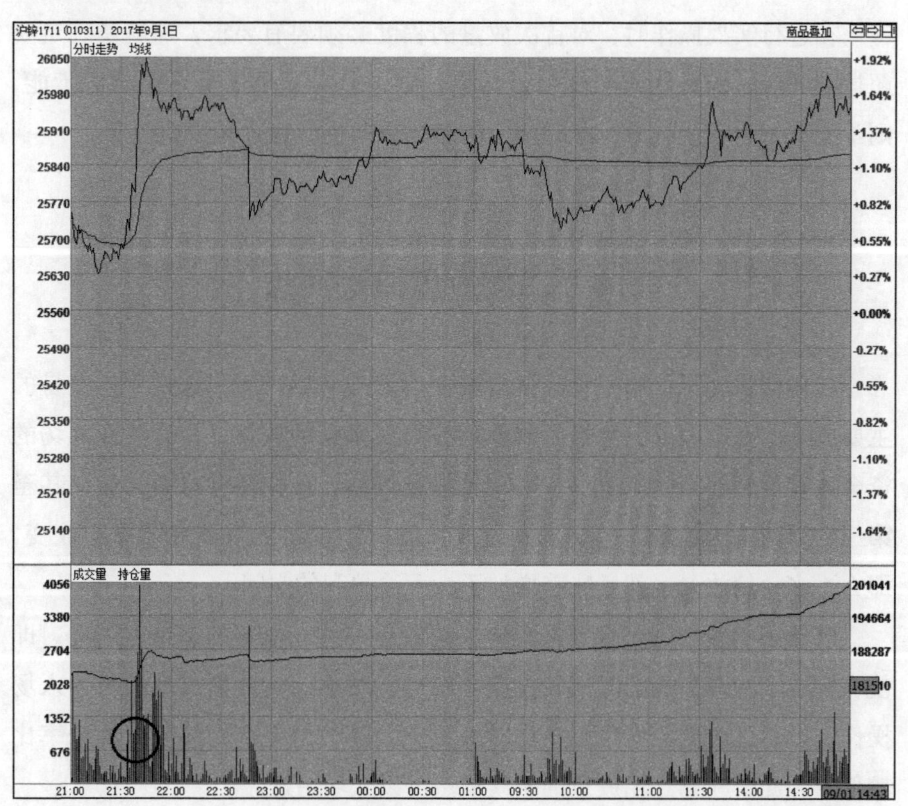

图3-35 沪锌1711合约2017年9月1日走势图

在图3-35中，沪锌1711合约2017年9月1日开盘之后价格出现小幅回落的走势，同时，成交量也明显萎缩。缩量的出现为投资者的操作提供了极好的参考，未来好的交易机会透过缩量便可以轻松地作出判断：若成交量一直萎缩，耐心等待便是，而一旦成交量出现明显的放大，就要赶紧入场进行操作，因为未来的放量是冲锋买点到来的信号。

缩量只保持了较短的时间，一波放量随之出现。在成交量的推动下，价格也形成了一波快速的上冲走势，短短几分钟的时间出现了1.4%的涨幅。面对这种波动形态简单的走势，获得10%的日内盈利并不算难事。只不过这一波的上涨没有很好的持续性，技术上的原因在哪里呢？就在上涨之后的调整过程中。仔细去看，调整时成交量出现放大，按说应当是缩量调整，但此时却形成放量调整的走势，完全破坏了之前的量价配合形态。

在进行实战操作时，对首次放量的程度必须要有要求，那就是一定要超过刚开盘时的量能或至少也要与其一致，若明显小于早开盘时的量能，则不能被视为有效放量，此时催成的趋势方向也就很容易遭到改变。

3.8 二次放量追进买点

在多数情况下，第一轮放量是资金当天的入场区间，这是日内交易的主要成本所在，因此，价格后期就容易出现多轮的放量，只有这样入场的资金才有盈利的空间。所以，第一轮放量过后，往往还会有第二轮，甚至第三、第四轮的放量。只要成交量放大的时候价格的波动方向没有改变，那么，多一轮放量也就意味着增加了一大波盈利的空间。

既然第一轮放量之后，再次形成放量是一件大概率的事情，因此，即使在错过了冲锋买点的时候，投资者也可以在第二轮放量出现的时候入场操作。虽然此时的买点位置要比冲锋买点处高，但是，趋势结束的概率比较低，因此，在第二轮放量的时候依然可以入场追进。

第二轮追进买点必须位于冲锋买点之后，若之前的走势未形成冲锋买点，就算成交量是第二次放大也不能被视为追进买点。同时，在追进买点形成时，放量绝对不能比冲锋买点时少，可以与冲锋买点时的量能一致，也可以大于冲锋买点时的量能，但若明显少于冲锋买点时的量能，则说明资金在此时入场操作的积极性明显降低，这将会影响后期的获利幅度。

相比冲锋买点，第二次追进买点的获利幅度肯定要少一些，因此，在这个点位操作时不可以抱有过高的盈利预期，实现了一定的盈利以及有了技术性平仓信号时，就要果断地止盈出局。

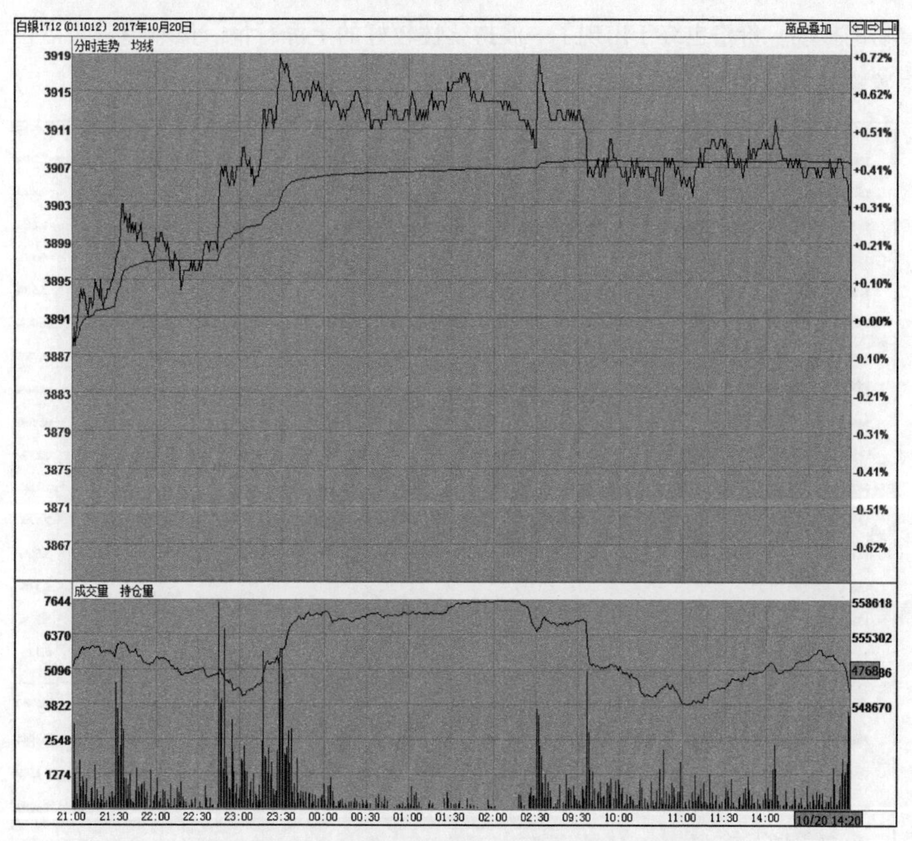

图 3－36 白银 1712 合约 2017 年 10 月 20 日走势图

在图 3－36 中，白银 1712 合约 2017 年 10 月 20 日早开盘之后成交量先形成萎缩的态势，而后便再度出现放量的走势，形成了标准的冲锋买点。但这一波行情并未持续，而是出现了一次时间相对较长、回落幅度略大的调整走势。调整的形态不是太好，唯一的优势就是成交量始终保持萎缩的状态，缩量之后必有放量，而一旦放量机会也就会再度出现。

经过一段时间的缩量调整后，成交量终于再度放大，并且第二次成交量比第一次还要大，这说明有更多的资金入场。第二堆量出现时方向向上，故此，应当在价格上涨时入场做多。此时的放量是形成冲锋买点之后的再度放量，属于第二轮放量，这个位置使得之前入场的资金虽有盈利，但盈利的幅度并不是太高，因此，做多的安全性还是完全有保障的。

追进买点形成之后，成交量保持了一定时间的连续放大。受资金积极交易的推动，价格也终于出现了一波持续性较好的上涨行情。虽然追进买点位置略高，但只要整体涨幅不大，就依然有空间让投资者获利。

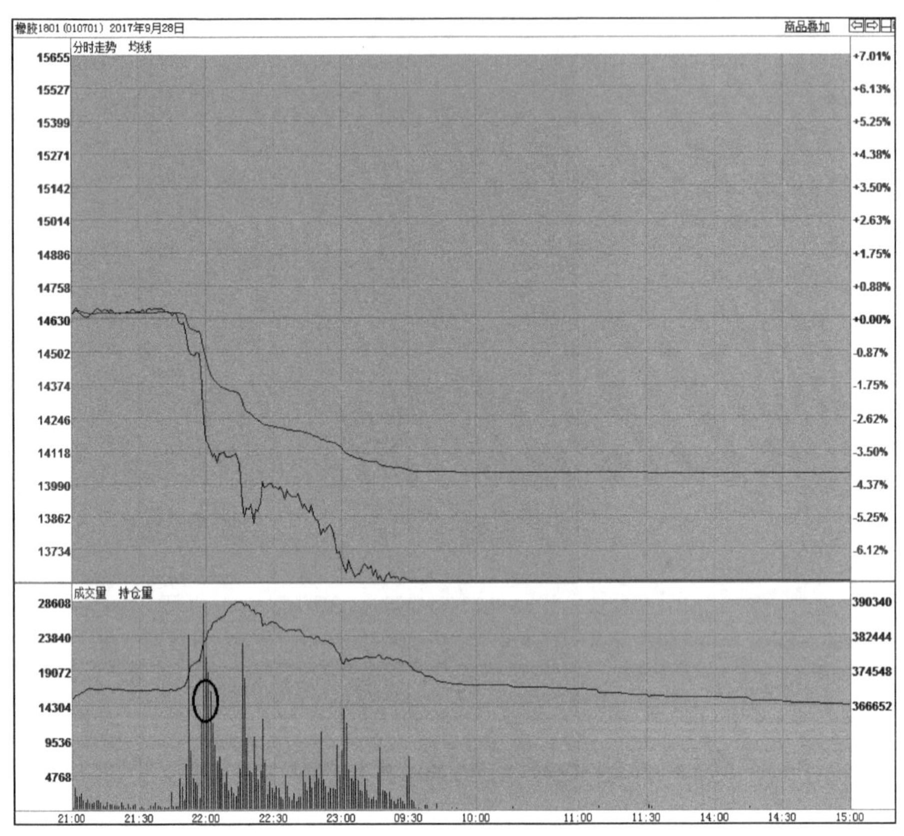

图 3－37　橡胶 1801 合约 2017 年 9 月 28 日走势图

在图 3－37 中，橡胶 1801 合约 2017 年 9 月 28 日夜开盘之后，成交量一直保持低迷的状态，因为没有大量的资金入场交易，故此价格的波动也显得非常呆滞。面对无量小幅波动的走势，投资者应当管住手，不要贸然入场操作，一定要等方向明确并且成交量有所放大时再根据技术形态选择介入点。

经过较长时间的无量波动后，成交量终于形成放大的状态，冲锋卖点处的价格是下跌的状态，这说明资金的交易方向是在做空，因此，应当尽早入场进行做空的操作。第一波放量之后，成交量萎缩，但很快便再度出现放量，冲锋卖点出现后若形成第二次放量，便意味着形成追进卖点，此时再不操作必然会错过大好的获利机会。

冲锋卖点出现时价格回落的速度较快，而在追进卖点出现时，价格回落的速度更快，放量区间资金争先恐后地入场，价格的波动必然比无量期间剧烈，故此，对买卖点的性质一定要提前进行判断，而不能等交易信号出现了才滞后地反应过来，那样很难捉住交易的机会。对交易信号进行预判，需要足够的静态以及动态识图经验，必须要经过训练才能够培养出这种交易的技能。

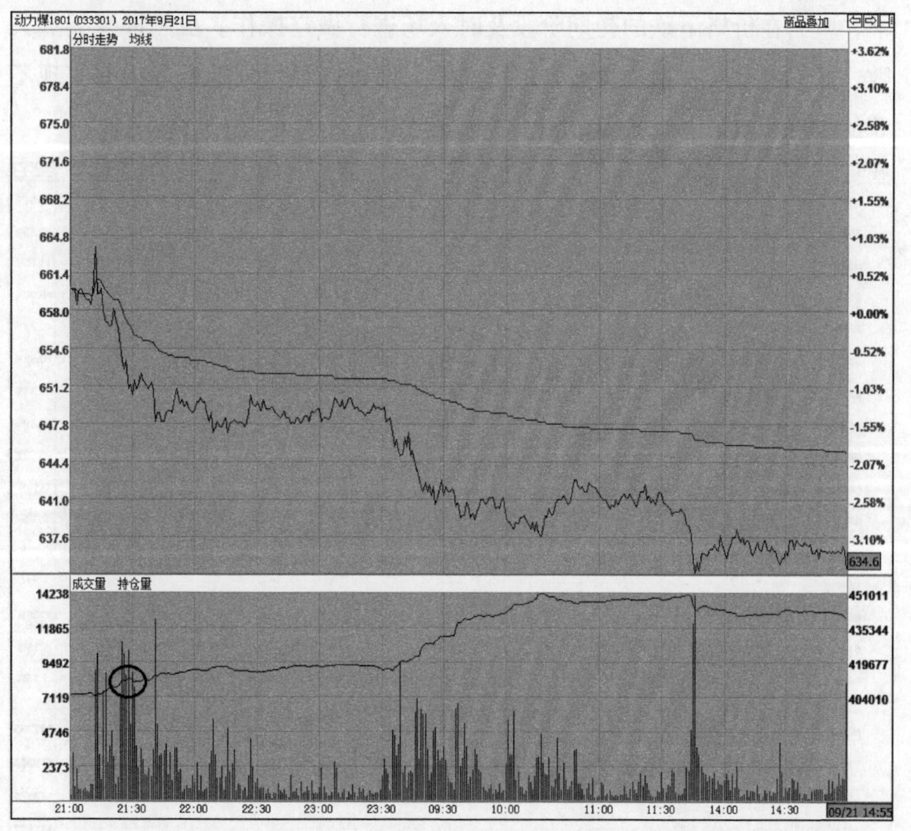

图 3－38　动力煤 1801 合约 2017 年 9 月 21 日走势图

在图 3－38 中，动力煤 1801 合约 2017 年 9 月 21 日开盘之后成交量保持低迷的状态。这样的开盘量能其实是非常好的，在后期的走势过程中一旦放量便可以入场进行操作，若放量上涨则做多，若放量下跌则做空。

缩量之后，成交量放大，此时的价格是上涨的，故此应当入场做多。但这一次的冲锋买点没有冲起来，上冲之后价格出现快速回落，因此这是一个需要进行止损操作的冲锋买点。这种技术形态非常正常，交易信号不是成功就是失败，成功了就持仓等待盈利的扩大，失败了就及时止损出局，不必浪费时间去纠结。这个市场中没有百分之百成功的交易信号，开仓之后要有形态失败的心理准备。

第一轮放量之后成交量萎缩，很快便形成第二轮放量的走势。这一轮放量位于冲锋买点之后，故此它的性质是追进卖点。此时价格的方向向下，应当在价格下跌的初期阶段及时入场进行做空操作。虽然冲锋买点失败，但只要及时在追进卖点处进行操作，便可以轻松地扳回亏损并实现不菲的收益。

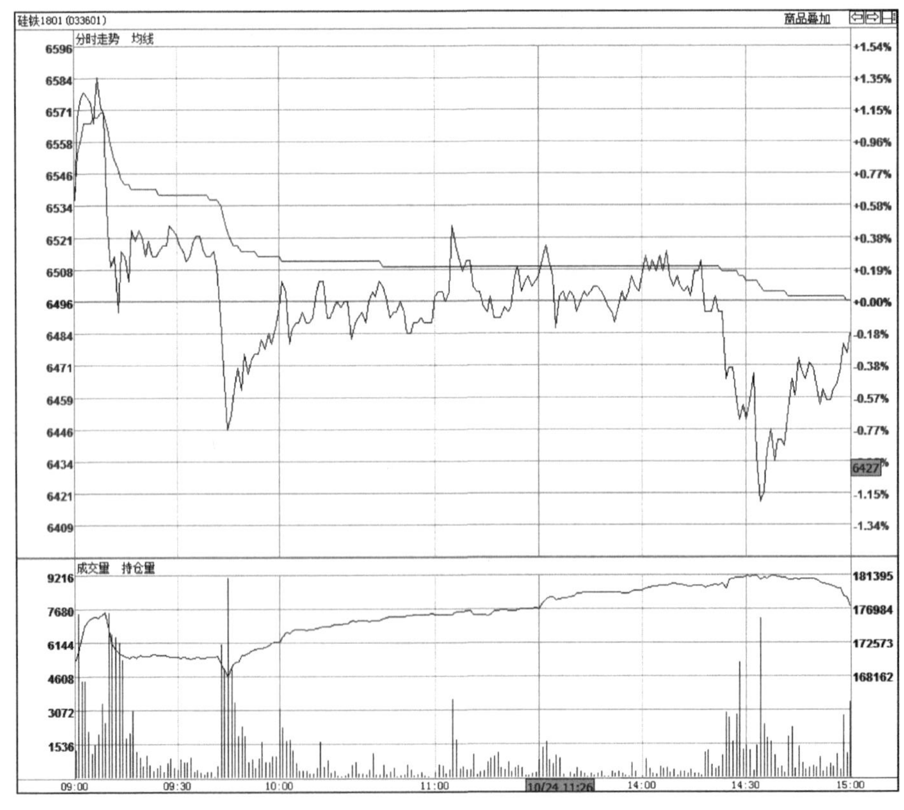

图 3 -39　硅铁 1801 合约 2017 年 10 月 24 日走势图

在图 3 – 39 中，硅铁 1801 合约 2017 年 10 月 24 日开盘之后，在成交量放大的推动下价格出现上冲。由于开盘后没有一个缩量的过程，因此开盘时的放量上冲走势并不属于冲锋买点。冲锋买点必须在一次缩量之后才会出现，这个技术特征一定要牢牢记住。

上冲之后成交量出现萎缩，此时的缩量为之后真正的冲锋卖点提供了参照。当成交量经历过缩量后再度放大时，价格的方向向下，因此，应当及时入场进行做空操作。第一轮下跌后，价格出现缩量反弹的走势，见到此时的缩量是不是应当满心欢喜？因为机会又快来了。

经过一段时间的缩量之后，成交量再度放大，此时的放量是第二轮放量，在方向继续向下的情况下便可以入场追进。只不过追进卖点带来的盈利空间并不是很大，价格仅跌了一波便不再下跌。由此可见，冲锋卖点形成时收益预期可以放大一些，因为价格此时刚刚下跌，而当追进卖点出现时，只要有出局的信号就应当离场，收益预期不能过高，做一波是一波。毕竟此时价格已经有了一定的跌幅，有可能跌幅扩大，但也有可能跌下去之后便形成整体或是局部的底部。

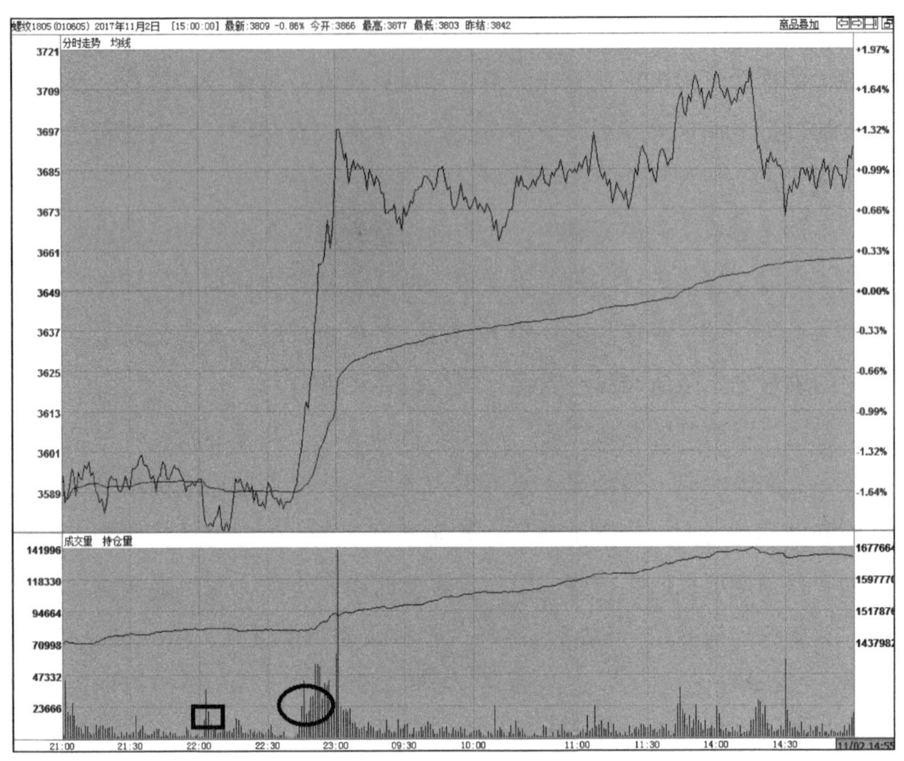

图 3 - 40 螺纹 1805 合约 2017 年 11 月 2 日走势图

在图 3 - 40 中，螺纹 1805 合约 2017 年 11 月 2 日开盘之后成交量一直保持着低迷的状态。通过学习冲锋买卖点与追进买卖点，相信各位读者朋友一定知道该以什么心态面对开盘时的缩量。虽然暂时没有机会，但好的机会随时会伴随着明显的放量出现，想要赚到钱，只需要在此时保持耐心。

经过了一个小时的等待，成交量终于出现放大（图 3 - 40 中方框处）。这一次的放量并未明显超过早开盘时期的放量，仅与刚开盘时的量能一致，这是冲锋卖点最底线的要求。正常情况下，冲锋卖点的成交量超过刚开盘时的量能，未来行情的幅度才会更大。冲锋卖点虽然形成，但这一次的走势赚不到什么钱。跌得不深与成交量不够大有着直接的关系。

冲锋卖点形成之后，成交量再度萎缩。不用问，依然要满心欢喜地迎接下一次机会的到来。再次经过一段时间的等待后，成交量再度放大，这一次的成交量明显放大，说明入场操作的资金数量较多。这也使得价格上涨的速度非常快。捉住这轮涨幅 3% 的行情并不是太困难的事，毕竟上涨的形态如此简单！

螺纹的案例与之前的案例相比有一个明显的差别：前几个案例追进买卖点与冲锋买卖点的操作方向是一致的，而这个案例中，冲锋卖点做空，追进买点却是做多。方向虽然不同，但技术上的要求却没有不同，所以，实战中投资者不应被这个差别困扰。一旦放量，价格向上就做多，价格向下就做空，要始终紧密追随资金的操作方向。

3.9 高乖离买卖点

没有只涨不跌的行情，也没有只跌不涨的行情，涨得多了就会跌，跌得多了就会涨。仅从收益来说，能获得最大收益的操作并不是顺势交易，因为顺势交易必须要等到势形成之后再去顺，这样一来肯定是会错过行情的，能“吃掉鱼的中段”就不错了。只有抄底或摸顶操作才可以在一波行情之中取得最高的收益，在运用相同持仓与出局方法的情况下，顺势只做中段，而抄底摸顶则是从低做到高或是从高一路做到低的。当然，抄底摸顶是绝大多数投资者的短板，许多投资者抄底摸顶的结局都是大亏、暴亏。其实并不是说抄底摸顶成功率低，而是因为这些投资者根本就没有掌握正确的抄底摸顶交易方法。

抄底摸顶需要耐心。局部的顶部和底部非常多，一天能见到十几次，但真正大级别的顶与底一天能见到两三次就不错了，如果没有足够的耐心，肯定是抓不住机会的。若是日线级别的顶与底，一年能见到四五次就算很多了。故此，抄底摸顶操作绝对不是随时有机会的，若是运用这种手法进行的操作次数过多，那肯定是做错了。

顶与底有多种技术形态，与之对应的操作手法都需要掌握。这一节利用分时线与均价线的关系为读者讲解一下高乖离买卖点。乖离率是指当前价格与均价线之间距离的远近。若两者距离过远，则当前价格会通过回落主动靠近均价线，或是通过价格原地踏步而均价线追随价格的方式将两者的距离缩小。若是价格主动找均价线，则可以实现盈利，若是均价线去追价格，也没什么大的风险。所以，当这种技术形态形成之后值得去逆势操作。

那么，均价线与分时线多远才适合呢？这是一个老大难的问题。若当天所有品种的波动幅度都比较小，两者相差1%就可以操作。但若当天所有品种波动幅度都较大，则两者相差2%才可以考虑操作。所以，这个度较难把握。为了使操作简化，需要统一要求：分时线与均价线的距离至少在1%。同时，为了提高操作成功的概率，需要加入成交量的条件：两者相差1%以上的距离时，一旦出现缩量现象，便可以入场进行操作。若利用高乖率做空之后价格再创新高，或是做多之后价格再创新低，则需要进行止损操作。

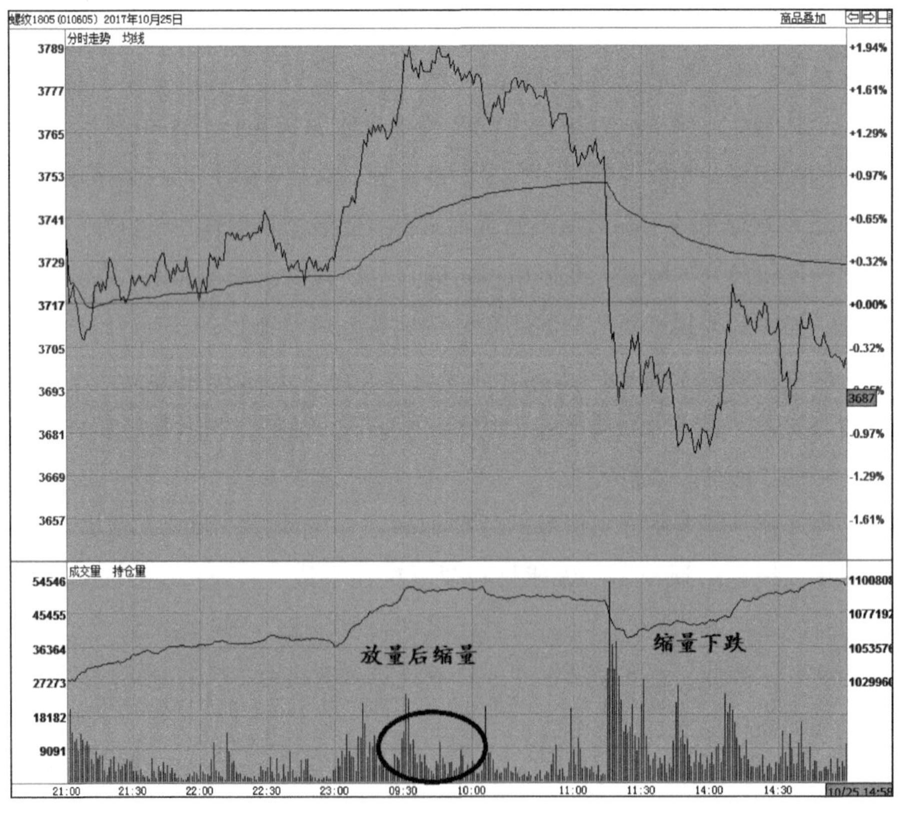

图3-41 螺纹1805合约2017年10月25日走势图

在图 3 – 41 中，螺纹 1805 合约 2017 年 10 月 25 日开盘后价格整体保持震荡上行的走势。在前两个小时的波动中，价格涨幅较小，距离均价线较近。因为没有过大的涨幅，所以摸顶类的操作手法没有运用的空间。顶部肯定是要经过足够长的时间，以及足够大的涨幅之后才会形成，在小幅度震荡上涨的行情中，不宜使用摸顶类的逆势交易手法。

日盘开盘后，价格在成交量放大的推动下连续上涨。随着上涨行情的不断延续，分时线与均价线的距离也超过 1%，意味着摸顶的操作满足了技术上的要求，此时需要密切留意整体波动形态。在留意摸顶机会的时候也要意识到，如果价格上涨的动力较大，当分时线与均价线有了 1% 以上的距离，在资金的强力推动下这个空间值会继续拉大，所以价格上涨动力的大小就是第二个要重点关注的事项。

上涨的时候成交量连续放大，到高位区间之后，成交量则出现萎缩的态势。分时线与均价线距离过远有修正的需要，而此时资金操作的积极性明显降低。这样一来，就算价格跌不下来，也没有动力上涨，故此，便可以找点位入场进行做空操作，而后再把新高的点位设为止损静待或止盈或止损出局便可。

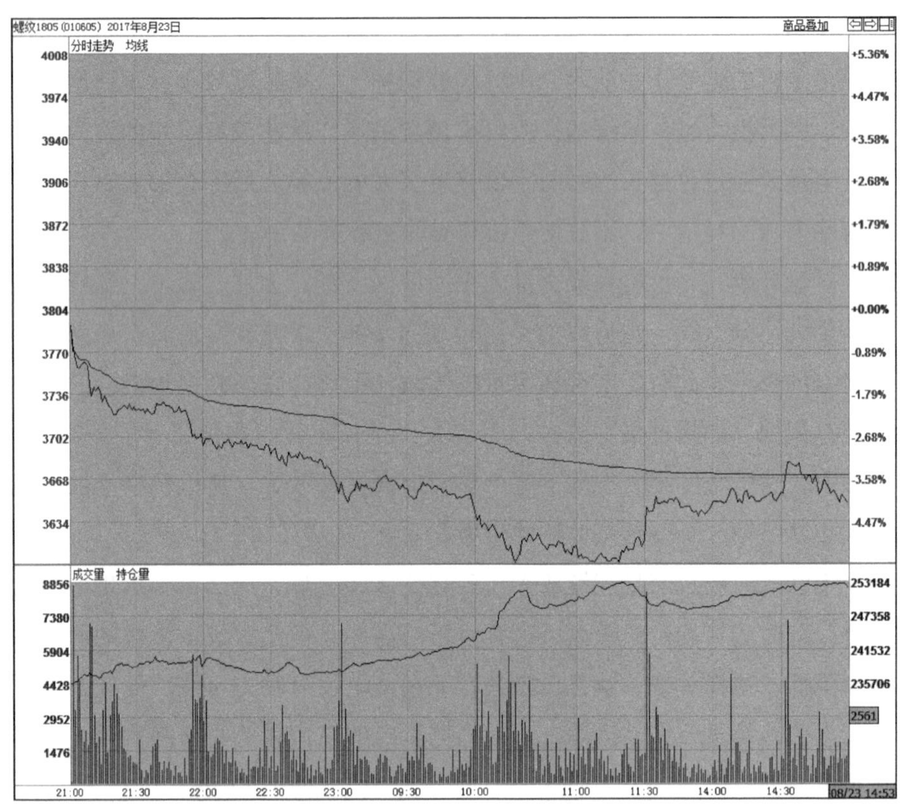

图 3－42 螺纹 1805 合约 2017 年 8 月 23 日走势图

在图 3－42 中，螺纹 1805 合约 2017 年 8 月 23 日开盘之后，价格便在成交量放大的推动下下行。随着下跌幅度的不断加大，投资者就要意识到：分时线与均价线 1% 的空间肯定是不够的，必须要进一步扩大两者的距离才有抄底的机会。在价格跌幅较小、成交量表现一般的情况下，分时线与均价线之间 1% 的空间是完全有机会进行抄底或是摸顶操作；但若成交量较为密集，并且价格整体跌幅较大，随便一个杀跌就能达到 1% 的要求。显然，在这种情况下，投资者轻易出手是很容易赔钱的。

随着价格下跌幅度的不断扩大，10: 00 之后，分时线与均价线之间的距离达到 2%。无论处于什么样的跌幅状态，两者的乖离率达到 2% 已算不小，故此需要密切留意第二个技术点：成交量萎缩现象。拉开差距是第一步，但若没有缩量，资金依然保持较为积极的操作态度，好的反弹行情也就很难出现，只有缩量、资金做空的态度变消极之后，抄底也才有盈利的机会。

10:00之后最后一波放量杀跌结束，价格虽然又一次下跌，却再也无法创出新低，同时，成交量相比之前的放量明显萎缩，这说明此区间愿意积极做空的资金数量大减，故此可以寻找机会入场进行抄底操作。随后价格自低点一路反弹到均价线处。有了正确的方法，虽然价格整体下跌，但逆势做多仍可以实现盈利。

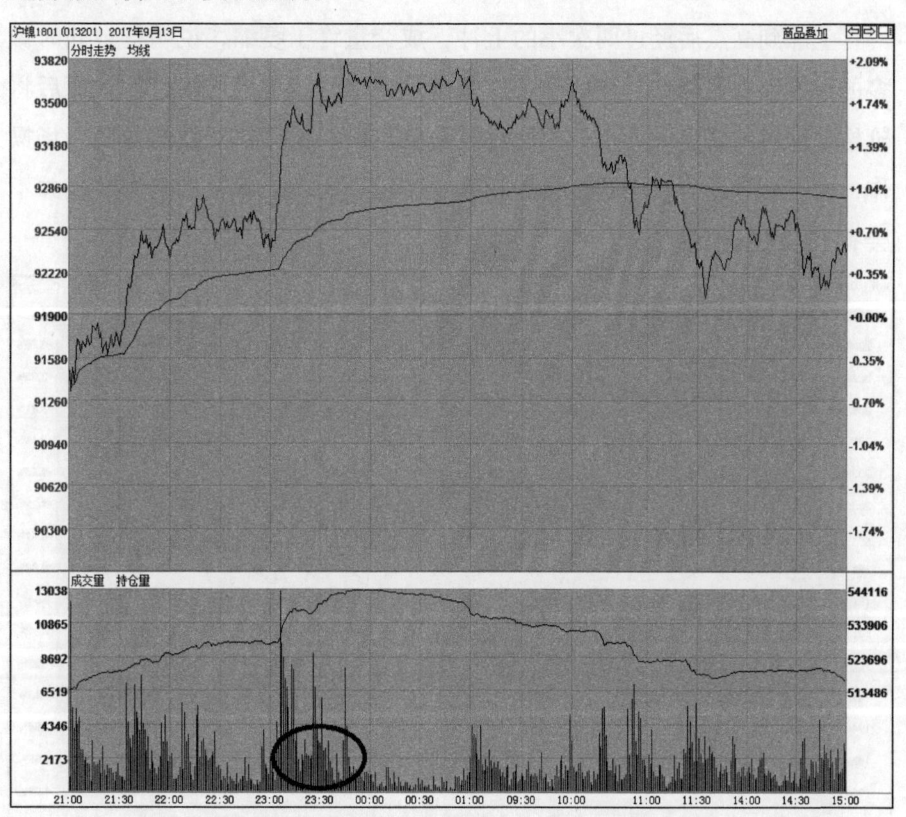

图3-43 沪镍1801合约2017年9月13日走势图

在图3-43中，沪镍1801合约2017年9月13日夜盘开盘后价格便出现震荡上涨的走势，在上涨过程中成交量保持放大的状态，说明资金交易的态度还是非常积极。虽然量价形态非常完美，但价格的涨幅却并不大，说明当天整体的市场环境中多头虽占上风，但并不是十分强悍。在这种情况下，当分时线与均价线差值在1%时，便可以留意利用高乖率做空的交易机会。

上涨到高点的时候，分时线与均价线1%的乖离率要求已达到，这个时候还需要第二个技术条件——缩量的出现！在实战操作时，绝对不能看到乖离率达到要求就匆忙入场，在一些强势上涨的案例中，即使达到2%的乖离率也不见得能形成下跌的走势，只要资金做多意愿强烈，再大的乖离率差值都有可能出现。唯有成交量出现萎缩、资金做多积极性不高之时，做空才有机会。

上涨到高点后经过两次小的上冲，成交量终于萎缩，说明资金此时做多的积极性明显降低，在两个条件都满足要求时就可以入场操作，而后将价格上涨时的高点设为止损控制住风险就可以。就算在下跌的初期入场操作，由于介入点与盘中的最高点相差并不远，所以，就算形态失败也并不会有多大的亏损。

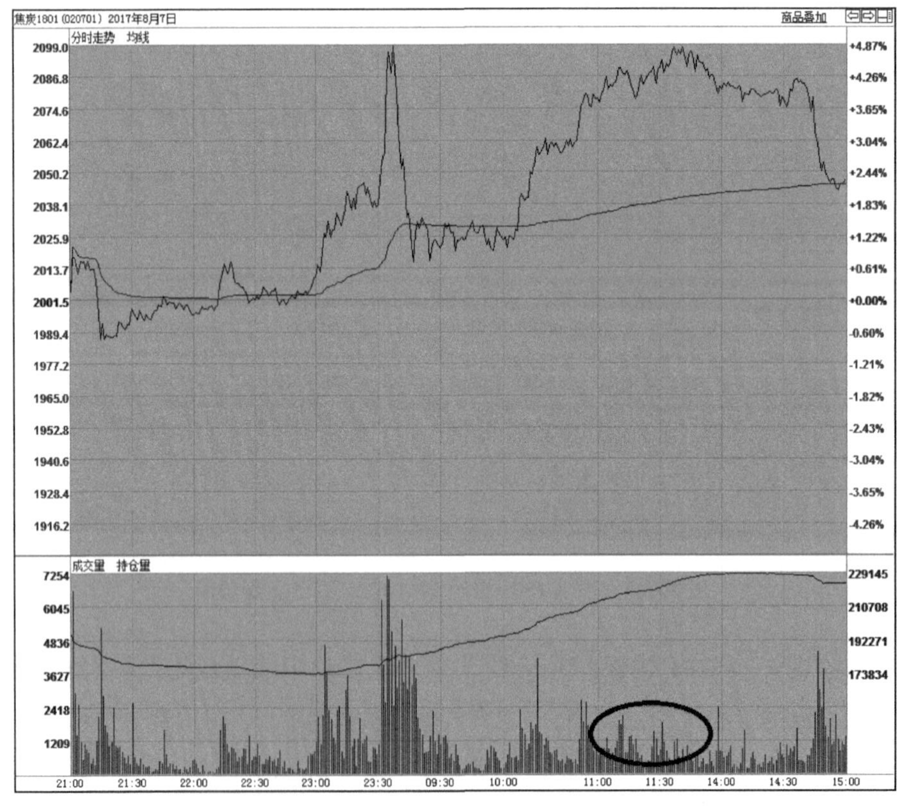

图3-44 焦炭1801合约2017年8月7日走势图

在图 3 - 44 中，焦炭 1801 合约 2017 年 8 月 7 日夜盘的时候，价格的波动幅度并不大，这使分时线与均价线的距离始终无法拉开，因此没有任何利用高乖离率进行操作的机会。日盘开盘后，价格快速上冲，乖离率倒是完全满足了要求，两者的差值甚至达到 3%，但这一时期也是没有任何操作机会的，因为还没等到满足缩量的条件价格便快速跳水。

经过一番修整后，价格重拾升势。经过几波上涨之后，分时线与均价线的乖离率再度达到 2.5% 以上。两者之间这么大的差距完全满足了摸顶的要求，接下来便要等待满足第二个条件：出现缩量现象。之所以一直强调缩量，就是为了让读者朋友体会资金由积极做多到做多兴趣大幅下降的过程。当资金失去了做多兴趣的时候，价格就算不下跌，也很难上涨，所以此时逆势操作的风险并不是很大。

高位震荡的时候，成交量形成了一波比一波小的走势，说明资金再也没有兴趣积极做多，此时便是利用高乖离率入场做空的大好时机。在缩量的影响下，价格选择以主动下跌的方式靠近均价线，从而带来了一波收益非常可观的获利行情。

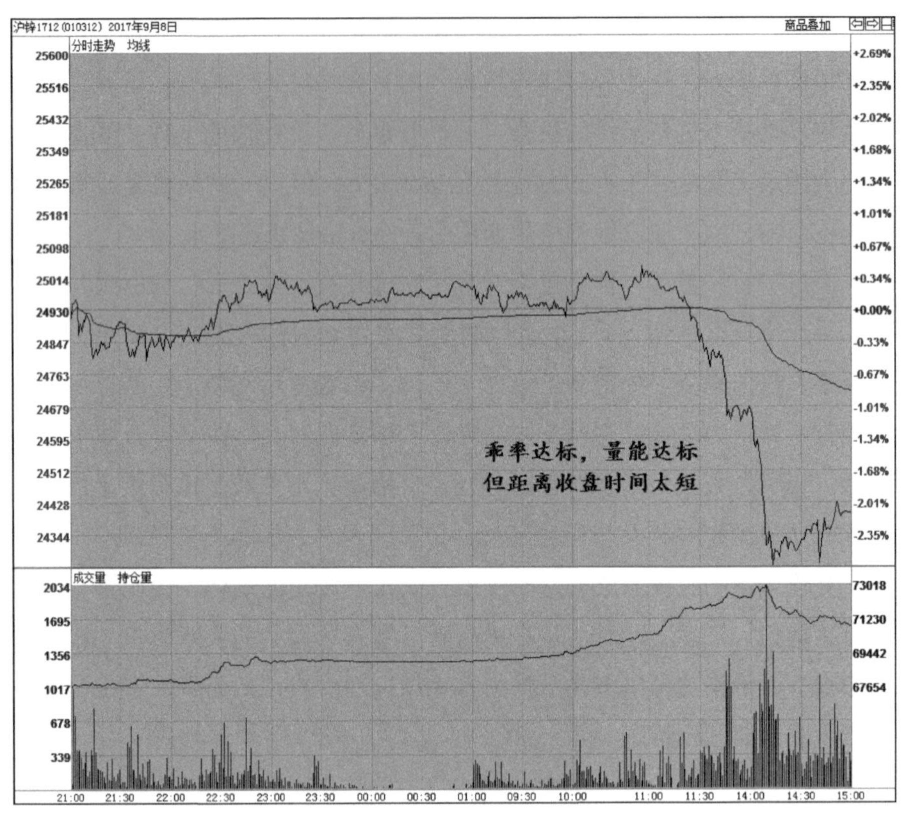

图 3－45　沪锌 1712 合约 2017 年 9 月 8 日走势图

在图 3－45 中，沪锌 1712 合约 2017 年 9 月 8 日在下午开盘之前好几个小时的时间里价格都没有什么太好的表现。只要没有出现大涨或大跌的走势，分时线与均价线的距离就不会过远，而两者之间的距离较近，也就没有机会利用高乖离率的方法进行操作。

14:00 之后，在成交量放大的推动下价格出现快速下跌的走势，随着下跌的持续进行，分时线与均价线之间的距离也达到了超过 1% 的要求，并且在随后的震荡反弹过程中，成交量也开始有了明显的萎缩。两个技术条件全部满足，仅从技术的角度来说，尾盘期间应当入场进行做多操作。

但在这个案例之中有个特殊之处，高乖离率买点形成的时候，距离收盘的时间很近，可供操作的时间已经所剩无几，在这种情况下就不建议投资者新开仓。进行日内操作，若看 3 分钟 K 线，一般 14:30 之后就不宜新开仓，若看 1 分钟 K 线，则 14: 45 之后就不宜再开仓。到了这个时间，手中有持仓的可以继续持有，空仓状态的不管盈亏都可以收工。且不说形态失败没有了回本的时间，就算买点或卖点成功形成，到收盘时形态只进行了一半，出还是不出都挺让人为难：不出的话，与日内交易不留隔夜仓的要求违背；出的话，形态又没有走完。故此，除非进行隔夜操作，日内操作不宜在尾盘期间新开仓。

3.10 均价线的击穿买卖点

均价线其实就是商品期货当天盘中变动着的结算价，因为它直接反映市场中的资金平均持仓成本，所以会对价格的波动产生重要的支撑与压力的作用，因此，它的位置就是多空必夺的重要点位。正因如此，才将分时线位于均价线上方的技术形态称为多头性质波动，将分时线位于均价线下方的技术形态称为空头性质波动。

价格波动的性质是来回转变的，一会儿是多头状态，一会儿是空头状态，所以，在实战操作的时候，必须要时时留意价格多空性质的变化。当价格由空转多，或由多转空时，都绝对绕不过均价线这道坎：价格必须要向上或向下击穿均价线才可以完成波动性质的转变。

故此，当分时线由下向上突破均价线压力的时候，便可以视之为做多的信号，因为价格的波动性质由空头刚刚转变成为多头，在多头性质的起点位置介入自然容易捕捉到盈利的机会。而当分时线由上向下跌破均价线支撑时，便可以入场进行做空的操作，因为这是空头波动性质的起点，是最为有效的介入点形态之一。

图 3－46　L1801 合约 2017 年 10 月 26 日走势图

在图 3－46 中，L1801 合约 2017 年 10 月 26 日开盘之后价格略做下探便快速上涨。对于这些没有夜盘的品种，在刚开盘的时候，价格的波动往往非常不稳定，所以，一般前 15 分钟不宜使用这种方法进行操作，一定要等待波动平稳之后再进行操作。这也就意味着，在图 3－46 画圈处分时线由下向上突破均价线的买点处不应进行操作。

一波上冲之后，价格开始回落，分时线随之向下跌破均价线的支撑。此时，技术形态完全符合操作的要求，因此，可以在分时线向下击穿均价时入场做空。均价线的波动相比分时线要平缓许多，因此，均价线价格的变化速度并不快，实际交易时，投资者完全可以提前几分钟判断出均价线的价位所在，而后提前做好操作的准备，破掉就开仓，未跌破就等待中继做多的机会。

利用分时线击穿均价线的方法进行操作，这个方法本身只是一种介入技巧，止损与止盈还需要另行搭配其他的方法。先把介入点练会，再一步步深入形成完整的交易体系。

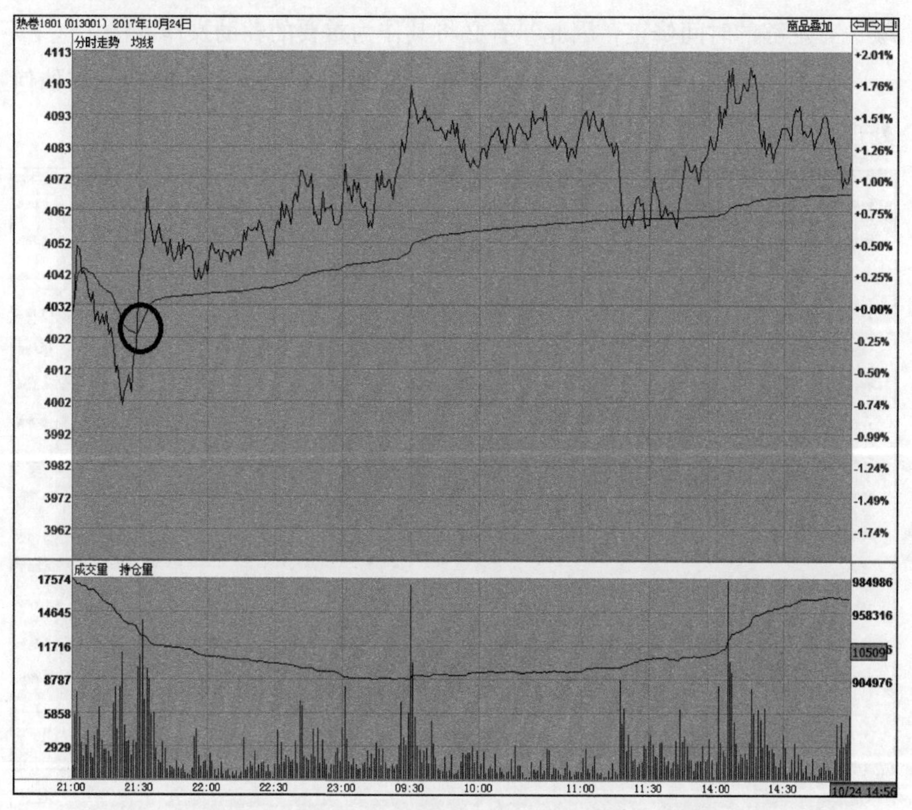

图 3-47　热卷 1801 合约 2017 年 10 月 24 日走势图

在图 3-47 中，热卷 1801 合约 2017 年 10 月 24 日夜盘开盘之后价格小幅上冲，而后跌破均价线。从刚开盘的形态来看，属于标准的击穿均价线做空点，但由于刚开盘时价格波动仍不稳定，故此，这个机会不应去操作。一定要在开盘 15 分钟之后才可以运用这个技巧交易。

经过了近半小时的波动后，价格由下向上突破均价线的压力，意味着价格由空头波动性质重新转变为多头波动性质，故此，应当在分时线向上突破均价线的时候入场进行做多操作。从这个案例的走势来看，分时线突破均价线变为多头性质的点位，正是一轮上涨行情的起点位置，若再同步结合其他的持仓技巧，确定次高点，获得10%以上收益是没有任何问题的。

这种操作技巧非常简单易懂，形态也很容易识别，在实战操作时，还可以利用软件中的画线下单功能预定开仓点位，因为均价线的波动较为平缓，有足够的时间修正，因此，有必将其作为重要的辅助操作方法。

那么，面对上午收盘与下午刚开盘时来回击破均价线的波动，该如何处理呢？

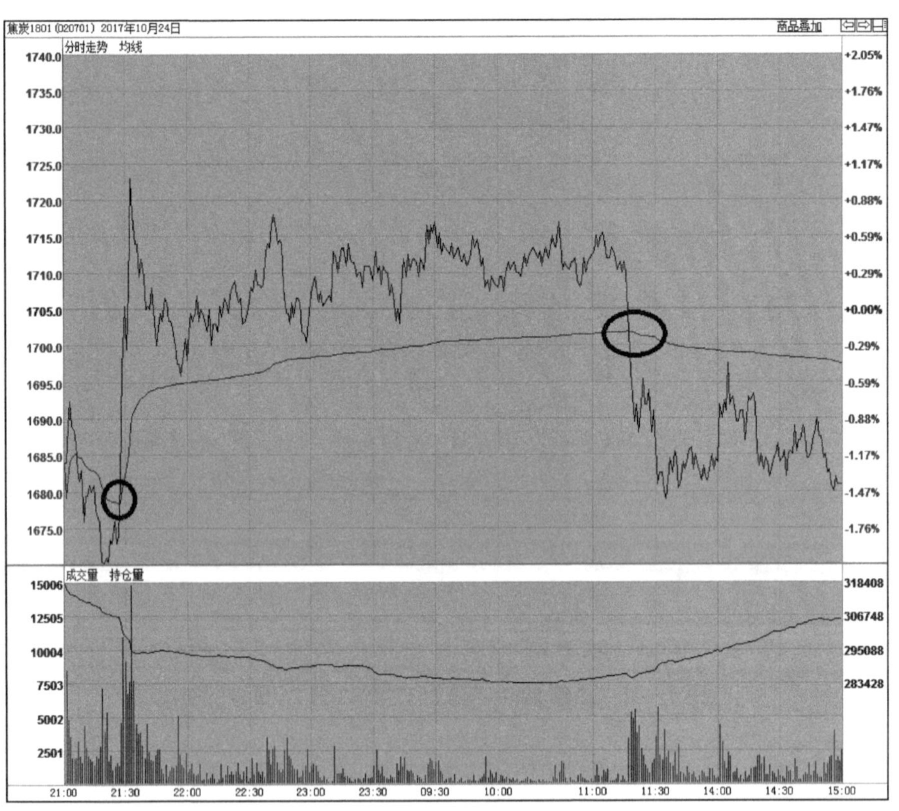

图3-48　焦炭1801合约2017年10月24日走势图

在图3-48中，焦炭1801合约2017年10月24日开盘之后价格再次形成上冲而后回落的走势。可见，刚开盘的前15分钟时，价格的波动方向非常不稳定，故此一定要舍得放弃这段时间内的波动机会。

经过20多分钟的波动之后，分时线向上快速地穿过均价线的压力，进入多头状态，此后，分时线便以极为简单的形态继续快速上行。把握住这一次机会，获利10%不是什么难事。极短的时间内便获得这么多的日内收益，在价格回落的过程中也可以先兑现收益，而后再寻找机会操作。

上午临近收盘的时候，价格转变方向，分时线由上向下跌破均价线，价格波动性质转空，那就可以在刚刚进入空头性质的点位入场操作。均价线此时的波动非常平稳，所以，在什么价格处操作完全可以提前作出判断，这就是击穿均价线买卖点最省心的地方。前后两次操作机会，一天轻松获利20%。当然，这样的收益更主要是得益于价格波动幅度大，并不完全是交易方法的功劳。

图3-49 沪铅1712合约2017年10月12日走势图

在图3-49中，沪铅1712合约2017年10月12日下午开盘之后，在成交量放大的推动下，价格出现了一轮快速杀跌的走势。在杀跌的中后期，分时线快速地跌破均价线的支撑，一下子重新步入空头状态。随着价格波动性质的改变，此时便可以入场进行做空操作。

在实际波动的过程中，任何技术方法都面临这样的问题：真实性的信号、虚假的信号以及信号的闪烁。真实性的信号出现直接就可以实现盈利；虚假的信号也没关系，只要采取正确的止损方式，代价也是极轻的。最怕的就是许多投资者应对不了信号的闪烁而出现巨大的亏损。所以，想要提高操作的获利能力，必须要建立应对信号闪烁的策略。

那么，什么是信号的闪烁呢？在图 3－49 中，尾盘的走势属于成功的形态，刚开盘第一次上冲之后的快速下探跌破均价线的做空点为虚假的信号，它的特点是跌破均价线之后很快又重回均价线上方。而信号的闪烁则是指 21∶50—23∶00 的走势，基本上在同一个价位处一会儿有做空信号，一会儿有做多信号，若按要求操作则会亏损，这种走势就是信号闪烁的形态。

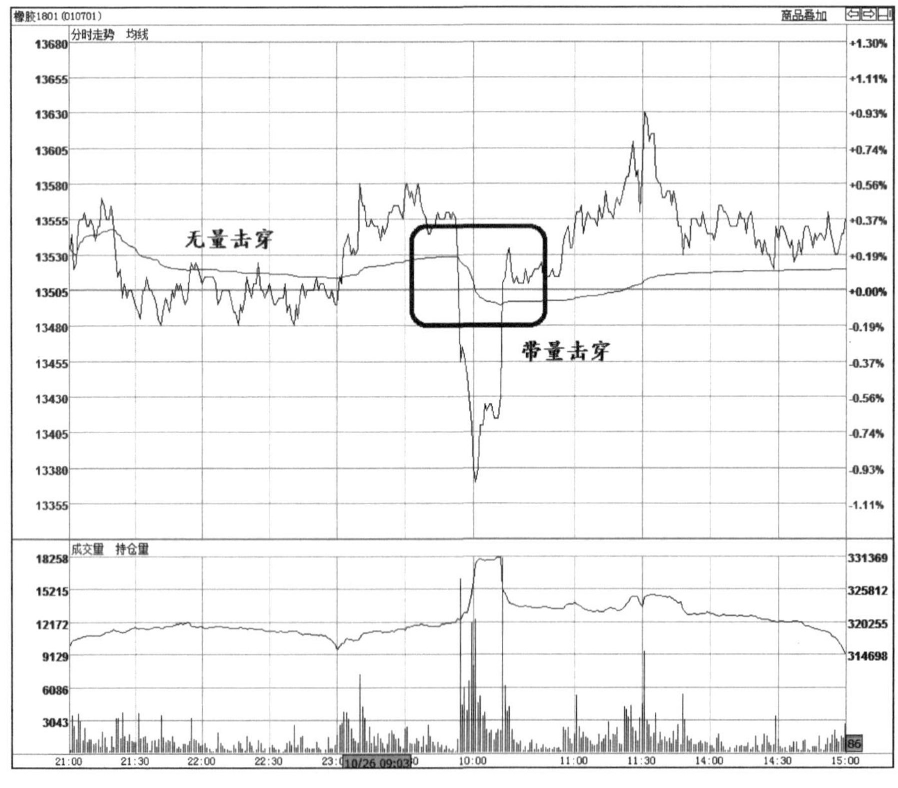

图 3－50 橡胶 1801 合约 2017 年 10 月 26 日走势图

在图 3 –50 中，橡胶 1801 合约 2017 年 10 月 26 日夜盘期间整体形成无量的波动状态。在无量区间中，分时线先后两次向上击穿均价线的压力，但很快便又重新回到均价线下方，向上穿越的买点失败。为什么会失败？其中一个原因就是买点产生在无量区间，价格的上涨缺乏足够的动力，故此突破均价线之后也难以持续上涨。

日盘开盘后价格在成交量放大的推动下快速下跌，轻松地突破均价线的支撑，至此做空信号出现。一大波下跌之后，价格大幅上涨，分时线又快速地向上突破均价线，形成一次向上穿越成功的信号。为什么这两次的走势可以成功呢？看一下成交量的变化便可知晓：无论是在价格下跌的过程中还是在上涨的过程中，成交量都保持放大的状态，带量击穿均价线成功的可能性自然要比无量击穿成功的可能性大。这就是其中的一个技术原因！

除了量能，技术的形态、波动的方向、属性地位等多项信号都需要综合起来考虑，这样才可以在分时线向上或是向下击穿均价线的时候，识别出什么样的走势应当坚决操作，什么样的走势应当主动放弃。

4.量能分析

在技术分析的过程中，技术走势是最为重要的因素，成交量起到辅助分析作用，成交量的地位处于技术形态之下。若把成交量遮住，只看技术走势，该怎么操作依然会怎么操作，并不会有什么大的改变，只不过结合成交量变化进行分析，进出的点位可能会更为恰当。但若遮住技术走势只看成交量，那就没办法操作，在不考虑成交量与K线阴阳线颜色一致的情况下，连价格是涨是跌都不可能知晓，只能做出成交量放大区间价格波动剧烈、成交量萎缩区间价格波动平缓的基本判断。所以，在对成交量进行分析的时候，一定要搞清楚价与量的主次关系。

进行期货操作，成交量的分析只适用于日内交易。1分钟、3分钟、5分钟周期中结合成交量的效果比较好，而在长周期K线中，比如30分钟、60分钟K线中，成交量会随着周期的延长而变得越来越没有参考意义，在日K线图中成交量更是没有查看的必要。

成交量对价格起到重要的补充，因为它是资金运作数量的外在体现。价格上涨得到成交量的配合，则涨速会快，涨幅也会大；若没有成交量的配合，在上升趋势形成的情况下也可以涨，但过程可能就会曲折一些。本章介绍成交量与价格常见的配合情况，结合技术形态，投资者寻找买卖点位以及持仓就会变得更加容易。

4.1 完美的上涨与下跌量能

一旦完美的上涨或下跌量能形成，便会促使价格很好地延续当前的上升或下降趋势。完美的量能是资金积极入场参与操作的体现。资金的入场促使价格上涨或下跌，而价格的涨跌进一步吸引了资金的入场，从而形成一种良性循环，只要这种量价形式未改变，那么，价格的趋势便会很好地延续。

完美的量能由两部分组成。一是价格上涨或下跌时温和且持续的放量。这个放量的过程一定要连续，而不能只放大一下然后就不放量了。量能温和且连续地放大说明资金正在源源不断地入场，这是价格涨跌的根本动力所在。二是上涨或下跌结束后出现调整或反弹走势时，成交量一定要萎缩。量能只要形成萎缩的态势，就意味着先前入场的资金在缩量的过程中并未离场。资金沉淀下来做什么？自然是要在价格进一步上涨或下跌之后再离场。例如，之前放量时每分钟成交1000万元，缩量区间内每分钟成交200万元，这就意味着每分钟有800万元的资金沉淀。

完美的上涨量能形态就是放量上涨加缩量调整。而完美的下跌量能形态就是放量下跌加缩量反弹。一定要记住，完美量能是由两部分组成的，即一放大一萎缩。只要形成完美量价，也就是说，当你发现形成放量上涨加缩量调整，或是放量下跌加缩量反弹时，就意味着价格后期还将会以极大的概率继续上涨或是下跌。

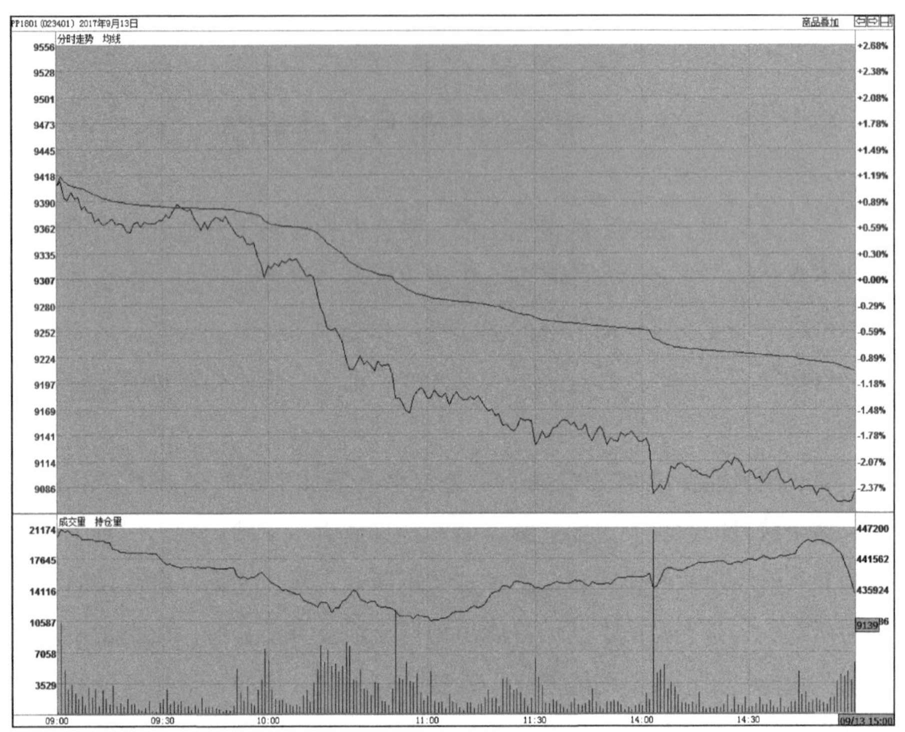

图 4-1 PP1801 合约 2017 年 9 月 13 日走势图

在图 4-1 中，PP1801 合约 2017 年 9 月 13 日价格出现连续性下跌的走势，分时线位于均价线下方，这样的技术形态意味着在这一天投资者必须要坚定地进行做空操作，任何做多的行为都是非常错误的。

在价格主要的下跌过程中，出现了一轮完美的量价配合形态。从 10:00开始，价格下跌的时候形成放量的态势，这一轮放量过后成交量快速萎缩，放量与缩量的出现意味着此时有资金沉淀，从当时价格的方向来看，资金是主动做空的性质。完美量价形态一旦出现，便意味着价格后期还将继续下跌，因此，在缩量区间，应当耐心地进行持仓操作。

经过一段时间的反弹之后，在成交量进一步推动下，价格出现新一轮下跌的走势。后期还能不能继续下跌？这要看是不是有新的资金沉淀。

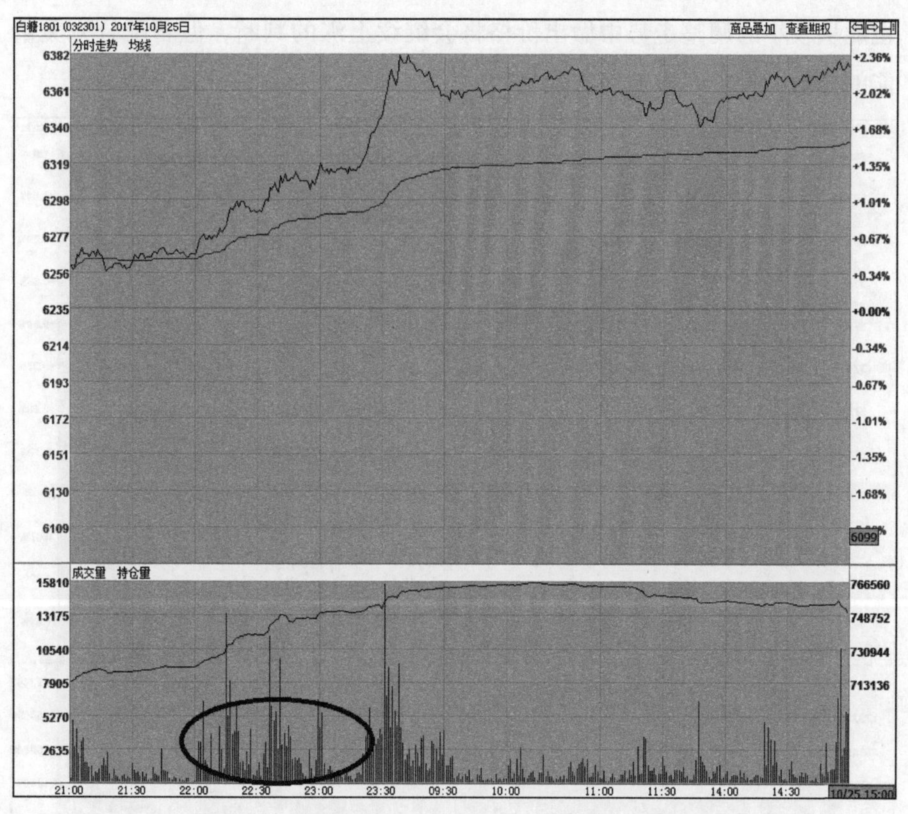

图 4-2 白糖 1801 合约 2017 年 10 月 25 日走势图

在图 4-2 中，白糖 1801 合约 2017 年 10 月 25 日价格在盘中出现了非常不错的上涨走势，自夜盘开始分时线一直在均价线上方，只要进行做多的操作，在这一天便很容易实现盈利。

在价格开始启动上涨行情的时候，成交量配合形成了完美的量价形态。由此可见，价格要想涨得好，必须要有成交量的支持，若没有大量的资金入场做多，价格也就没有足够的动力持续向上。完美的量价有什么特点？上涨时成交量放大，说明有资金入场参与操作，而在价格调整时，成交量则出现萎缩，说明资金并未大规模撤离。资金既然不走，那新的高点便会出现。

经过几波小幅度的上涨之后，成交量继续保持调整萎缩的状态，沉淀资金越来越多，促使了一轮幅度较大的行情出现。虽然不看成交量的形态也能从较小的调整走势中做出价格将会继续上涨的判断，但若配合完美量能的分析，投资者也就更有底气。

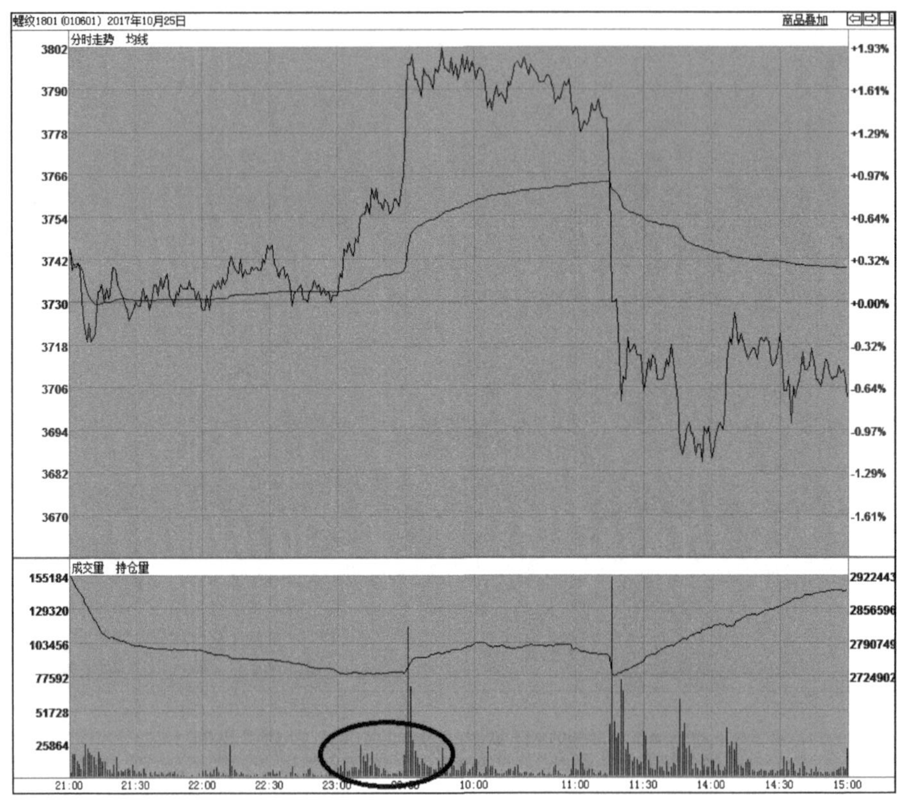

图4－3 螺纹1801合约2017年10月25日走势图

在图4－3中，螺纹1801合约2017年10月25日在第一轮创出新高的上涨过程中，成交量出现温和放大的态势。这是夜开盘之后好久都未出现的放量现象，此时的放量说明资金来了。放量之后成交量马上萎缩，说明先前介入的资金都沉淀在场中。

缩量意味着资金并未离场，同时，调整的幅度又非常小，说明空方的力量非常虚弱，在这种情况下，价格上涨的概率自然就会很大。缩量一段时间后，在成交量集中放大的情况下，价格出现急速上涨的走势。

再一次地大放量上涨后，成交量再度萎缩，并且在调整初期阶段，价格回落的幅度依然非常小，说明价格此时依然有极大概率上涨。但随着时间的推移，价格却一直没有向上创出新高。长时间无法放量创新高，这只能说明资金失去做多的积极性，在高位震荡的过程中，资金已悄然出局。此时稳妥的做法就是先出局观望，等待价格重拾升势再入场。

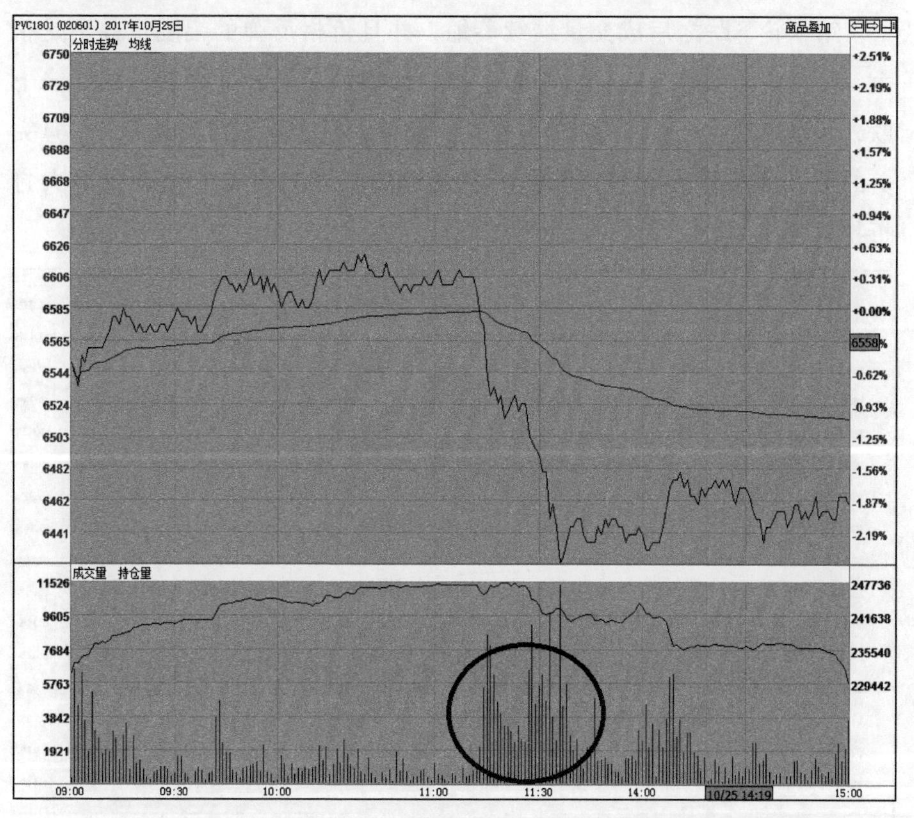

图 4-4 PVC1801 合约 2017 年 10 月 25 日走势图

在图 4-4 中，PVC1801 合约 2017 年 10 月 25 日价格在盘中出现一轮大幅下跌的走势，在下跌的过程中，成交量出现明显的放大迹象，说明资金在此时入场的数量非常多。大量的资金积极交易，分时线便以陡峭的角度在短时间内出现较大幅度的下跌。量能对价格的下跌起到重要的推动作用。

第一轮放量下跌之后，成交量明显萎缩，显然这是资金沉淀在场中的体现，由此可以判断：价格继续下跌的概率极大。果然，在较短时间的反弹之后，价格再度放量大幅下跌。在完美量价形成的时候，虽然价格已经跌了一波，但这并不会让投资者损失机会，反而可以提示投资者未来新一轮波动中较为确定的机会。做交易难道不正是需要这些确定性大的机会吗？因此，虽然有了一轮波动，但并不影响后期的获利。

第二轮下跌之后成交量继续萎缩，并且价格反弹的幅度也并不是很大，从量价配合形态来看，价格还将继续下跌。但缩量之后价格并未下跌，而是出现放量反弹的走势。显然，完美的量价形态遭到破坏。一旦完美的量价形态被破坏掉，价格后期继续按原方向波动的概率也将大打折扣。

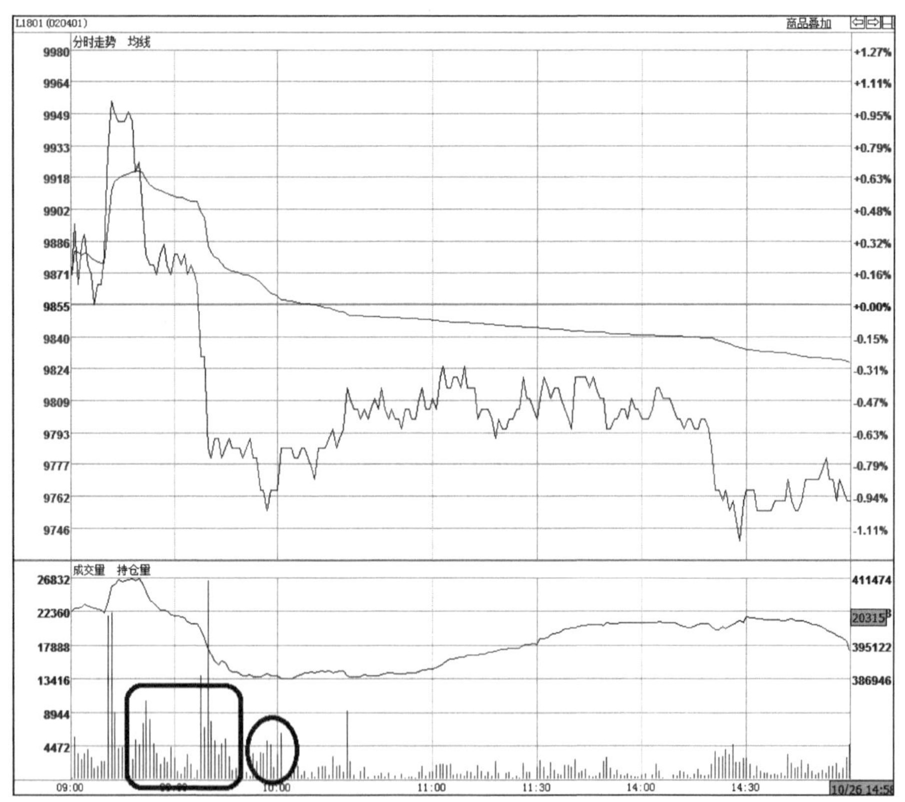

图 4－5 L1801 合约 2017 年 10 月 26 日走势图

在图 4－5 中，L1801 合约 2017 年 10 月 26 日价格经过一波上冲之后，量价形势发生变化，本应是缩量的调整，但却形成放量杀跌的走势。在完美量能遭到破坏的情况下，上涨走势也就不能再预期。

第一波放量杀跌之后，出现缩量的走势。此时的量价演变成完美的下跌形态，由此可以判断，价格后期继续下跌的概率将会比较大。短暂的缩量反弹之后，在成交量进一步放大的推动下，价格继续下行。放量后再度形成缩量的形态，说明价格虽然已经跌了两大波，但后面还会有进一步的下跌。

第二次反弹过后，价格果然出现下跌，但此时的下跌成交量却是萎缩的。这是完美量价形态吗？显然不是。量价配合只要不是完美的，价格的波动也就不会是完美的状态。因此，在缩量下跌出现之后，价格出现较长时间的盘中反弹也就是很正常的走势。

完美量价配合对价格当前方向的涨跌有促进作用，而不完美的量价形态则会使得价格的波动无法延续原有的趋势。在量价配合不完美的区间进行操作，风险将会很大。如果在持仓的时候发现量价配合形成完美的走势，则应当大胆持仓，若量价配合进入不完美的状态，则应及时退场。

4.2 连续放量区间分析策略

成交量无非两种状态：放量与缩量。放量意味着资金的介入，缩量意味着资金交易行为的暂时停止。若将放量与缩量结合价格来看便可以发现这样的规律：价格在缩量区间时基本上没什么好的盈利机会，就算有明确的方向，价格的波动幅度也是极小的；而价格在放量区间往往会有非常不错的涨跌走势，只要按方向执行操作，就很容易在放量区间实现较好的盈利，放量区间价格波动的幅度较宽，上涨或下跌的持续性都非常好。

价格上涨或下跌的根本动力来自哪里？来自于资金的推动。离开资金的推动，价格便犹如一潭死水，但若有大资金积极地进行交易，价格就会像踩足了油门的汽车一样，快速地向前奔跑。而成交量的大与小反映的就是资金入场数量的多与寡。资金量多，则价格涨跌势头猛；资金量小，则价格波动幅度小。

所以，在发现当前成交量出现放大迹象的时候，操作的策略就是：必须追随方向，切不可逆势；手法可以略为激进，突破以及追涨追空都可以；耐心持仓直到成交量出现萎缩或是有明确的出局信号。

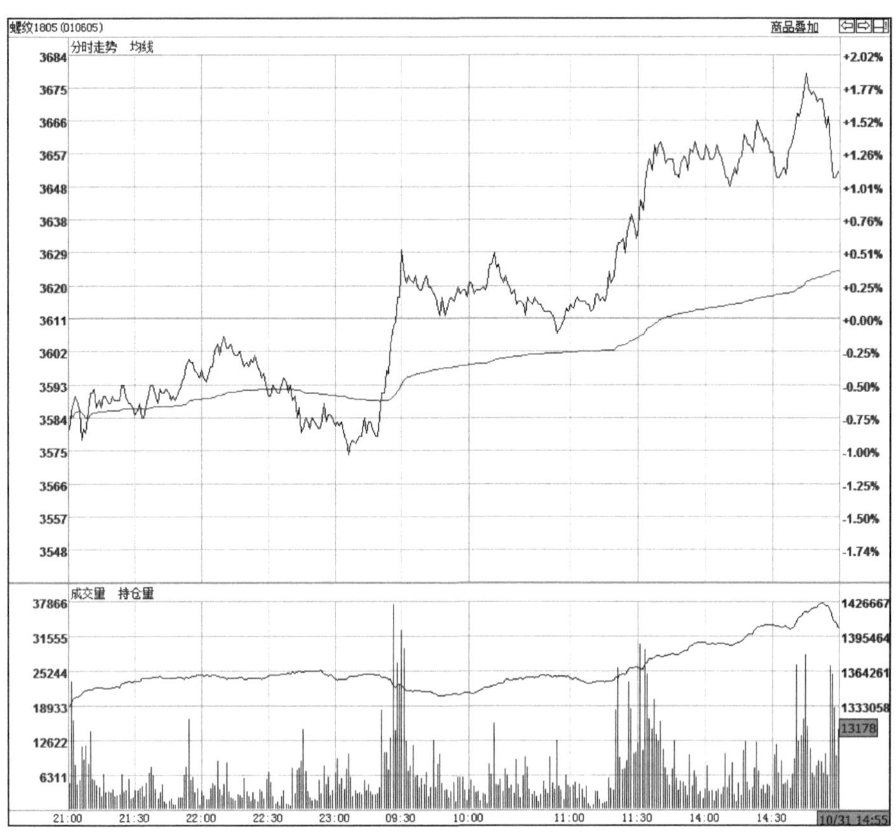

图4－6　螺纹1805合约2017年10月31日走势图

在图4－6中，螺纹1805合约2017年10月31日这一天价格的波动其实在大多数时间里都保持较为平淡的状态。从成交量的变化来看，绝大多数时间内成交量都保持萎缩的状态，显示出当天资金的活跃程度并不高。在成交量萎缩的区间，价格虽然也有所波动，但幅度都非常小，就算是做对了方向、找对了介入点，由于缺乏动力，也很难实现较大的盈利。

在两轮主要的上涨过程中，虽然价格的上涨形态不同——第一波是快速连续的单边上涨，第二波是略为曲折的震荡上涨，但这两波上涨都形成了较大幅度的波动，并且最主要的共同点就是成交量都出现了明显的放大迹象。量能的放大说明有资金在这一区间集中入场，资金的入场推动价格上涨，价格的上涨又进一步吸引资金的介入，从而形成良性循环的状态。

在放量区间，首先要明确一下方向。方向向上时要意识到，价格由此将进入快速上涨的过程中，再想逢低做多就没有机会了，所以一旦价格形成突破的走势，或是在突破之后涨幅并不是很大的时候，都应该入场进行操作，虽然可能会略微有些追高，但在成交量放大的推动下以及整体涨幅并不是很大的情况下，依然有较大的盈利空间。坚定做多就是成交量放大区间的主要操作策略。

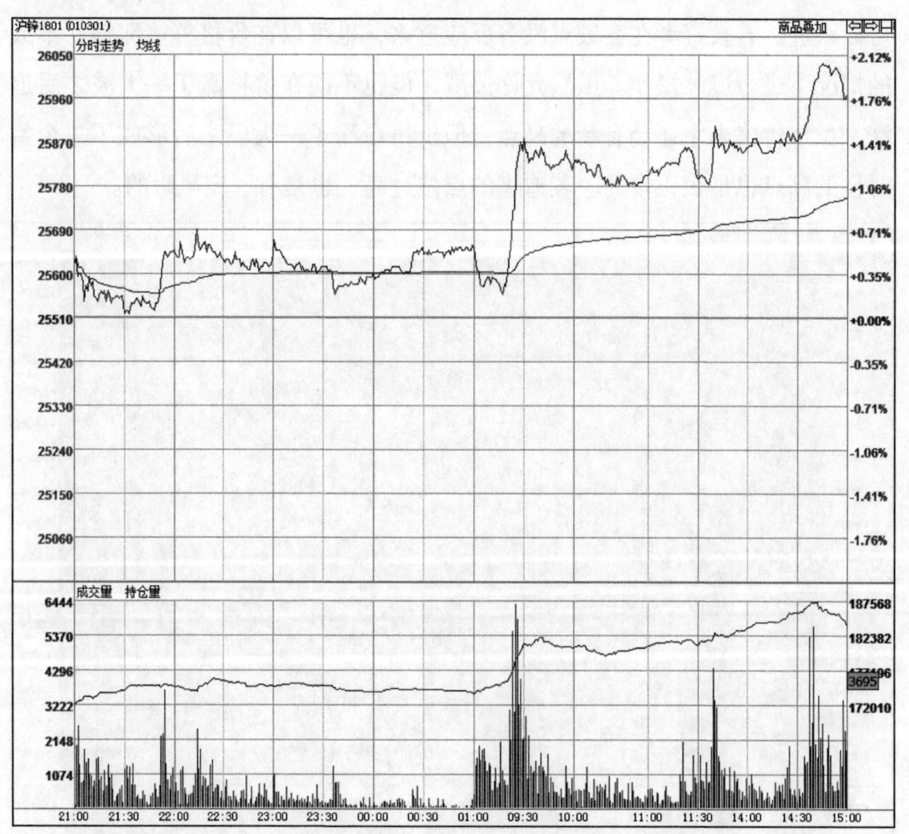

图 4-7　沪锌 1801 合约 2017 年 10 月 31 日走势图

在图 4-7 中，沪锌 1801 合约 2017 年 10 月 31 日夜盘期间，成交量整体保持逐渐萎缩的态势，价格的波动幅度也随着成交量的萎缩变得越来越小，可见，想要在缩量区间获得大幅度的收益是非常困难的。

进入日盘阶段，成交量出现三大波放大的形态，与之对应的是价格在成交量放大的区间形成了波动幅度较大的走势。放量区间价格的运行方向向上，因此这一区间应当积极地进行做多操作，任何做空的行为都不能有，否则很容易出现较大的亏损。在缩量区间做错了方向，就算是亏损其实幅度也并不会大，但若在放量区间做错了方向，则很可能出现需要两三天才能扳回来的巨亏。

多数情况下，在放量区间价格的波动形态都是比较单一的，就是快速地向上涨，因此在这一区间想等待低点进行做多是没有机会的，所以，突破点可以跟进。若投资者在突破点没有反应过来，也可以在价格整体涨幅并不大的情况下进行追涨操作。虽然允许追涨，但也不能在价格涨了一大波之后追涨。虽然价格未来还会有新的高点，但价格在涨了一大段之后形成了一个暂时性的高点也是很正常的。若追进的点位过高，也是有一定风险的。

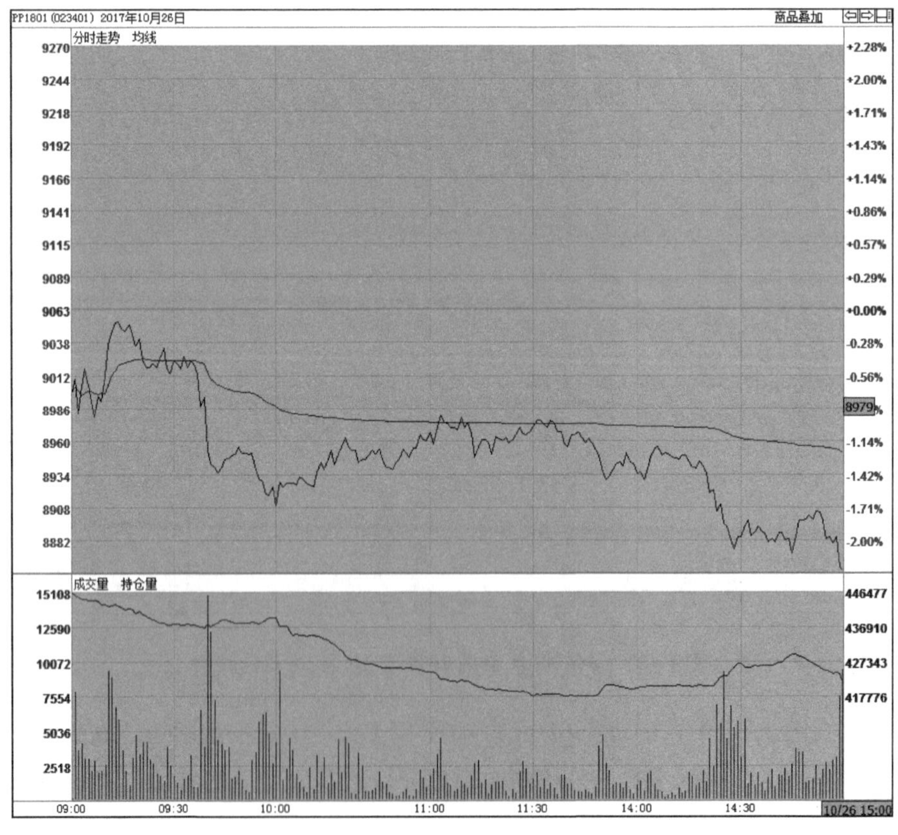

图 4-8　PP1801 合约 2017 年 10 月 26 日走势图

在图 4－8 中，PP1801 合约 2017 年 10 月 26 日开盘后不久出现了一波放量上涨的走势，在成交量放大的推动下，分时线以非常简单的形态单边上涨。这种走势对捉住介入点的投资者来说，持仓压力极小，但对于未开多单的投资者来说，除了在突破点或是上涨初期进行追涨之外，便没有好的介入机会。

一波上涨结束之后，在成交量放大的情况下出现了一波下跌的走势。下跌过程中两波放量先后出现，在放量的区间内，分时线依然保持较为简单的波动形态，并且均在较短的时间内为投资者提供了极好的获利机会。放量过后，成交量出现明显的萎缩，在缩量区间价格的波动曲曲折折，不管是上涨还是下跌，波动的空间都明显减小，就算是把握住了较为理想的介入点位，在这一区间进行操作也很难实现大幅度的盈利。

尾盘期间成交量进一步放大，随之而来的是第三回的快速波动。虽然这三回波动的涨跌方向不同、价格所处的位置不同，但相同的是在放量区间价格均出现幅度较大的波动。根据这一特征便可以得知：想要获得更高一些的收益，就必须要在放量过程中进行操作以及持仓，在放量区间没有持仓的，则可以在价格涨幅或跌幅不大的情况下及时追进，在放量区间除了在高一点的价位追进以外，没有其他应对策略。

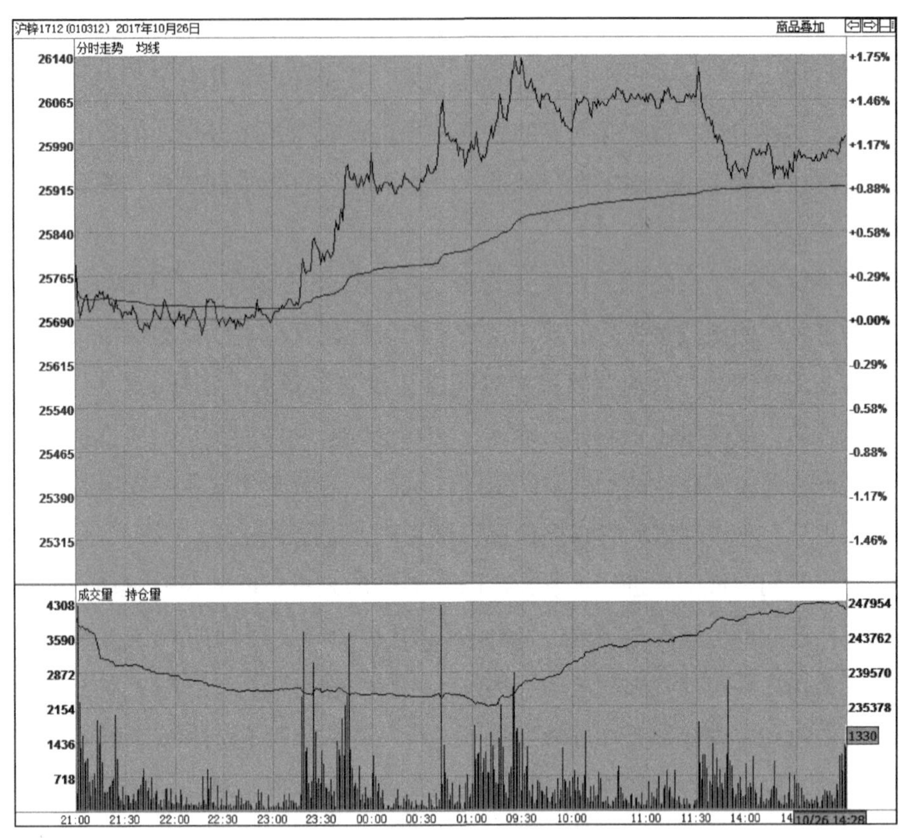

图 4－9 沪锌 1712 合约 2017 年 10 月 26 日走势图

在图 4－9 中，沪锌 1712 合约 2017 年 10 月 26 日开盘之后成交量出现一定程度的放大，但此时价格却并未出现大幅度的波动。这是什么情况呢？在进行日内操作的时候，早开盘的量能不应当过于被关注，有时放量价格会出现较猛的上涨或下跌，有时则会表现平平，只有盘中出现的放量才应当重点关注，这个时候的放量会促使价格出现较大幅度的波动。

夜盘期间经过较长时间的缩量之后，成交量终于形成放大的状态。在成交量放大的区间，价格也随之出现一波上涨行情。虽然分时线的波动曲线略有曲折，但整体而言还是比较简单的技术走势，交易难度并不大。在放量区间，分时线略微曲折其实是好事，因为这样会给投资者提供好几次突破操作介入的机会。

在随后的行情中，无论是上涨还是回落走势，有放量配合的幅度都比较大，而一旦成交量萎缩下来，投资者就很难有好的介入机会。在放量区间应当积极进行持仓，一旦发现放量开始，收益预期便可以放大一些；同时，进入到放量区间后，操作的手法也可以变得激进一些。资金的进出都需要时间，只要形成放量就必然有足够的时间让投资者介入。

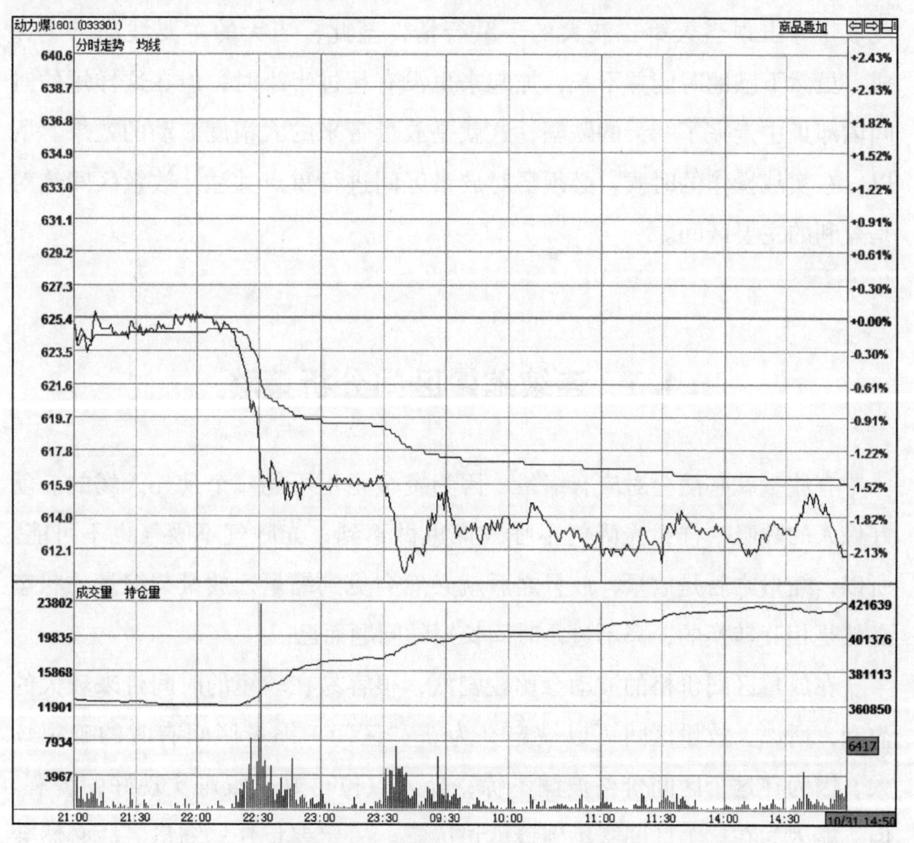

图 4-10　动力煤 1801 合约 2017 年 10 月 31 日走势图

在图 4-10 中，动力煤 1801 合约 2017 年 10 月 31 日价格在这一天的绝大多数时间里都保持着缩量的状态。在缩量区间价格有什么样的技术特征？无论是下跌还是反弹，持续性都非常差，并且波动的幅度都非常小。在缩量区间进行操作是很难实现较大盈利的。当然，这也意味着若在缩量区间做错了方向，也并不会大亏。做错了方向之后的大幅度亏损都是在放量区间形成的。

经过一个多小时的震荡之后，成交量出现连续放大的状态。在量能持续放大的推动下，分时线形成形态非常简单的下跌走势，这种下跌方式使得持仓操作没有任何难度，但由于下跌过程过于简单，因此下跌中途并未给投资者留下好的介入点位，仅有一次小幅度反弹之后的突破介入点。

第一轮放量之后价格缩量反弹，经过近一个小时的反弹，日开盘后再度放量并出现当天第二波大的下跌行情，至此，当天的主要波动已经完成。虽然下跌的时间并不长，加起来也没有超过半小时，但在这样短的时间内却集中走完了一天的跌幅，这就是放量带来的大幅度波动的效果。所以，在实战操作的时候，必须要对放量区间进行重点关注，放量区间绝对是盈利的主要区间。

4.3 连续缩量区间分析策略

有放量就必然会对应有缩量，因为资金是不可能一个劲儿入场的。就好像人的呼吸一样，光吸气不呼气谁也做不到，光呼气不吸气也不可能。所以，缩量之后是放量，放量之后就必然会见到缩量，放量与缩量的状态必然是相互转换的，只不过是时间长短的问题而已。

在放量区间价格的波动会比较剧烈，很容易在较短的时间带来较大的盈利，所以，放量区间可以被定义为获利区间。缩量区间有时的确很烦人，因为在这个区间价格波澜不惊，介入点位再好也很难实现好的盈利。但不能因为在这个区间赚不到钱就讨厌它。一定要记住：缩量之后必然会放量。这也就意味着在缩量区间虽然没有盈利的机会，但盈利的机会就在眼前，此时需要做的就是判断未来放量时大概率会形成的方向。一定要把缩量区间视为机会到来前的准备区间，在这个区间积极地判断好方向，而后埋伏进去，放量后一旦价格遵从预期的波动方向便可获利。

在缩量区间最需要做的就是识别价格的方向。虽然说未来真实的波动方向无法提前预知，但可以结合价格之前的整体走势判断未来大概率的方向。价格的波动无法判断的走势就需要放弃，寻找那些较容易识别出方向的品种进行关注以及操作。如果当前的数据显示未来的方向大概率向上，在缩量区间要做的就是尽量找一些低的价位介入。如果判断未来的方向大概率向下，则应当在缩量区间尽量寻找高点进行做空操作。缩量播下种子，然后等待放量时的开花结果。

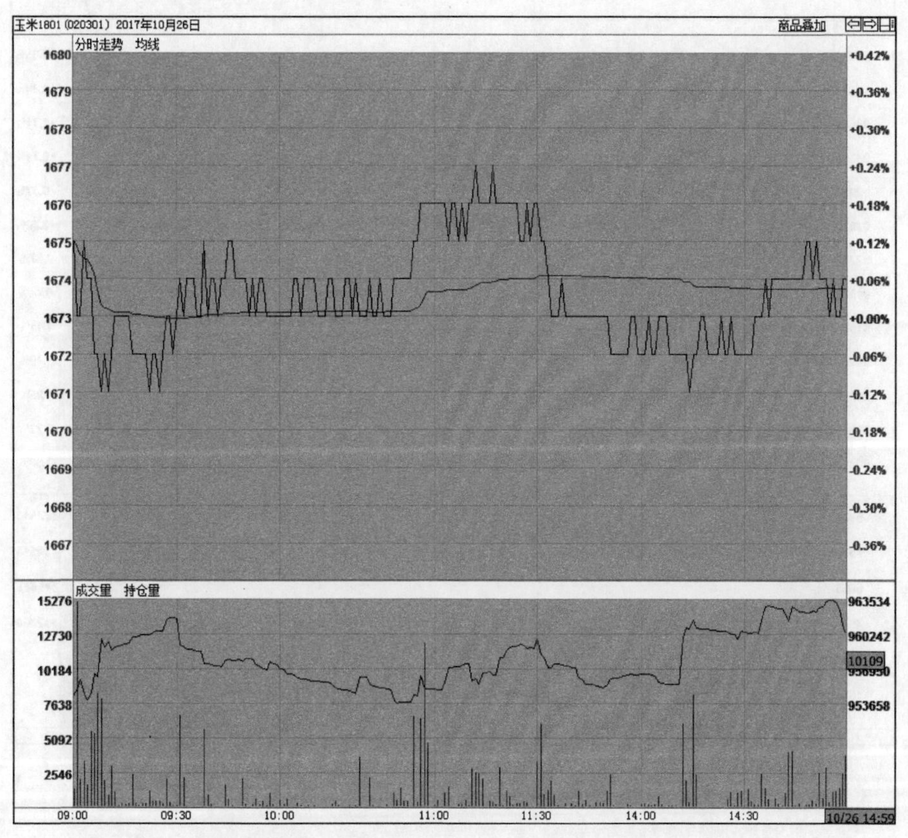

图 4 - 11 玉米 1801 合约 2017 年 10 月 26 日走势图

在图 4 - 11 中，玉米 1801 合约 2017 年 10 月 26 日表现得非常差劲，分时线曲曲折折，成交量散散漫漫，价格的波动没有任何规律性可言，也没有任何延惯性的方向。这种走势在实战操作时是必须要放弃的，这是遭到了市场嫌弃的品种。如果对这类品种进行交易都能赚到 1% 的收益，那操作其他热门品种赚 10% 都不算多。

无论是从均价线还是从分时线来看，走势都没有明确方向，盘中任何一个时间点的走势都无法提供方向上的帮助，因此，对于这种形态的品种就应该放弃了，应该转而寻找那些成交量有规律性、技术形态已有明确方向的品种进行关注。

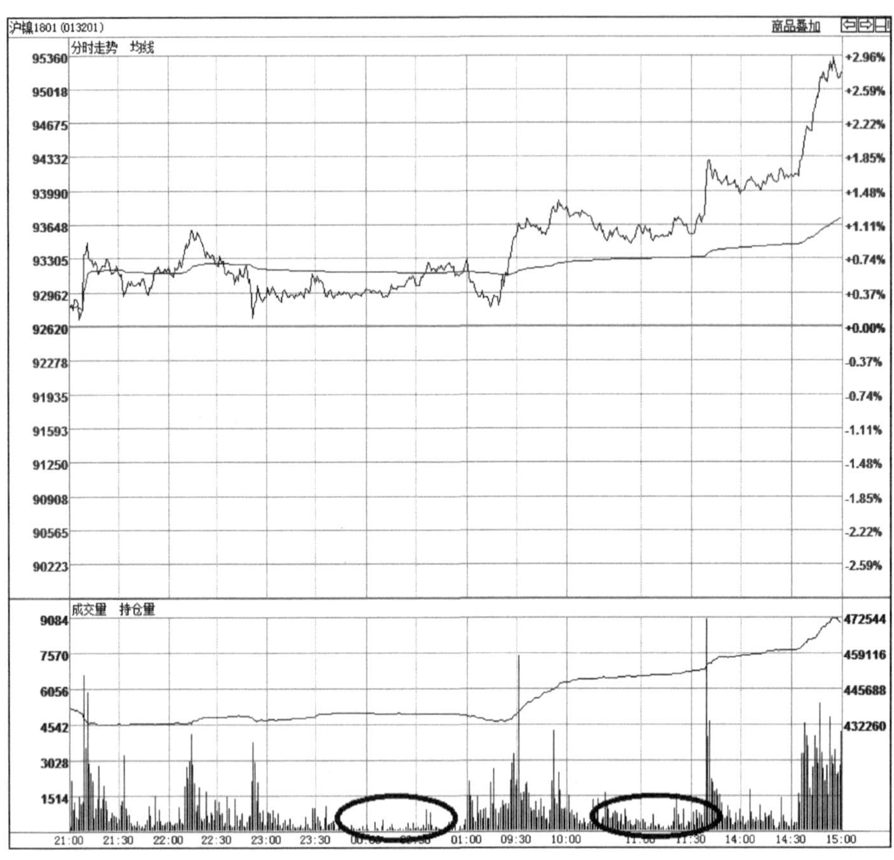

图 4－12 沪镍 1801 合约 2017 年 10 月 31 日走势图

在图 4－12 中，沪镍 1801 合约 2017 年 10 月 31 日在 00:00 以后，成交量出现明显的萎缩。这是不是意味着该在这个区间播下种子了？从成交量的变化来看，的确是缩量的，但从时间来看，这个区间的缩量属于无效缩量。00:00 的时候还有多少投资者在交易？

到了日盘 11:00 的时候，成交量出现萎缩，这是开盘期间正常的缩量，是值得准备好进行操作的区间。从缩量之前的走势来看，价格的大方向是向上的，再加上分时线位于均价线上方，由此可以判断，价格未来的波动方向大概率是向上的，故此，在缩量区间应当尽量逢低进行做多的操作。

在缩量区间进行做多的操作，价格在调整了一段时间之后便再度形成放量上涨的走势。缩量种下种子，在放量的过程中开花结果，就可以取得不错的收获。踏准节奏很重要，放量赚钱，缩量打埋伏。若不懂得在缩量区间打埋伏，当放量出现的时候，就只能做第二手准备——进行突破或是追涨操作。

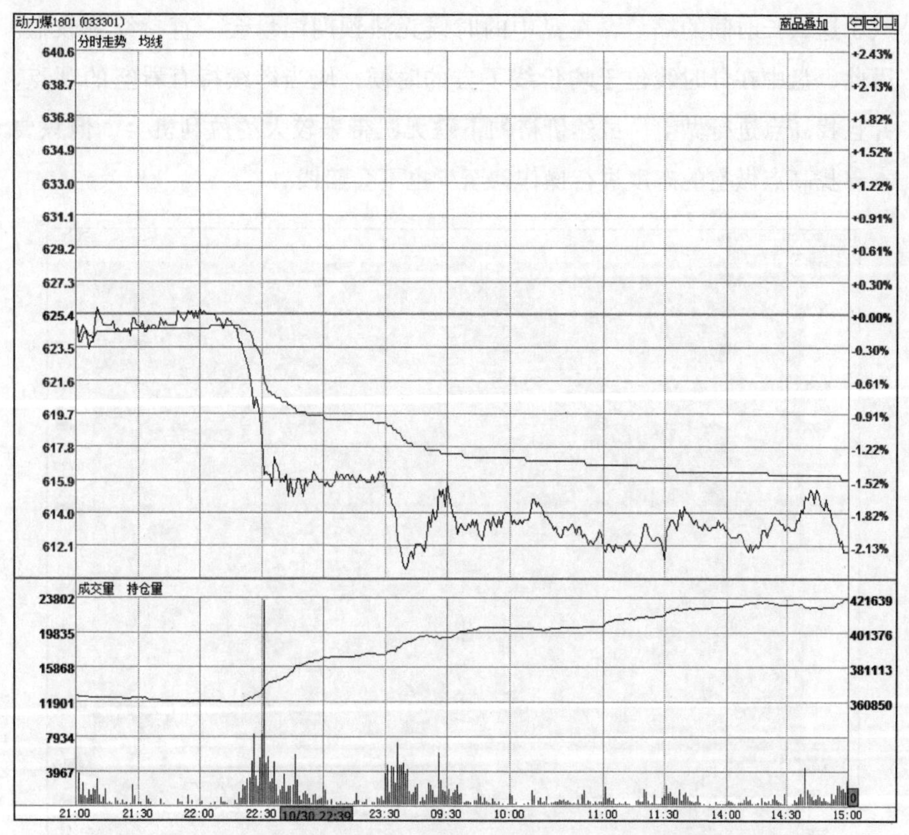

图 4-13 动力煤 1801 合约 2017 年 10 月 31 日走势图

在图 4-13 中，动力煤 1801 合约 2017 年 10 月 31 日开盘之后成交量出现萎缩。这个时候的缩量该如何进行分析呢？从当时分时线与均价线的关系来看，分时线在均价线上方，肯定是要看多的，因此，在缩量区间应当尽量找低点做多。但是，随后的下跌破坏了多头的形态，因此应当把多单及时进行止损操作。

一轮放量下跌之后，缩量再度出现。这个时候分时线在均价线下方，价格的波动有了明显的方向，因此，从缩量区间可以判断后期下跌的概率较大。随着反弹的延续，从反弹的幅度来看，上涨得并不多，这显示出多方力量的虚弱，更进一步反映出价格后期较大的下跌概率。故此，应当在缩量区间找高点进行做空操作。

第二波放量下跌之后，成交量陷入较长时间的缩量。至收盘才知道形成了这么长时间的缩量，在盘中的时候无法预期缩量会一直持续到收盘。因此，盘中在分时线位于均价线下方的时候，应当继续持有看空的观点，并且找高点进行做空。虽然价格的下跌无法带来较大的盈利机会，但只要本着找高点做空的态度进行操作，至少也不会赔钱。

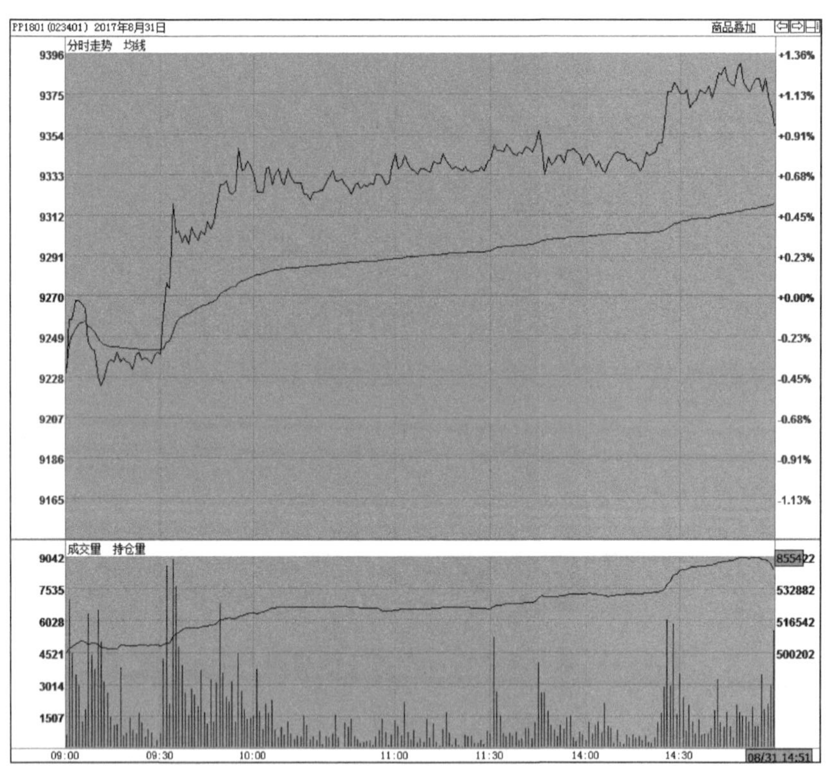

图 4-14 PP1801 合约 2017 年 8 月 31 日走势图

在图 4-14 中，PP1801 合约 2017 年 8 月 31 日开盘之后略做上冲便形成放量下跌的走势。一轮放量后出现缩量的走势，由于此时的方向非常明确，分时线在均价线下方，故此，肯定是要进行做空操作的。只不过此时的做空需要进行止损操作。缩量之后也的确出现放量，但形成的却是放量上涨，而非放量下跌的走势。

放量的方向如果顺从之前的趋势便持仓盈利，若方向与之前的走势方向相反就一定要及时地进行止损操作，切不可在放量上涨时继续持仓，这样一来，亏损的速度将会很快。放量上涨时重新在突破点或是上涨初期进行追涨便可。

一轮较长时间的放量之后，成交量萎缩。由于此时的多头方向非常明显，因此在缩量区间的操作思路应当是逢低进行做多操作。如此一来，价格后期的走势中盈利就是必然的事情。

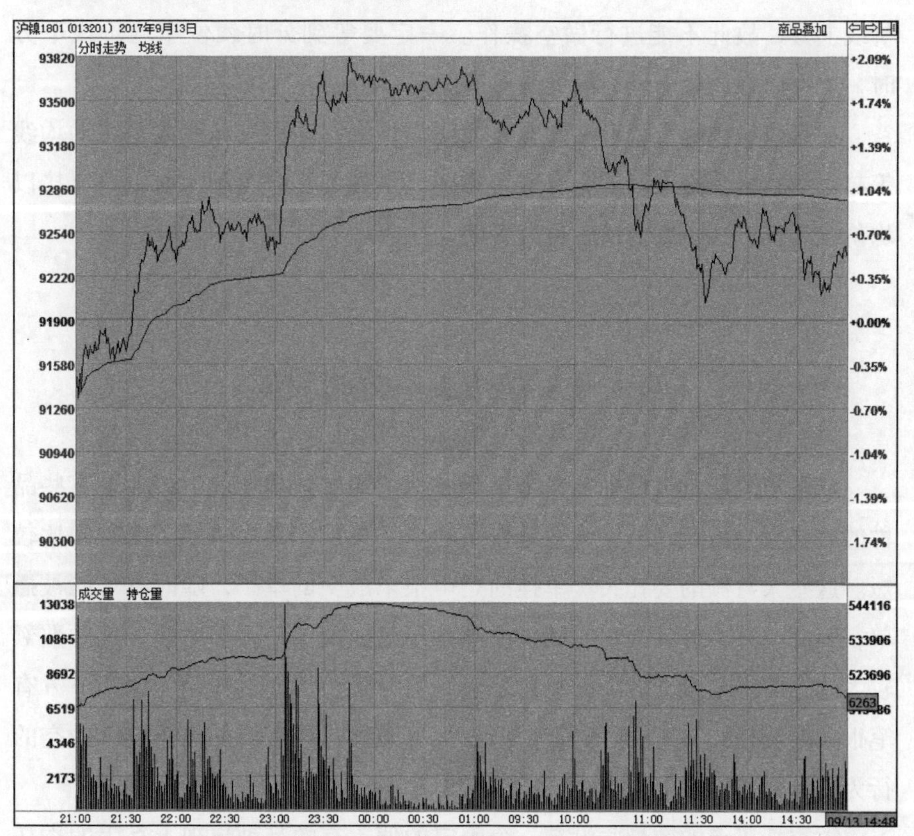

图 4-15 沪镍 1801 合约 2017 年 9 月 13 日走势图

在图 4-15 中，沪镍 1801 合约 2017 年 9 月 13 日的走势非常经典，上涨时多次带量，下跌时也始终保持放量的状态，资金在这一天交易的积极性空前高涨。面对这样的行情只要懂得一些技术，投资者就会不断地收到市场发放的红包。

分时线在均价线上方，一轮上涨之后出现缩量，此时需要保持做多的思路，并且在低点进行逢低做多的操作。如此一来，未来盈利的概率是极大的。当然，若价格连续上涨较大的幅度或上涨好几波之后，虽然方向很明确，也必须要继续进行做多的操作，但此时调整的幅度将会随着价格较大的涨幅而变宽，这就很容易造成多头形态失败，因而需要执行止损操作。

在初期下跌的时候，虽然放量下跌之后出现缩量，但由于分时线在均价线上方，故此不能进行做空操作。一定要等到分时线位于均价线下方时，才可以在放量下跌之后的缩量区间寻找高点进行做空操作。

在具体操作时，也不一定非要使用均价线，使用布林线或是移动均线等趋势类指标都可以，因为本节走势图显示的都是分时图，所以就直接以均价线为例，这个细节请各位读者朋友注意。

4.4 大委托买单分析策略

在常规的期货软件中，只能显示一档的买卖挂单情况，再加上有些品种的成交较为活跃，所以，数量较大的委托买单或是卖单停留的时间比较短。这些大数额的委托买卖单挂的是申报未成交的单子，随时有可能被撤单，因此，并不能认为它们减少了都是因为成交了。很多时候，这些数额较大的已申报未成交的委托单只是起到引导资金流向的作用，比如下方有笔很大的委托买单，场外资金一见下行有支撑，就有可能停止继续做空的行为，从而对价格的止跌企稳产生影响。

大委托买点的数量并没有一个固定的值。有的品种出现上百手的委托买点就可以视为大委托买单，比如PP；有的品种形成数千手的委托买单也不见得能被称为大委托单，比如铁矿。大委托买点与价格波动过程中常态的成交活跃程度有直接的关系，所以，在实战操作时，不宜以统一的标准来界定，而是要以最近一段时间内的平均成交量来确定。近期平均成交

100 手，那么，500 手以上委托单就可以视为大单。

除此之外，更多的是用对比的方式来确定。比如说委托卖单是 50 手，而委托买单是 420 手，显然，这笔 420 手的委托买单就是大单，它将会对价格的回落起到阻止的作用。此时，手中若有多单，可继续持有，但大委托买单一旦被卖盘吃掉，就应当及时多单出局。

图 4－16 沪镍 1801 合约 2017 年 11 月 1 日走势图

怎么看待大委托买单对实战操作的指导意义呢？在图 4－16 中，沪镍 1801 合约 2017 年 11 月 1 日形成涨停的走势。在涨停价处有 16849 手的已申报未成交的买单。无论是哪个品种，某一个价格处上万手的买单绝对可以称得上是大委托买单。

试想一下，若这笔大委托买点被卖盘吃掉，或是这笔大委托买点被申报的投资者撤掉会出现什么现象？相信大家的说法都一致：涨停板将会打开，价格将会回落。但若这笔大委托买点始终存在，价格又会如何？那必然是继续保持封涨停的状态而不会出现下跌的走势。

这就是大委托买单的作用，它对价格的下跌有阻止作用，对价格的上涨也有促进作用。因为大数量委托买单的出现，必然会促使更多的场外资金参与做多的操作，使得买盘的力量越来越大，价格也就容易继续上涨。

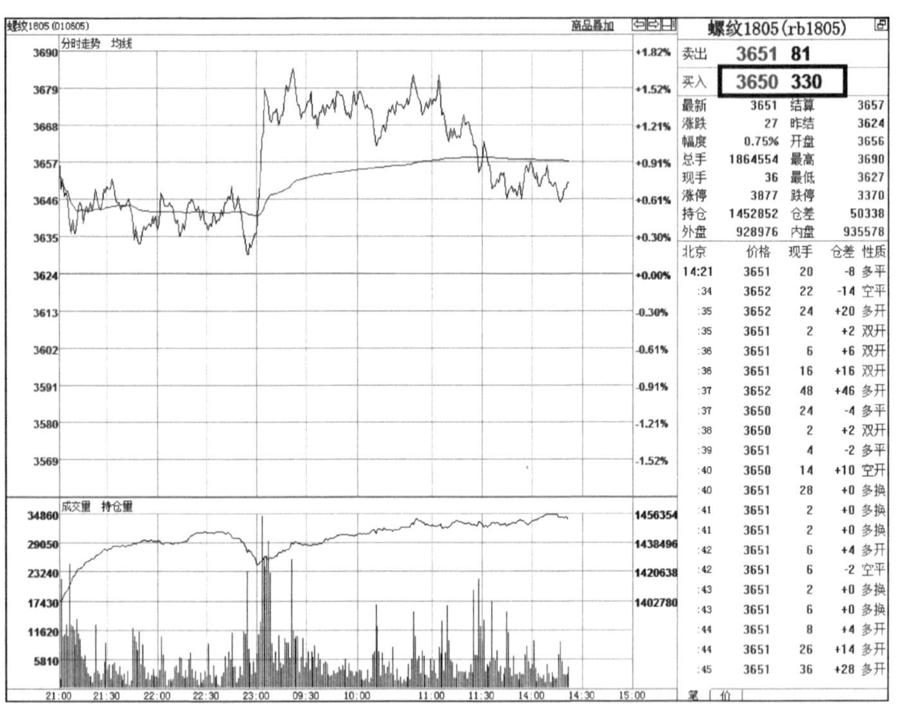

图 4－17　螺纹 1805 合约 2017 年 11 月 1 日走势图

在图 4－17 中，螺纹 1805 合约 2017 年 11 月 1 日盘中，价格经过一波快速的上冲之后，由于成交量始终无法有效连续放大，因此出现了一段时间的箱体震荡，而后，随着波动重心的不断下移，分时线跌破均价线价格进入明显的空头状态。

在价格下跌的过程中，委托卖出价 3651 元处有 81 手的委托卖盘，而在委托买入价 3650 元处，则有 330 手的委托买盘。委托买盘与委托卖盘相比在数量上多了许多，因此可以将 3650 元处的委托买单称为大单。

因为价格此时是回落的，若手中有被套的多单，则可在大委托买单并未消失的情况下继续持仓，而一旦 3650 元处的大委托买单被撤单或是被卖盘吃掉，持有的多单也就必须要进行止损操作。大委托单若抵挡不住抛盘，价格继续下跌的概率就非常大。

图 4-18 PTA1805 合约 2017 年 11 月 1 日走势图

在图 4-18 中，PTA1805 合约 2017 年 11 月 1 日经过夜盘的窄幅震荡之后，日盘期间在成交量放大的推动下，价格形成震荡上涨的走势。一波上涨之后，价格在缩量的情况下形成调整的走势，一旦出现调整，就需要关注有可能出现的大委托买单，因为有时它们会显示出调整低点的位置。

在价格调整的过程中，5206 元处有一笔 77 手的委托卖单，而与之相对的便是 5204 元处 525 手的委托买单，两者一比较，多空双方谁的力量大便一清二楚。既然买盘的数量远多于卖盘的数量，价格在此时下跌的概率并不大，因为下方有资金在对价格的回落进行支撑。若价格整体处于上涨状态，那这个点位就有可能是调整的低点，多单便可以继续持有。

当然，也需要做好另一种准备。若这笔 525 手的大委托买单被空单吃掉，或是被撤掉，那就意味着 5204 元的支撑作用就此消失，手中的多单在大委托买单消失时也应当及时出局。大委托买单就是细节上的支撑，与技术形态上的支撑具有同样的作用。

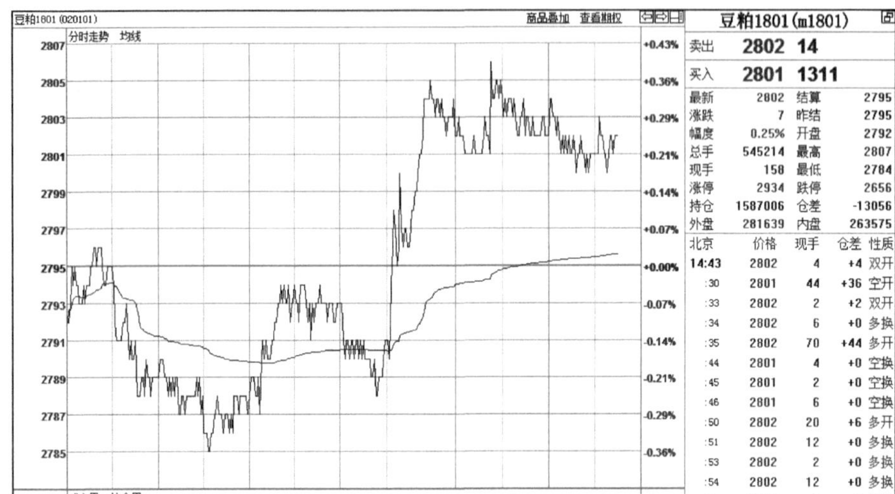

图 4-19 豆粕 1801 合约 2017 年 11 月 1 日走势图

在图 4-19 中，豆粕 1801 合约 2017 年 11 月 1 日经过夜盘的下跌探底之后，日盘期间转跌为涨。放量上冲之后，由于成交量的持续萎缩，价格也进入窄幅波动的状态之中。这个时候，价格既有上涨的可能，又有再度回落的可能，从技术形态来看很难找到答案的。此时，可以对委托单进行分析，其中有可能隐藏着价格未来是涨是跌的答案。

在价格无量震荡的过程中，委托买入价 2801 元处有 1311 手的委托买单，而委托卖出价 2802 元处则仅有 14 手的委托卖单。这样的挂单情况说明资金的卖出行为并不积极主动，但买入行为却比较积极，从而使委托买入的数量非常大。既然有资金在托着价格，形成一种支撑，那么，只要这笔大委托买单没有消失，便会对价格的回落起到阻止的作用。因此，在无法判断价格后期会涨还是会跌时，大委托单的出现可以提示出未来可能的方向。

通过委托单判断价格未来的波动方向的前提是大委托买单依然存在，一旦出现大量撤单或是大抛盘涌出吃掉委托买盘的情况，就需要修正之前的分析。大委托买盘的消失意味着支撑作用的消失，这个时候价格回落的可能性也就相应提高。

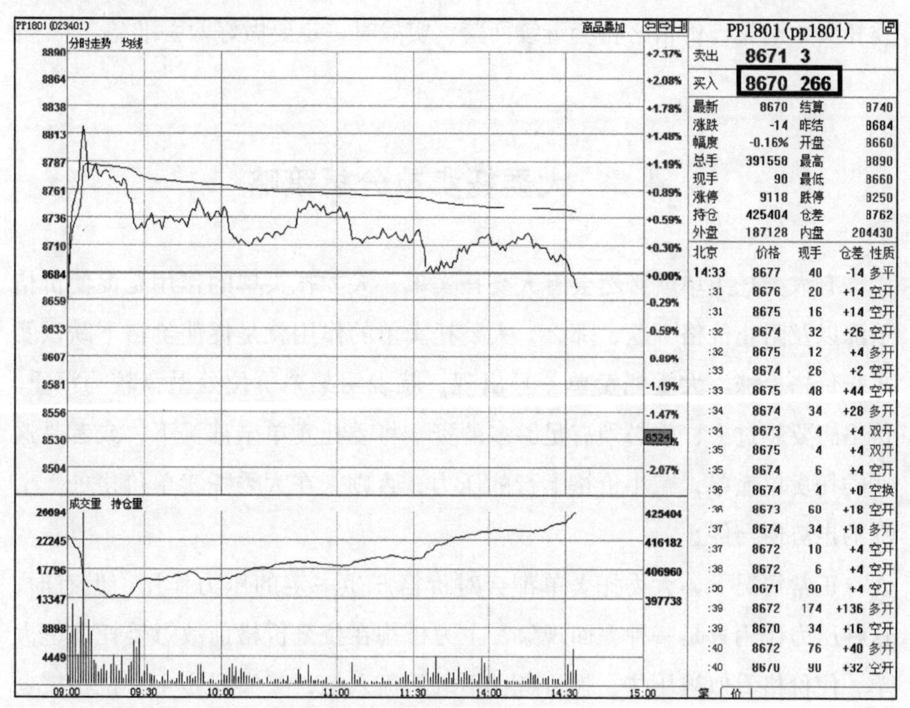

图 4-20 PP1801 合约 2017 年 11 月 1 日走势图

在图 4-20 中，PP1801 合约 2017 年 11 月 1 日价格开盘快速上冲之后，形成持续性的震荡回落走势。由于在价格下跌的过程中并没有密集放量，因此每一个波段的回落幅度都不是很大。

正常情况下，利用大委托单在上升趋势中的调整区间进行操作，实战效果最好，也更容易把握价格调整的低点；而在价格下跌过程中，就不能用这种方法来判断价格低点，因为不能逆势操作。

下跌过程中要利用大委托买单判断价格是否会继续下跌。若下跌过程中始终没有大手数的委托买单出现，那就意味着买盘并不积极，这种情况下，价格继续回落的概率就比较大。而一旦发现价格下跌的过程中出现大手数的委托买盘，空单就要随时做好出局的准备。下跌过程中 8670 元处有 266 手的委托买单，而上方的委托卖单数量较少，这个时候，就需要做好空单出局准备，以防价格的回落受到支撑出现反弹的走势。但若下方的大委托买单被卖盘吃掉，那就意味着买盘并未产生实质性支撑作用，只要大委托买单消失，价格必将会继续回落，实战时一定要做好两手准备。

4.5　大委托卖单分析策略

有大委托买单就必然会有大委托卖单，大委托买单的作用是促使价格上涨以及阻止价格下跌，那么，大委托卖单的作用就是促使价格下跌以及阻止价格上涨。大委托卖单一旦出现，就表明某个价位处抛盘较为沉重。价格想要越过去，就必须有足够多的资金将委托卖单全部买下，或者是这些委托卖单撤单，减小价格上行的压力，否则，在大委托卖单价格处，上涨的走势便会停止。

正常情况下，大委托卖单都会对价格产生一定的压力作用，但有时，这种压力作用只是一种表面现象，主力机构在拉升价格前故意委托几笔大单，使价格看似被压住，投资者也不敢积极入场，其实只是主力机构震仓的一种手段。当然，在进行实盘操作时，不可能把所有的细节全都考虑到，只需要记住一点：只要大委托卖单还存在，空单便可以暂时持有，直到大委托卖单消失之后再平仓空单，不管大委托卖单的消失是撤单造成的，还是被买盘吃掉造成的。同时，在想进行做多操作时，如果有大委托卖单出现，便不必急于买进，可以略做等待，等大委托卖单快消失的时候再入场买进就可以。

大委托单是对比的结果，将手数较大的委托卖单与委托买点进行比较，两者的差值越大，对价格的压力作用也就越大。大委托卖单对价格的压力作用仅在局部，并且持续的时间也不会过长，短则几分钟、长则十几分钟之后，压力作用一般会消失。局部的压力作用这个技术点投资者一定要知晓。

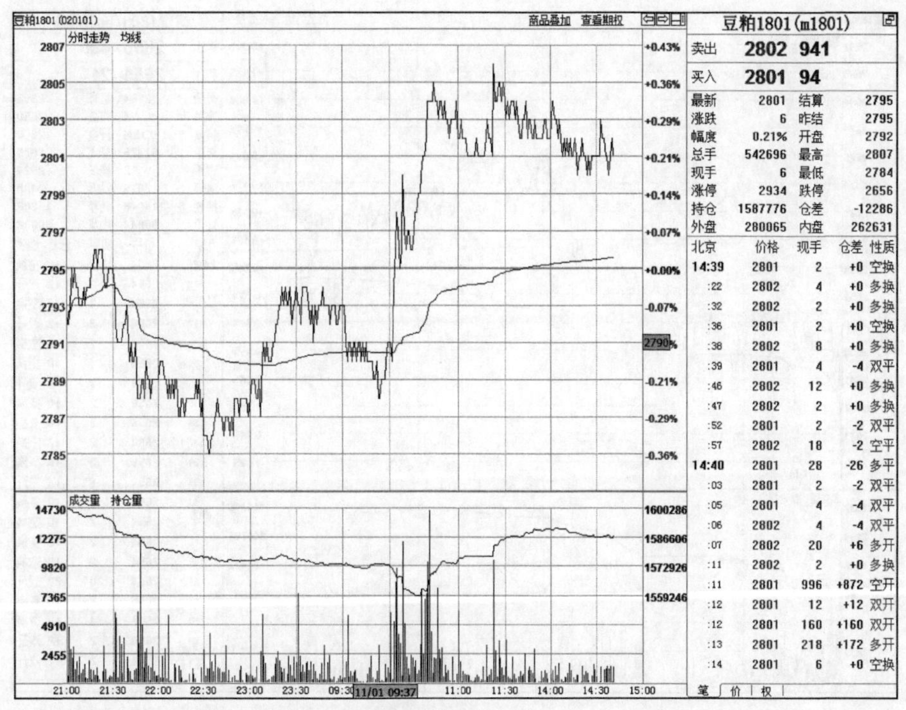

图 4-21　豆粕 1801 合约 2017 年 11 月 1 日走势图

在图 4-21 中，豆粕 1801 合约 2017 年 11 月 1 日价格上冲之后，形成缩量调整的走势。在无量调整区间的 2802 元处，出现了 941 手的委托卖单，如果委托买单的数量也差不多，那就不能称之为大委托卖单。此时，买入价 2801 元处的委托买入数量只有 94 手，两者相比有 10 倍的差距，因此，可以将 2802 元处的委托卖单称为大单。

这一笔大单的出现将会对价格的上涨产生压力的作用，并且只要它没有被买单吃掉，或是被撤单，价格就很难越过 2802 元。结合之前的案例来看，2801 元在前几分钟时有大买单托着，而过了一会儿在 2802 元处则有大卖单压力，这种情况多数是主力资金维持价格波动的一种手段，不需要实际的成交便可以将价格控制在一个较小的波动范围之中。

实战操作时，若是想做多，在这种挂单情况下不必急于开仓，可以等 2802 元的 941 手委托卖单所剩无几时再开仓，以避免过早介入陷入价格不变的窘境。

图 4-22　沥青 1806 合约 2017 年 11 月 1 日走势图

在图 4-22 中，沥青 1806 合约 2017 年 11 月 1 日的日盘价格经过一番震荡上涨之后，出现持续性的回落。在回落过程中，必然会有反弹走势出现，此时若有技术形态可以证明价格有较大的下跌概率，则可以按技术形态进行操作，若没有清晰的技术形态，也可以在反弹出现时关注是否有大委托卖单出现，以确定价格后期下跌概率的大小。

在价格下跌之后的反弹过程中，出现一笔 490 手的卖单。仅就数量来说，这笔单子并不算大，但在下方 21 手买单的衬托下，这笔单子的数量就显得非常大。对比委托买点，此时的挂单情况说明做多的资金态度比较消极。这种情况下，价格进一步下跌的概率就会比上涨的概率大。

大委托卖单在价格下跌的过程中出现对实战操作的指导意义更大，它会一步步压着价格逐步回落，若再配合技术形态，价格未来是涨还是跌便可以判断得更加清楚。

图 4-23 PVC1805 合约 2017 年 11 月 1 日走势图

在图 4-23 中，PVC1805 合约 2017 年 11 月 1 日上午开盘后价格保持着箱体震荡的走势，一个半小时后价格终于形成明确的下降趋势。在下跌趋势形成时，一方面，要重点关注技术形态的变化，因为这是判断价格是否会继续下跌的重要信号，另一方面，也要关注委托单的变化情况，特别是差异明显的大委托买卖单。

在价格创下新低之后，6320 元处出现 350 手的委托卖单，这与 6315 元处 7 手的委托买单相比，卖方的力量完全压倒买方。从这个细节可以看出，资金在价格下跌的过程中根本没有任何做多的兴趣，此时手中若有空单，则可以放心地继续持仓。

依据大委托卖单持仓的同时，也要关注这笔大卖单的动向，因为它是持仓的标准，一旦它被撤单或是被买盘吞没，就应当止盈出局。若是想在价格下跌之后逆势抄底，更需要关注大委托卖单，在下跌过程中没有必要急于买入，只有大委托卖单消失才可以依据技术形态择机入场，当然，逆势操作的实战效果远不如顺势交易。

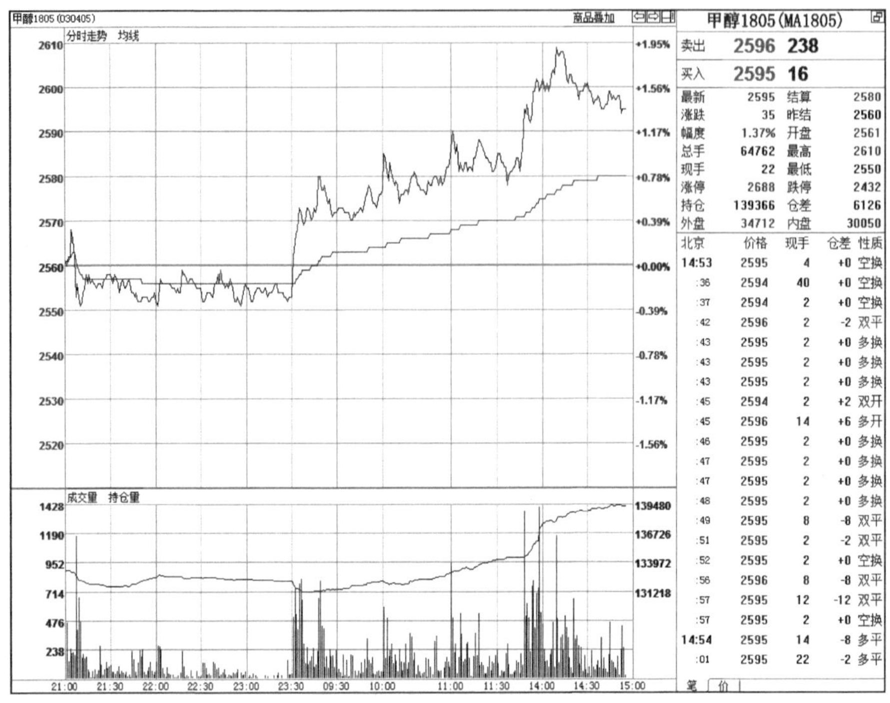

图 4-24　甲醇 1805 合约 2017 年 11 月 1 日走势图

在图 4-24 中，甲醇 1805 合约 2017 年 11 月 1 日经历夜盘的小幅震荡之后，日盘价格的表现倒是非常不错。在成交量不断放大的推动下，价格始终保持重心向上的走势，这一期间的操作思路肯定是坚定地做多。同时，在调整的低点区间也需要留意有可能出现的大委托买单，以此进一步确定调整低点的有效性。

最后一波上涨之后价格出现持续性的回落，而后在 2596 元处形成一笔 238 手的大委托卖单，从具体数量来说，238 手其实并不算多，但与 16 手的委托买单相比，2596 元处的 238 手委托卖单就显得数量较大。同时，看一下近一段时间的平均成交手数便可以发现，右侧数据栏中成交数量最多也没有超过 50 手。这样综合来看，238 手的委托卖单就显得数量非常大。

由于价格一直处于缩量状态中，因此这一笔 238 手大委托卖单的出现将对价格的上行产生压力的作用，从而将大概率使价格维持震荡回落。只要有大委托卖单存在，就不宜提前入场进行做多的操作。

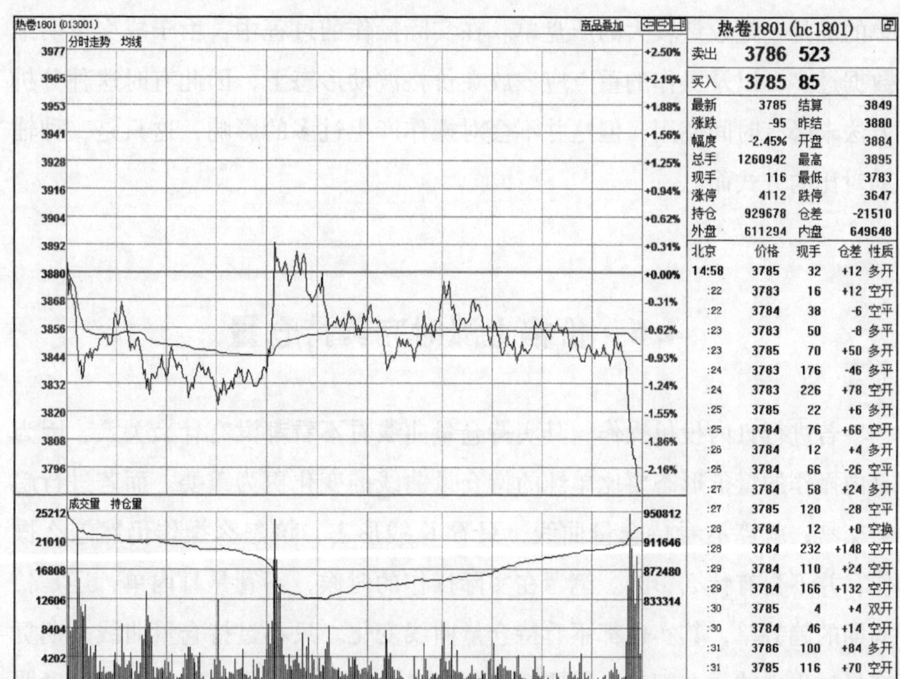

图 4-25 热卷 1801 合约 2017 年 11 月 1 日走势图

在图 4-25 中，热卷 1801 合约 2017 年 11 月 1 日经过一天的震荡之后，价格在尾盘出现放量下跌的走势。从技术形态来看，分时线的下行结构非常简单，持仓没有任何的压力。面对这样的技术形态，只需要在分时线向上勾头的时候出局就可以。价格波动形态简单，相应的操作手法也就变得非常简单。

在价格下跌的过程中，3786 元处出现一笔 523 手的委托卖单，相比 3785 元处 85 手的委托买单，委托卖单的数量比较大，意味着资金做空的态度相比做多更加积极，这与分时线的技术形态完全吻合。大卖单的出现将促使价格进一步下行，因此，在不考虑收盘因素的情况下，可以继续持有手中的空单。

除了与委托买单进行比较之外，也可以与成交明细中的数据（在时间与精力允许的情况下）进行比较。从成交量数据来看，最大的成交单也不过200余手，远不及523手的委托卖单。从这个角度而言，523手的委托单的确是一笔数量较大的压盘单。在实际操作的过程中，由于成交量明细数据过多，以及操作的重点应该放在价格波动形态上，因此有时这种分析方法未必有时间使用，但这并不会对操作产生过多的影响，这只是一种辅助对比的方式而已。

4.6　价格上涨时完美持仓量

若进行日内投机操作，其实持仓量曲线看不看都没有什么关系，因为日内操作的量价形态要比单纯的持仓量曲线的变化更为重要。而若进行趋势交易，就算不看持仓量曲线，只看K线形态，该怎么操作仍然怎么操作，并不会有什么影响。笔者在实际操作的时候，不管是日内单，还是长周期的趋势单，其实也都不看持仓量曲线变化。只不过持仓量曲线是期货交易过程中的一个细节，股票就没有持仓量曲线，所以，有必要为读者朋友介绍一下这个方法。持仓量曲线显示了当前时刻与上一交易日相比，已开仓未平仓的数量变化。这个持仓包括多头与空头，其实双方的投入完全一样，并没有任何方法看出来哪一方的量更多，只有盈利时的主动性持仓与亏损时的被动性持仓的差别。

持仓量曲线的变化其实有许多种，有增仓上行或下行的，有减仓上行或下行的，有增仓震荡或减仓震荡的，还有在下跌后反弹与上涨后调整后增仓与减仓的。别说分析价格的波动形态，仅是上述的这些变化就要占用投资者在盘中很多的精力，所以，过度关注持仓量曲线的意义并不大。对于不标准的持仓量曲线变化没必要理会，而对较为完美的持仓量曲线变化，则可以重点关注，在操作过程中可以“贪心”一些，因为在完美的持仓量曲线形态出现时，价格波动的幅度往往会比较大。

若是在整个价格上涨的过程（包括上涨及上涨后的正常调整）中，持仓量曲线同时形成明确的上行趋势，那就表示价格在此时很容易出现一波大的上涨行情。这种现象说明在上涨过程中，多方积极主动地进行开仓与持仓交易，而空方只是在一味地被动“死扛”。既然多方更为主动地进行交易，价格也就更容易大力度上行。这种情况一旦出现，将会是获利的大好机会。

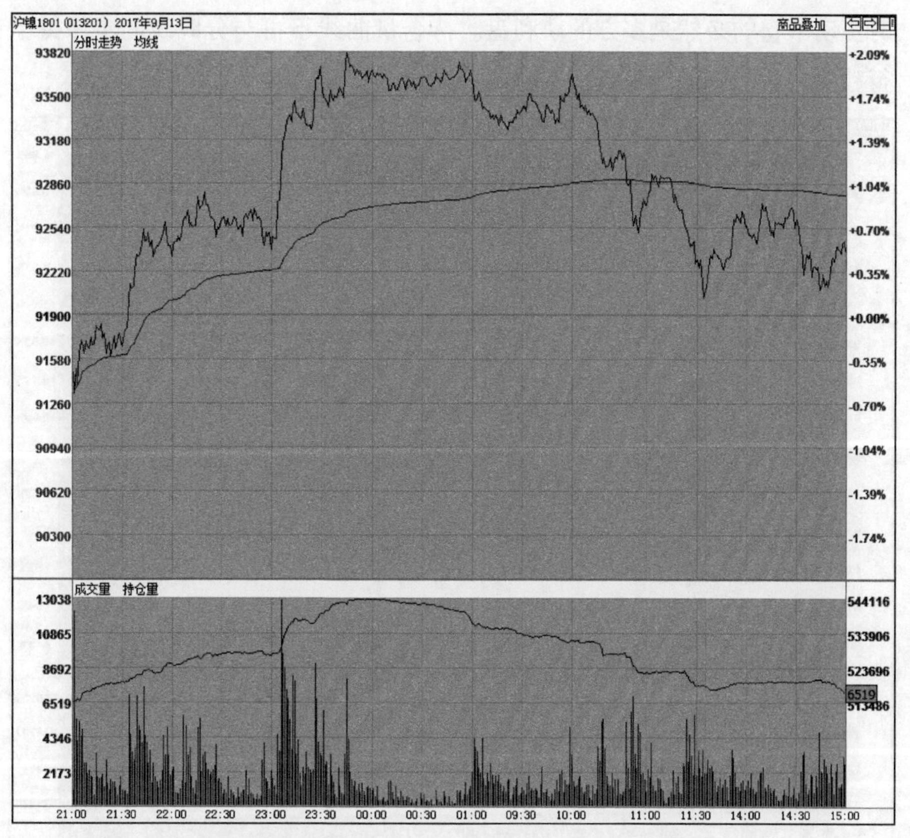

图 4－26　沪镍 1801 合约 2017 年 9 月 13 日走势图

在图 4－26 中，沪镍 1801 合约 2017 年 9 月 13 日夜盘开盘后价格便形成一波持续三个小时的上涨行情。从这一阶段的行情来看，价格上涨时的形态虽有震荡，但并不复杂，操作难度非常低，同时，震荡的出现也留给了投资者中途介入的机会。

开盘后的上涨过程中，除了价格在不断上行以外，持仓量曲线也同步保持明确的上行趋势，说明在价格上涨的过程中，资金积极地做多，并且耐心地持仓。虽然说一手多单必定对应一手空单，但还会有主动与被动的分别，在这一阶段的波动过程中，多头占据着绝对的主动。只要分时线与持仓量曲线保持同步上行的状态，行情便很难停下来。

三个小时的上涨之后，持仓量曲线开始连续回落，之前介入的资金纷纷平仓出局。在价格回落的过程中，空方肯定是没有必要主动平仓的，此时主动平仓的必然是多方的获利盘。持仓量曲线不再与分时线同步保持上行趋势之后，好的上涨行情也就此消失。

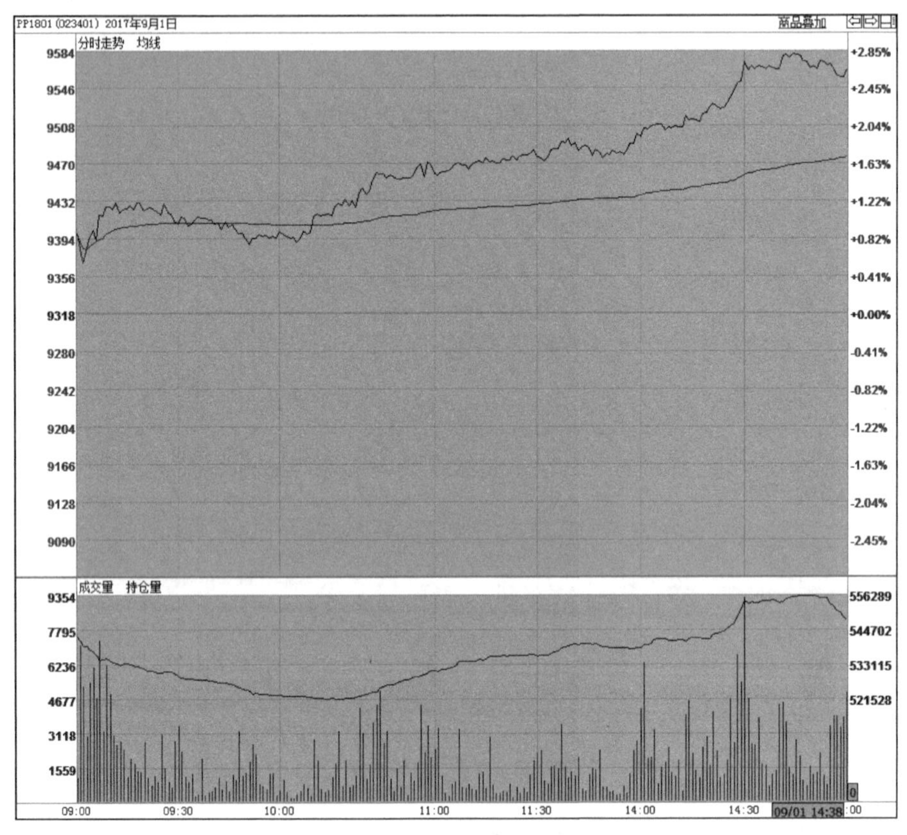

图 4-27　PP1801 合约 2017 年 9 月 1 日走势图

在图 4-27 中，PP1801 合约 2017 年 9 月 1 日开盘之后，价格先是上冲而后出现回落，在这一期间持仓量曲线始终保持向下的态势。这种情况较为复杂，在日内操作的时候，没必要对这种技术形态进行分析，而是要集中精力应对那些一眼便可以识别的走势。

经过一个多小时的上下震荡后，价格开始连续上行。在上涨的过程中，持仓量曲线终于与其形成同步上行的趋势，说明资金在此区间做多的积极性明显高涨，参与做多操作之后就不轻易撤手平仓，而空方只能消极地亏损并“死扛”。就算有空方受不了了止损出局，平仓的量也远抵不上新入场的资金量。在多方如此主动攻击的情况下，价格继续上涨的概率就大许多。

在持仓量曲线不标准的情况下，虽然也可以捉住大行情，但在标准曲线变化下，捉住大行情就会变得非常简单，会大大降低持仓的难度。而在持仓量曲线配合完美的情况下，投资者需要做的就是多持有一会儿多单，至少在持仓量曲线拐头向下前不要轻言平仓。

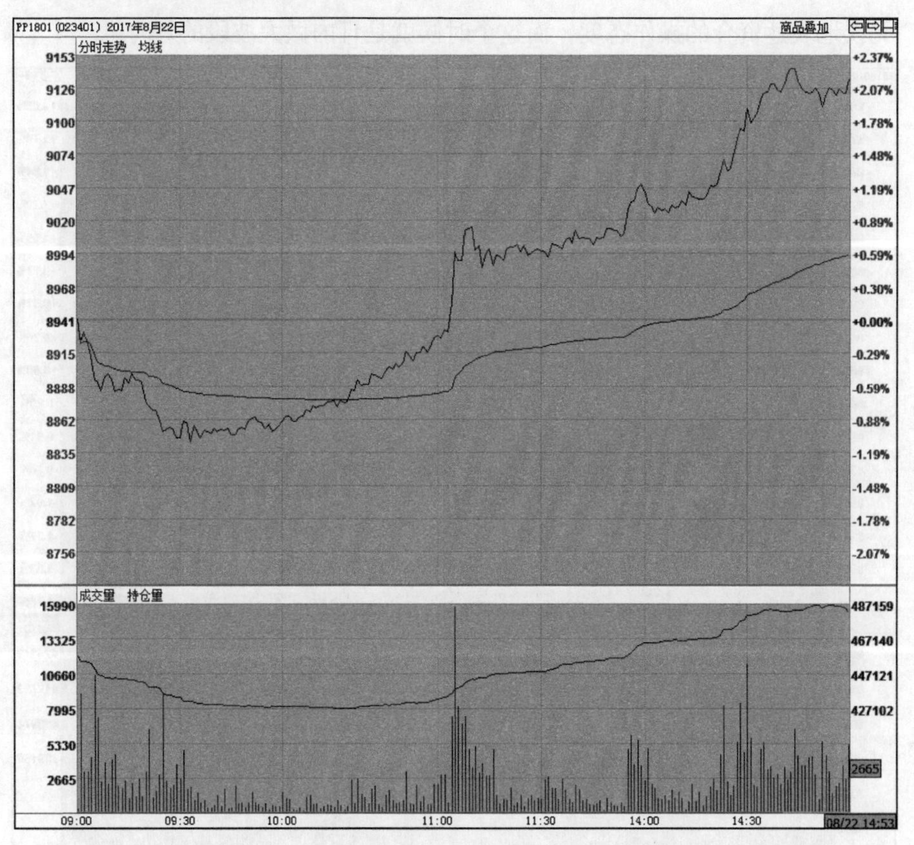

图 4－28 PP1801 合约 2017 年 8 月 22 日走势图

在图 4－28 中，PP1801 合约 2017 年 8 月 22 日开盘之后价格形成下跌的走势，同时，持仓量曲线也保持下行的状态，说明在下跌的过程中有不少资金离场出局。从日内的角度来看，空方主动离场是不现实的，只能是多方的止损性离场。但由于此时的持仓量曲线变化形态并不是完美状态，因此它不会对做空的操作产生影响。

10:30 之后，价格完全转势。在分时线爬上均价线进入多方领地之后，持仓量曲线也随之形成上行的趋势，并且一直保持到尾盘，说明自此开始多方资金开始更为主动地操作。面对这种走势，一定要耐心持仓，只要没有资金大规模平仓出局，上涨行情便很难停止。

上涨过程中，虽然也有调整走势的出现，但由于资金都在积极地进行做多操作，因此调整的幅度都非常小。只有持仓量曲线形态完美时，才能明确无误地表达资金的操作态度，而这个时候就是日内做大波段的好时机。

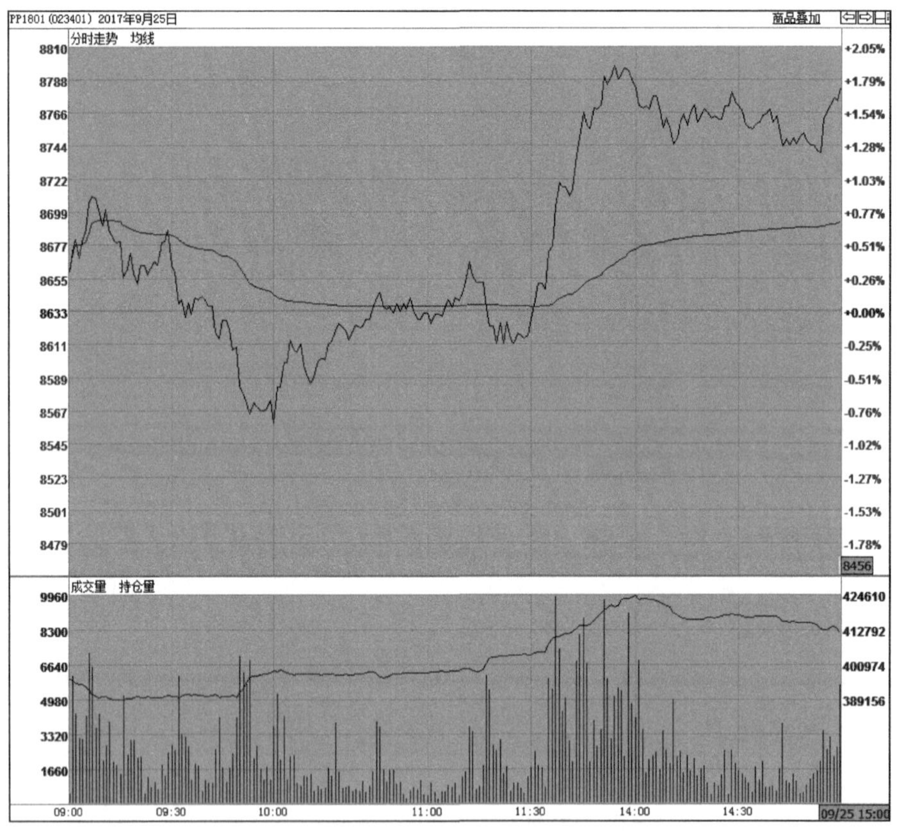

图 4-29　PP1801 合约 2017 年 8 月 25 日走势图

在图 4-29 中，PP1801 合约 2017 年 8 月 25 日开盘之后价格略一上冲，便出现震荡回落的走势。在价格下跌的过程中，持仓量曲线保持水平的状态，说明资金的态度在此时并不明确，在这种情况下，投资者就不宜对下跌的深度抱有太大的预期。

下跌结束，价格开始上涨，但在上涨的过程中，持仓量曲线依然保持水平的状态，资金的交易态度依然不明确，故此，对此时上涨行情的高度也不宜期望过高。在持仓量曲线波动形态不完美且有一定的盈利时，该出局就要果断出局！

下午开盘之后，在成交量放量的推动下，价格快速上行，这一时期持仓量曲线也终于形成明确的上行趋势，与放量上涨的分时线保持一致。一旦形成完美的持仓量曲线形态，价格就容易在此时出现幅度较大的上涨，同时，只要持仓量曲线不向下拐，上涨行情便会一直延续。但可惜的是，半个多小时之后，持仓量曲线掉头向下，也就不能再预期有更大的多头上涨行情。

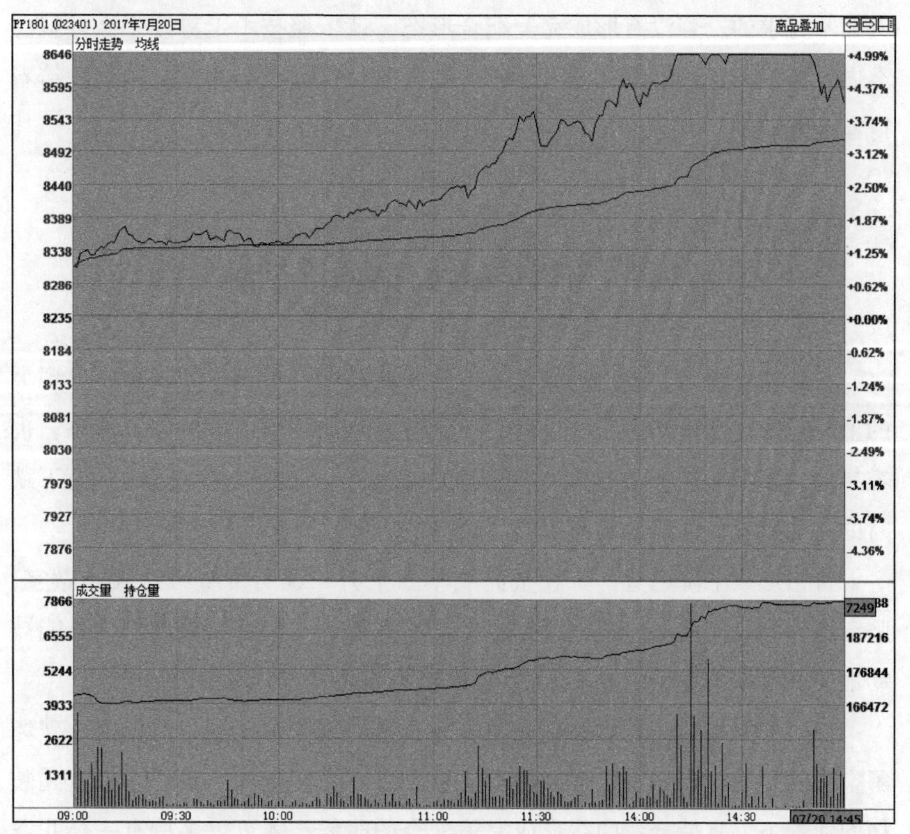

图 4-30 PP1801 合约 2017 年 7 月 20 日走势图

在图4－30中，PP1801合约2017年7月20日开盘之后价格在第一波上冲的过程中有小幅减仓的迹象。这种早盘出现的减仓形态较为正常，特别是在价格有跳空高开的情况下更是常见，毕竟跳空的走势容易触发空单的止损行为。

持仓量曲线略做回落之后，便在后期一路保持上行的状态，而分时线也始终保持上行的状态，两者的方向完全一致，从而催生出一轮涨停的行情。由此可见，在持仓量曲线完美配合价格上行的情况下，大行情很容易出现，上涨的技术形态不会受到调整影响，同时，持仓量曲线也并未拐头向下，应当大胆地进行持仓。

了解上涨行情中完美持仓量曲线的变化形态，有助于投资者做好日内大波段的操作，但也需要注意一点，这种持仓量曲线的完美配合形态是可遇而不可求的。若没有形成完美配合形态，就依照技术走势该怎么做就怎么做，若碰到这种形态，就可以做一把大的行情。市场的大红包只发给看得懂的人。

4.7 价格下跌时完美持仓量

在价格上涨时，若出现完美的持仓量曲线配合形态，则很容易出现大的上涨行情；在价格下跌的过程中，若持仓量曲线形成好的配合形态，也容易催生出一大波下跌行情。上涨时的完美持仓量曲线是向上的，而下跌时的完美持仓量曲线也是向上的，而不是向下的，这个一定要注意。

价格形成下降趋势，持仓量曲线不断上升，说明资金纷纷入场做空，坚定地持仓，而此时，多方虽然也在交易并持仓，但却是被动的，只能被动地持有亏损的单子。

在实战操作时，若下跌趋势中的持仓量曲线非常完美，但价格已破坏了空头的形态，也不宜再继续持有空单。只有在整体的空头形态未遭到破坏的前提下，且持仓量曲线形成完美配合的时候，才可以多持有一会儿空单以博取一波大的行情。

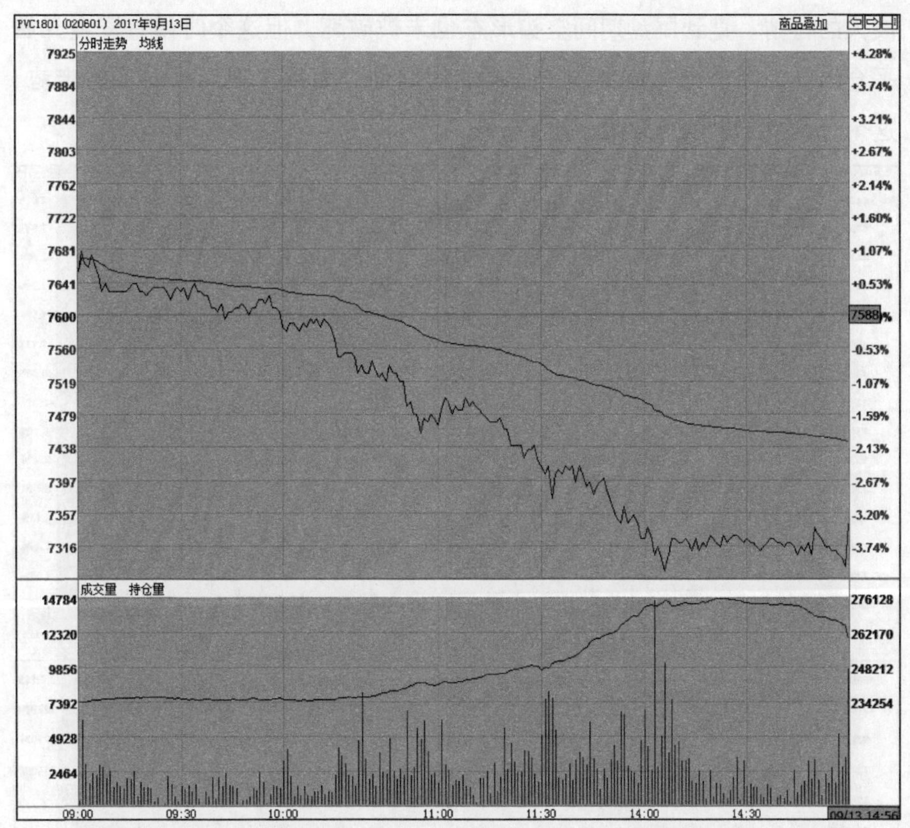

图 4-31 PVC1801 合约 2017 年 9 月 13 日走势图

在图 4-31 中，PVC1801 合约 2017 年 9 月 13 日开盘之后价格出现连续回落的情况。在初期下跌的过程中，由于成交量并不是很大，因此跌幅比较有限，同时，持仓量曲线也没有出现标准的配合形态，这个时候若持有空单则不宜预期过大的行情。

但经过了一个多小时的弱势状态后，在成交量放大的推动下，价格的下降趋势变得更加明显，而此时，持仓量曲线也随之形成持续上行的状态，说明场外的资金集中入场进行操作。成交量的放大表明入场的资金数量较多，而持仓量曲线的不断上行说明这些资金正在坚定地持有空单。为何不是持有多单呢？持有多单的资金也是有的，但并不是主动性的资金。只有在盈利的保护下，投资者持仓的情绪才会更加坚定。

既然趋势明确向下，资金的交易态度也非常明确，此时便可以预期一波大的行情。直到尾盘期间空头形态也未被破坏，但这个时候有资金开始平仓出局，使得持仓量曲线无法再继续向上，而是出现勾头向下的走势，这个时候空单也就可以收手出局。

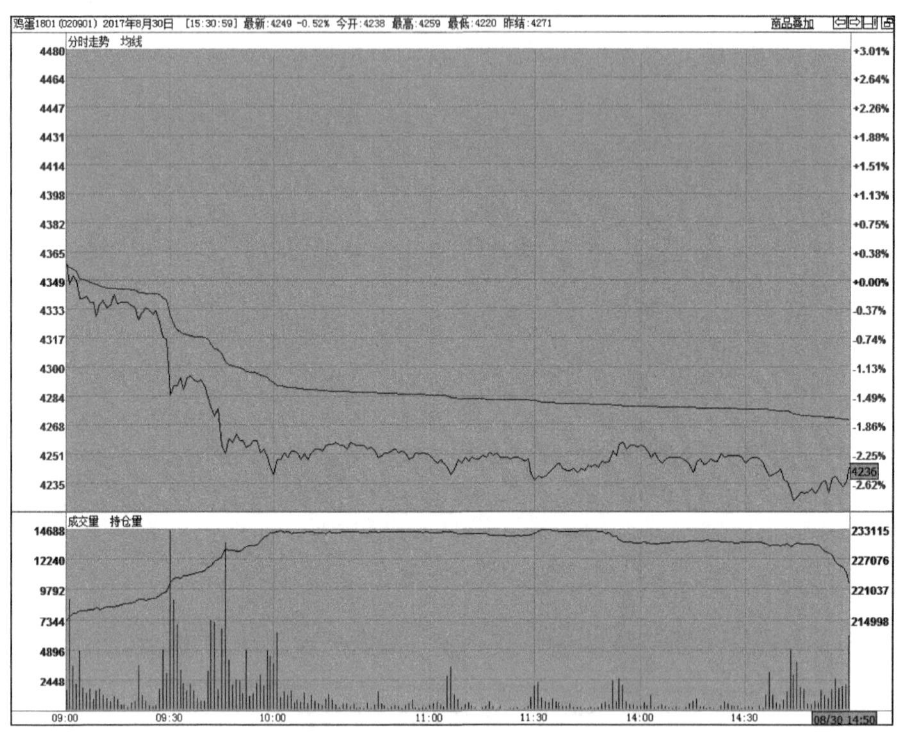

图 4－32　鸡蛋 1801 合约 2017 年 8 月 30 日走势图

在图 4－32 中，鸡蛋 1801 合约 2017 年 8 月 30 日开盘之后价格出现连续下行的走势。在下跌的过程中，分时形态整体比较简单，操作的难度非常低，同时，由于多次出现简单形态的反弹走势，因此留给了投资者多次中途介入的获利机会。从这个案例便可以看出，只需要结合分时线形态与成交量变化便可以实现盈利，只不过再结合上持仓量曲线的变化，可制定出更精确的操作策略。

在价格放量下跌的过程中，持仓量曲线也同步保持坚挺的上行趋势，说明资金做空的态度非常明确，这与量价的配合形态完全一致。巧的是，在价格下跌到低点之后，持仓量曲线便再也没有继续向上，而是保持水平的状态，说明没有什么资金继续入场做空。得不到后继资金的推动，价格便无法继续有力度地下跌。遇到这种情况可撤出持有的空单。只要持仓量曲线没有大的增长，大行情便不会出现。

由于一直没有新的资金入场，价格在后期一直处于平淡的状态，下午还有一些资金失去耐心选择平仓出局。由此可见，持仓量曲线在形成完美配合的状态之后，是否还能继续向上也会对价格能否下跌产生影响。

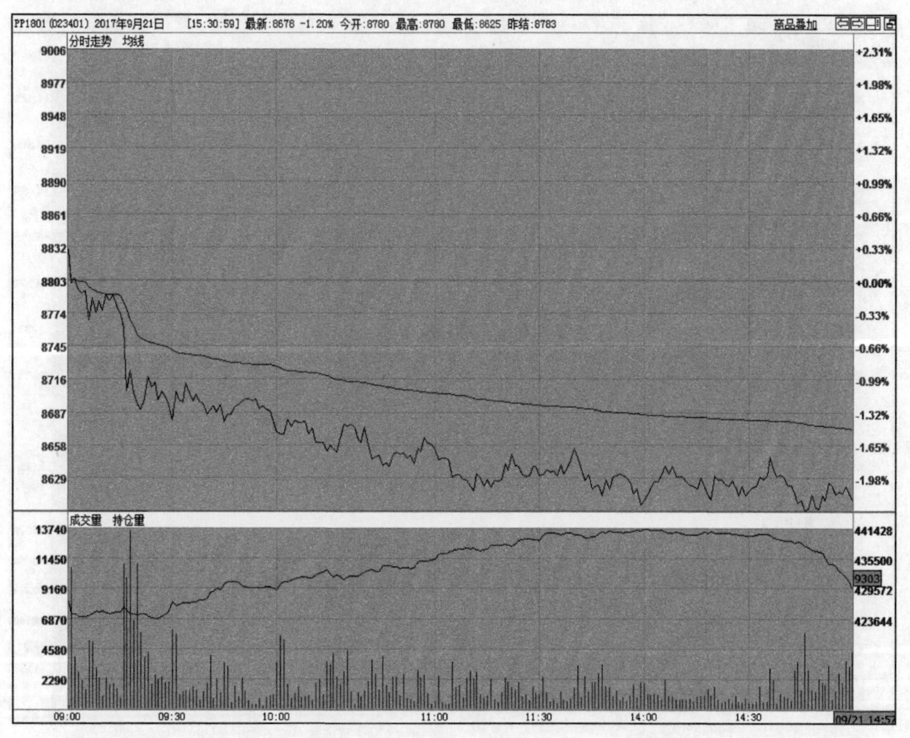

图 4－33　PP1801 合约 2017 年 9 月 21 日走势图

在图 4－33 中，PP1801 合约 2017 年 9 月 21 日开盘后的持仓量曲线比较特殊。虽然开盘后价格形成非常明确的下跌走势，并且还出现放量快速杀跌的行情，但持仓量曲线在此时并没有形成完美的配合形态，而是保持水平。如果持仓量曲线没有配合，直接按技术形态操作就可以。

放量杀跌之后，由于下降趋势已经非常明确，可能极大地增强做空者的信心，随后，持仓量曲线便一路保持上行的状态，后续入场的资金纷纷参与做空。在这种情况下，可以继续大胆地持有空单，只要入场的资金没有大规模平仓的迹象，只要空头形态没有遭到破坏，便可以一路持有。

因为下跌过程中的成交量并不是很大，所以，虽然空头趋势非常明确，但快速地杀跌却并未出现。到了尾盘，持仓量曲线拐头向下，说明有资金进行了平仓操作。尾盘期间很容易出现平仓现象，这是不进行隔夜操作的资金的行为，并不一定是资金的集体性撤出，这个细节投资者一定要知晓。

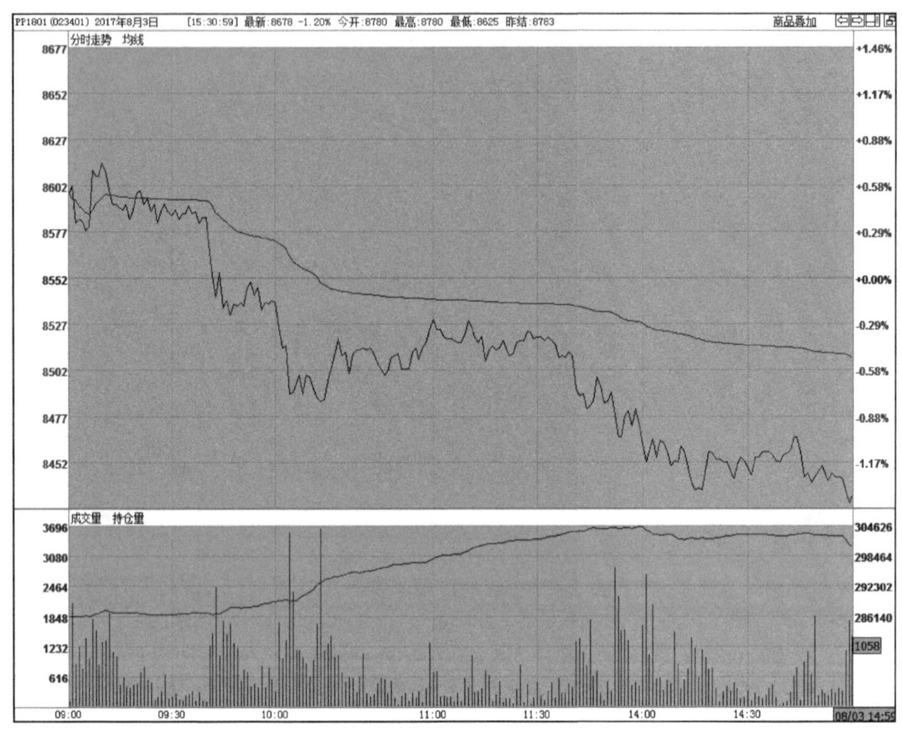

图 4-34 PP1801 合约 2017 年 8 月 3 日走势图

在图 4-34 中，PP1801 合约 2017 年 8 月 3 日开盘之后虽然有成交量放大的现象，但价格并未形成单一方向的波动，并且持仓量曲线也没有一个明确的方向，可见，早开盘期间资金的操作并没有达成统一。

经过一段时间的震荡之后，在成交量又一次放大的配合下，价格终于向下创出新低。与此同时，持仓量曲线也随之形成单边上行的走势，确认了此时的下跌行情。在下跌的中途，价格虽然出现长达一个小时的持续性反弹，但在这个区间持仓量曲线依然保持上行的状态，说明资金借助反弹依然积极地进行着做空操作。由此可见，下跌行情并未结束，此时一定要顶住反弹带来的利润回吐继续持仓。

下午开盘后，一轮再创新低的行情出现，利润再次扩大。新的利润完全是持仓量曲线变化带来的结果。虽然这种完美的配合形态并不是经常出现，但只要出现，就一定不能轻易错失机会！

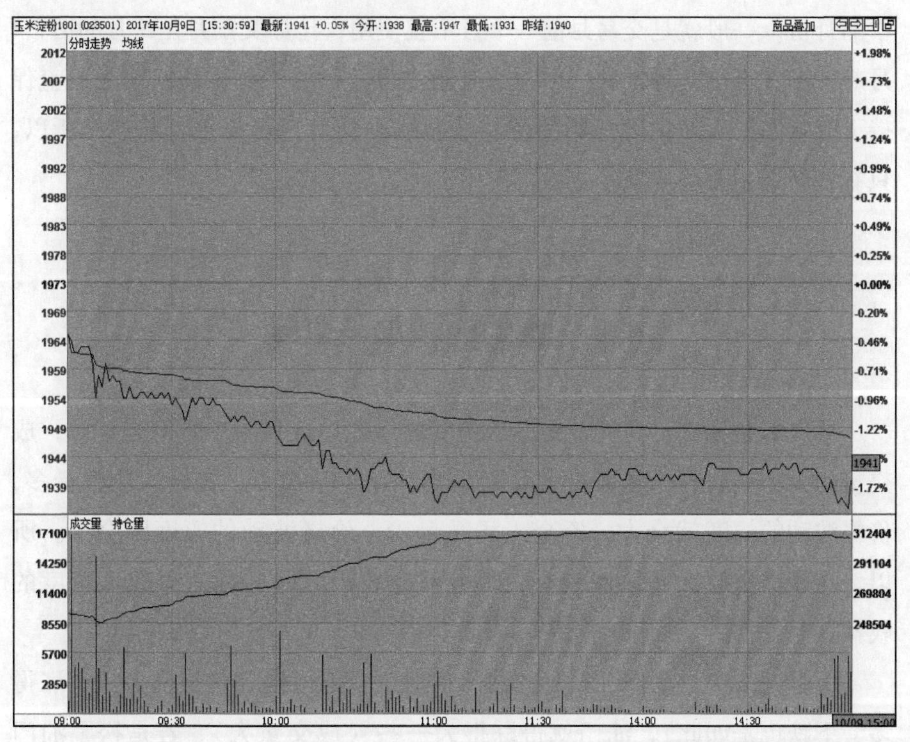

图 4-35 玉米淀粉 1801 合约 2017 年 10 月 9 日走势图

在图 4-35 中，玉米淀粉 1801 合约 2017 年 10 月 9 日开盘后价格便形成震荡下行的走势。对于这种日常波动较为平缓的品种而言，除非形成非常流畅的走势，它们都不是日内操作的好的目标对象。但若碰到了完美持仓量曲线配合的情况，也可以进行操作。这一天的走势正是这样。

价格在下跌过程中始终没有出现干脆利索的走势，一直曲曲折折的，虽然介入点非常多，但持续震荡的走势对持仓造成了严重的干扰，自然也就难以预估获利的空间大小。不过在价格下跌的过程中，持仓量曲线配合形成上行的状态，说明资金做空的态度非常明确。在这种情况下，整体的收益预期可以大一些，直到持仓量曲线与价格的波动配合发生改变。

经过连续的下跌之后，11:00 之后持仓量曲线再也无法保持向上的运行状态，说明资金坚定入场做空的态度发生变化。完美的配合既然消失，也就没必要继续持仓。

在使用持仓量曲线进行分析时需要注意，这种方法在新老主力合约换季的月份，一般就是交易月前一个月不宜使用，比如交割月是5月的话，4月起就不宜再用这种方法。因为这时老主力合约的持仓量曲线将会一直保持下行状态，而新主力合约的持仓量曲线则会一直保持上行状态，所以，只有在新老主力合约交替之后再使用这种方法才有效果。

4.8　量能的增加与衰竭

成交量是什么？是资金交易活跃度的体现。从另一个侧面来理解，成交量的大小代表着入场资金数量的多寡。正常情况下，资金入场数量多，价格波动的幅度就会大；资金入场数量少，价格波动的幅度则会小。所以，在成交量放大的区间持仓，很容易在较短的时间内获得较大幅度的收益。

笔者把成交量比作开车时的油门，想让车跑得快（价格涨得快、涨得多，下跌也是如此)，油门就得踩得大一些（成交量大)，若是松了油门(成交量减小)，车的行驶速度也就慢了。开车的时候，油门时而要踩得大一些，时而要小一些。价格波动时也是如此。这一阶段成交量放大，再停一会儿就会减小。想要获得稳定的收益，就需要了解成交量的增加会带来什么，成交量的衰竭又会产生怎样的影响。

成交量的放大首先要看方向。之前下跌，但现在放量时价格是上涨的，那就得做多，而不能在放量时延续之前做空的思路。成交量放大，价格波动的幅度就会增大，若手中有持仓，就可以在此时多享受一会儿快速获利的快感。若成交量出现衰竭的现象，则意味着资金交易的态度开始变得消极，这个时候最好将持有的单子先撤出来，以免资金操作态度消极引发价格反方向波动。

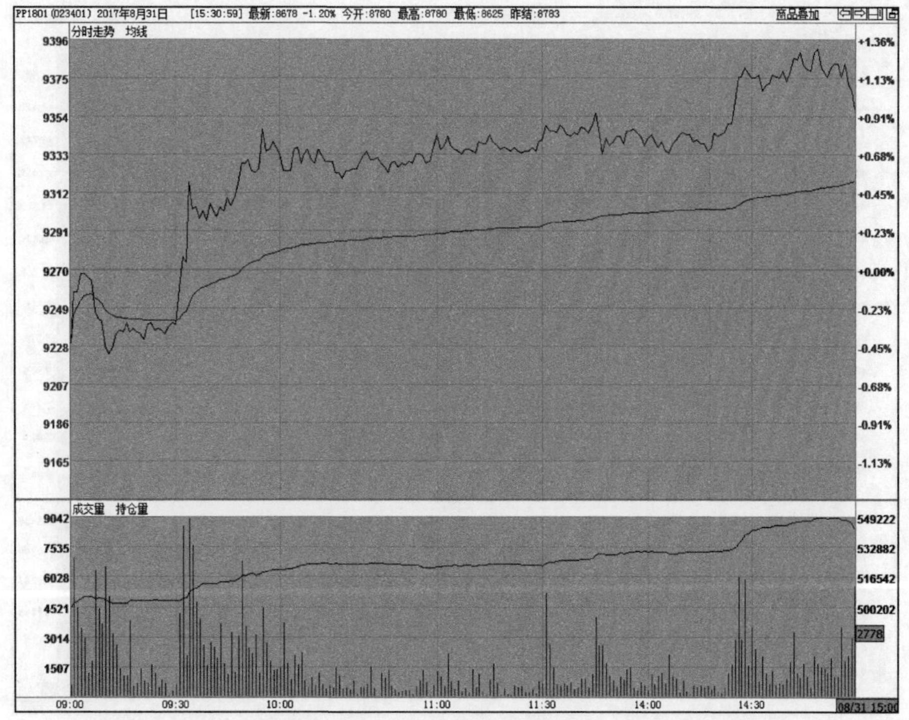

图 4-36 PP1801 合约 2017 年 8 月 31 日走势图

在图 4-36 中，PP1801 合约 2017 年 8 月 31 日开盘上冲之后，价格便出现放量下跌的走势，而没有延续刚开盘时的上冲。由此可见，放量出现的时候，第一要务就是要看价格的方向，价格的波动方向就是资金操作的方向。开盘是上冲的，但放量时是下跌的，那就要跟随资金一起做空。

一波放量杀跌之后成交量萎缩，这时由于分时线在均价线下方，所以，思路上还是应当继续做空。缩量震荡一段时间后，成交量再度放大，但价格却并未延续之前的下跌，而是第二次形成方向的反转，放量上涨的出现意味着必须要入场做多。在放量区间可以看到，价格波动的速度非常快，波动的幅度也非常大。

第一波放量上冲之后，价格虽然继续上行，但成交量却出现萎缩的状态，这便是成交量的衰竭。成交量衰竭的出现意味着资金做多的数量明显减少，是资金做多态度消极的体现。在成交量衰竭出现的时候，应当寻找高点进行阶段性出局的操作。

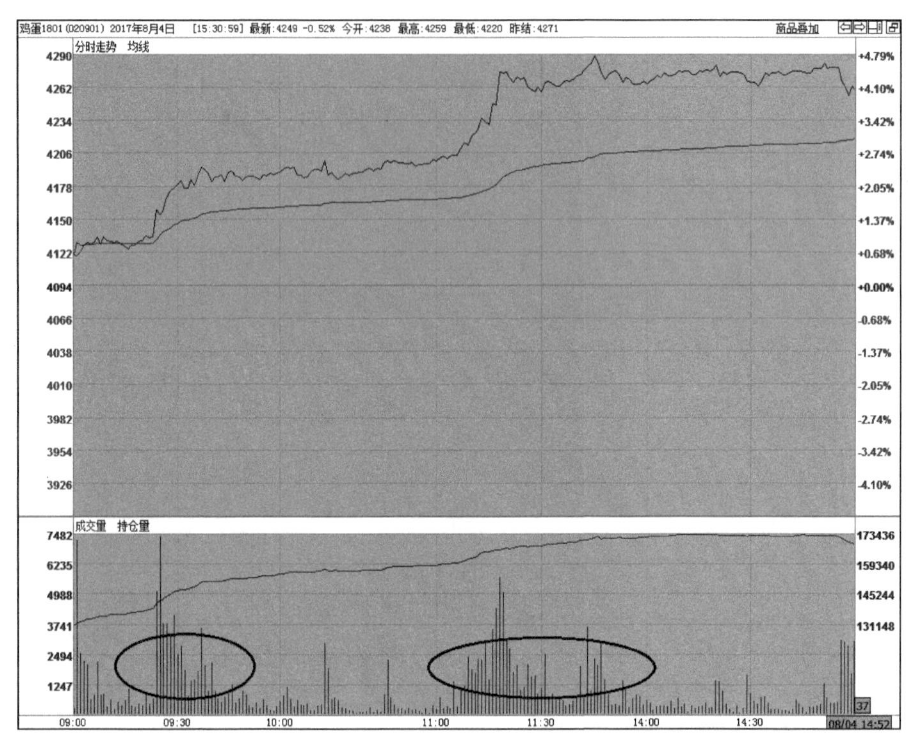

图 4-37 鸡蛋 1801 合约 2017 年 8 月 4 日走势图

在图 4-37 中，鸡蛋 1801 合约 2017 年 8 月 4 日在开盘之后不久形成冲锋买点后，价格出现快速上冲的走势。在成交量放大的区间价格上行的形态非常单一，并且速度快幅度大，入场做多的投资者可以很轻松地在这一区间获得非常可观的日内收益。第一波放量上涨之后，价格再度震荡上行，但成交量却出现衰竭的现象，说明此时资金做多的态度开始消极。在价格上涨动力不足的情况下，投资者也应当阶段性出局。

之所以称之为阶段性出局，是因为量能衰竭之后会出现量能萎缩，而缩量后必然会再度放量，一旦重新放量机会就会再度出现。所以，出局只是暂时性的。经过一段时间的缩量后，成交量逐步放大，说明资金操作的积极性恢复。既然价格仍然是上涨的，便应当在放量区间再度入场做多。

一波放量后，正常的缩量调整出现，随后价格再次上涨。如先前一样，第二轮的上涨成交量又一次萎缩。既然技术形态完全一样，那么操作的手法肯定也一样，在量能衰竭的情况下，应当再次将持有的多单平仓出局。

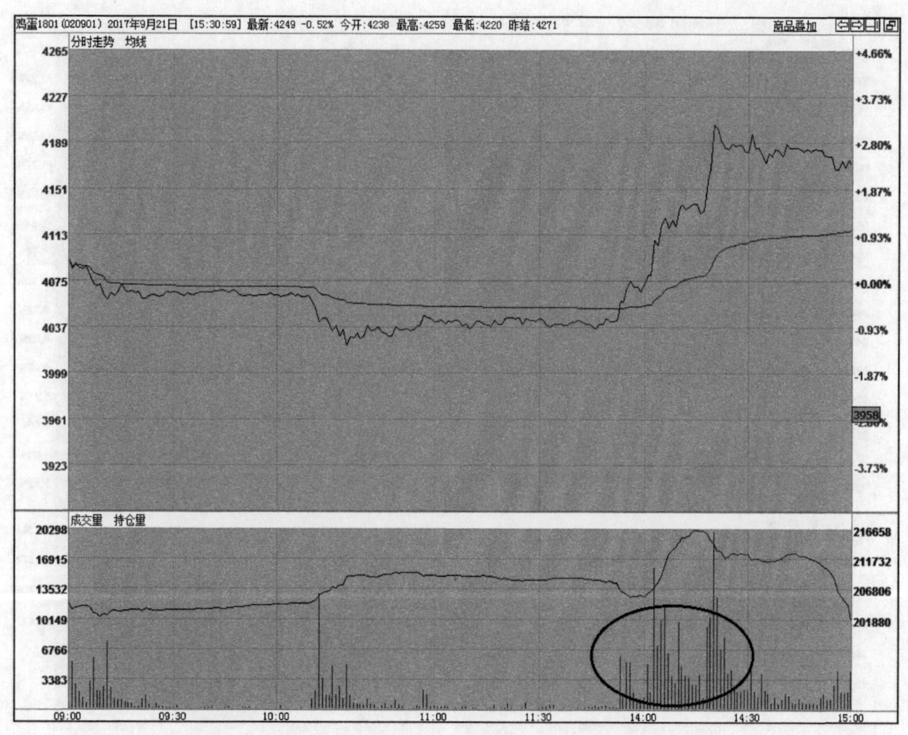

图4-38 鸡蛋1801合约2017年9月21日走势图

在图4-38中，鸡蛋1801合约2017年9月21日开盘之后较长的时间里，价格一直没有什么大的波动。技术上的原因是什么呢？是因为没有形成放量的走势。

14:00之后，在成交量放大的推动下，价格终于形成较为快速的波动形态。此时成交量放大的规律是：第一轮放量较温和，第二轮放量较为充分，第三轮继续放大的状态。既然量能一波比一波大，说明资金的操作非常积极，在放量之中，一定要握牢持有的多单，别轻易出局。

价格上涨到了尽头，放量期间积极持仓的同时，也一定要留意缩量的出现。一旦缩量或量能有明显的衰竭迹象，就意味着资金操作的积极性有变化，此时最好暂时进行平仓操作。

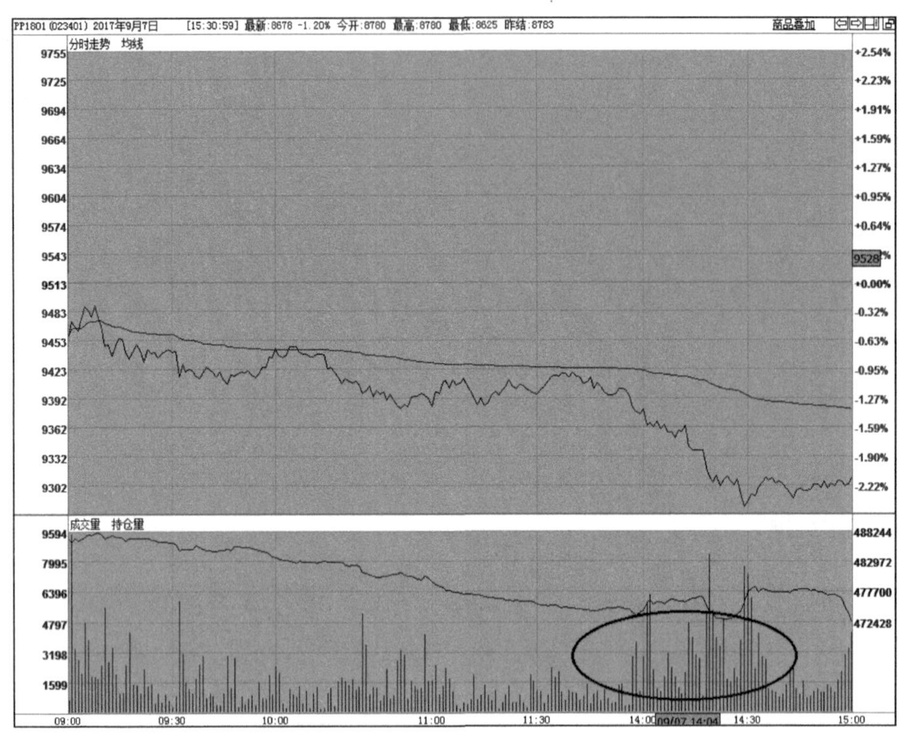

图 4 –39　PP1801 合约 2017 年 9 月 7 日走势图

在图 4 –39 中，PP1801 合约 2017 年 9 月 7 日开盘后价格出现震荡下跌的走势。虽然技术形态波动的方向非常明确，但由于在上午下跌的过程中成交量始终没有能够有效地放大，因此每一个下跌波段的幅度都不是很大。由此也可以看出放量与否对下跌幅度大小的影响。

14:00，成交量突然放大，并且整体形成持续放大的状态，说明此时资金做空的数量非常多。在大量资金推动的情况下，价格也终于形成速度较快的下跌行情，较短的时间内形成的跌幅便超过整个上午的累积跌幅，这就是放量带来的好处。

量能放大则积极操作与持仓，量能一旦萎缩，操作上就需要变得消极一些。一旦缩量，价格不是反弹就是反转，无论哪一种走势都对空单不利，故此，缩量并不是好的持仓阶段。当然，缩量也不是绝对的不好，只能说是局部不好，整体的话还需要结合其他因素综合考虑。缩量或量能衰竭带来的是对局部走势的破坏。

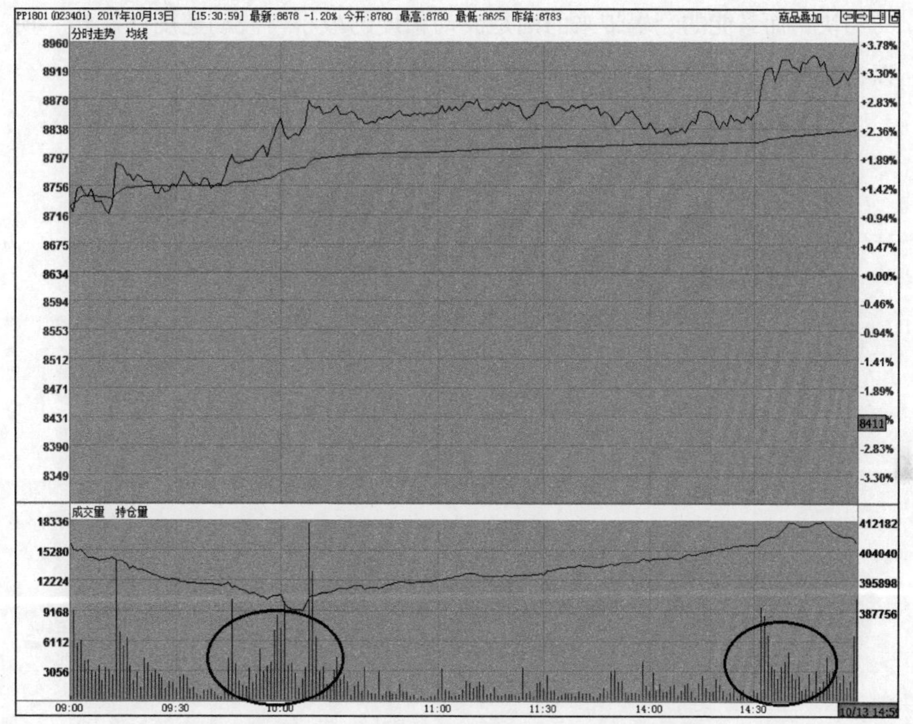

图 4－40　PP1801 合约 2017 年 10 月 13 日走势图

在图 4－40 中，PP1801 合约 2017 年 10 月 13 日经过早盘期间的放量与缩量之后，随着冲锋买点的出现，价格终于形成方向明确的上涨行情。在上涨的过程中，成交量形成逐渐放大的状态，说明资金交易的态度非常积极。资金的入场推动了价格的上涨，价格的上涨又吸引更多资金的入场，从而形成良性的循环，只要量能能够一直保持放大状态，上涨行情便不会停止。

一段上涨行情结束以后，量能逐渐衰竭并且形成持续性的缩量。随着资金操作态度的改变，价格也终于停止上涨。因为在无量区间价格容易出现变化，有可能继续上涨，也有可能转势向下，没有必要在缩量区间主动面对这种未知，等行情明确后再说是最佳策略。

尾盘时期，成交量再度放大，但此时的放量形态与之前的情况不一样，成交量放大之后便形成持续性衰竭的现象，而不是持续性放大，这不是好的量能状况。成交量的放大带来的是涨跌幅度的加大，以及涨跌速度的加快，而量能的衰竭带来的则是波动幅度的减小与波动速度的减慢，所以，量能一旦衰竭就需要随时做好离场的准备。

5.价格波动性质识别

笔者总结的价格波动性质的识别是建立在波浪理论基础上的，具有更强的实战性！统一一浪起点的标准，做到“千人一浪”，并可以直接将波浪理论代入实战操作。只有不断创新技术、细化技术细节，才可以让投资者更容易实现盈利。

5.1 价格的两种涨跌方式

进行实战操作前一定要先了解价格的波动规律、波动结构、波动方式，这些事项虽然并不能直接针对实战的切入点，但可以帮助投资者读懂价格的状况，以及明确应当如何操作。

价格无论是上涨还是下跌，总共只有两种方式。第一种是单边快速涨跌走势。这种走势形成突然，并且能在极短的时间内出现极大的波动幅度，波动形态十分简单，在上涨或下跌的中途不会给投资者留下任何介入的机会，若没有捉到起跌前的点位，除了追涨或是追空操作之外，其他的交易手段都没有用武之地。这种走势虽然凌厉，但出现的频率并不高，属于少见形态，投资者无须将过多的精力浪费在这种走势上。

第二种则是更为常见的震荡涨跌形态。价格的波动方向非常明显，但涨跌的速度并不是很快，是一波上涨一波调整而后再接一波上涨的交替式上涨。虽然单波幅度并不大，但通过时间的累积，总体的涨跌空间却也不小。震荡涨跌形态是价格波动过程中最为常见的现象，任何一个品种每天都必然见到，故此，这是投资者必须要花费时间来了解的一种走势。若面对震荡涨跌形态没有什么好的获利方案的话，那基本上就无法在市场中立足！

图5-1　鸡蛋1801合约2017年10月27日走势图

在图5-1中，鸡蛋1801合约2017年10月27日盘中价格出现一波快速的杀跌走势。在价格下跌的过程中，成交量急剧放大，说明参与其中的资金数量非常多。在量能较大的情况下，阴线的实体也非常大，仅两根K线价格的跌幅便超过1%；若手中持有空单，两分钟便可以收工。

价格虽然跌得很快、跌幅很大，但若没有在下跌之前入场进行操作，面对这种走势除了自由性质的追空之外，没有任何机会可以入场进行操作。下跌初期价格的波动形态有突破的走势，仅有这一次交易机会，之后便没有任何点位可以中途介入。

价格虽然跌得非常快，跌幅非常大，但根本不会给投资者任何介入的机会，说下跌便飞快下行，一口气跌到底。从后面的走势来看，在好长一段时间内价格都保持无量窄幅震荡的走势，失去了操作的价值。技术形态极为简单，延续的时间不长，并且错过之后便会失去机会，这都是单边快速涨跌的特点。

图 5-2 PP1801 合约 2017 年 10 月 23 日走势图

在图 5-2 中，PP1801 合约 2017 年 10 月 23 日在下跌走势出现之前，价格都保持着非常明确的上升趋势。在没有任何征兆的情况下，价格突然逆转形成大幅下跌的走势。波动无征兆，这也是单边快速涨跌的最大特点。

在下跌的过程中，大实体的阴线连续出现，下跌的技术形态非常简单，若在下跌之前便入场进行做空操作，持仓的压力是极轻的。但这样的走势对于没有做空的投资者来说便是件折磨人的事儿了，眼看着价格跌得这么好却没有好的机会在中途介入。不留给投资者中途操作的机会，这是单边快速涨跌形态的另一大特点。

虽然这样的下跌方式看着非常诱人，但其实出现的次数并不多，属于小概率事件。这种走势只能是可遇不可求，若在持仓的时候碰到，就当是发了笔意外之财，不应去主动预期。

图 5－3　PP1801 合约 2017 年 10 月 24 日走势图

在图 5－3 中，PP1801 合约 2017 年 10 月 24 日上涨结束之后，价格出现一轮持续性的下跌走势，下跌的过程相比单边下跌要显得曲折了许多。技术形态复杂多变，这便是震荡下跌的主要特点。

价格从高点开始下跌至下跌的低点位置，持续的时间非常长，这也是震荡下跌的一大特点。虽然跌得并不是非常干脆利落，也很少出现激动人心的大实体阴线，但却有较长的下跌时间，通过时间的累积也可以形成一轮幅度很大的下跌行情。往往震荡涨跌行情的总幅度要大于单边涨跌行情的幅度。

由于下跌持续时间长，并且技术形态较为曲折，故此，在价格下跌的过程中，投资者可以有多次介入的机会。反弹时可以寻找高点进行做空，反弹结束则可以在价格创出新低的时候于突破点做空。这一波下跌行情足足给投资者留下了七次中途做空的机会，这可是单边涨跌行情给不了的。

图 5-4 PP1801 合约 2017 年 10 月 12 日及 13 日走势图

在图 5-4 中，PP1801 合约 2017 年 10 月 12 日及 13 日价格在盘中形成一轮持续性上涨的走势，在上涨的过程中，虽然出现多次调整的走势，但价格的大方向却始终向上。上涨中途多次调整，这是震荡上涨行情必然会见到的走势。虽然调整会在局部对持仓产生影响，但每一次调整的出现又何尝不是一次极好的做多机会？

单边快速涨跌行情若能够连续拉出十根 K 线就算是非常大的行情，但在震荡涨跌行情之中，十根 K 线仅仅是一个非常小的波动而已，一组形态走下来至少也得三五十根 K 线。虽然说每一根 K 线的实体都不是很大，但一组行情累积下来足以与一波单边涨跌的行情相比，更何况一波震荡涨跌行情往往会由多组子行情构成。持续时间长，累积幅度大，短时间内很少出现大幅度的涨跌，这便是震荡涨跌行情的主要特点。

震荡涨跌行情虽然相比单边行情波动速度要慢，但却给投资者留下了非常多的中途介入机会。在图 5-4 的上升趋势过程中，有十几次的做多机会，这十几个做多的买点随意捉住一个，便可以有很不错的日内收益。

图 5－5 PP1801 合约 2017 年 10 月 27 日走势图

在图 5－5 中，PP1801 合约 2017 年 10 月 27 日价格转为下跌之后，出现两大波快速下跌的技术形态。若单看第一和第二波的下跌走势，它们的确属于单边下跌形态：下跌形态简单，下跌速度较快，较短时间内跌幅较大，下跌的时候成交量明显放大。那么，这两大波下跌是否属于单边下跌呢？

其实并不是。单边下跌最大的特点是：下跌中途不会给投资者留下任何介入的机会。而在本案例中，下跌中途有没有逢反弹高点做空的机会？有没有破位之后的突破做空点位？既然有中途介入的机会，那么这一轮的下跌行情便不是单边下跌走势，而是震荡下跌性质的波动。震荡是有的，只不过是以单边下跌的方式进行。

在震荡下跌的过程中，有时价格下跌的速度会比较慢，有时下跌的速度会非常快，有时一波慢的下跌夹杂着一波快的下跌，这些混合着各种方式的下跌形态的波动组成了一大波的震荡下跌行情。识别是震荡下跌还是单边下跌，就看中途有没有介入点，只要下跌中途有介入点，就属于震荡下跌。这是识别两种波动性质最直接的方法。

5.2 做多及做空的三种方式

如果价格的波动形成单边涨跌的走势，此时操作的手法就只有一个，上涨时追涨以及下跌时追空，别无他法。但若价格形成震荡涨跌的走势，那操作的手法就有很多：碰到调整走势就利用调整低点逢低做多，与之相对的，碰到下跌走势就逢反弹高点做空；调整或反弹结束后价格再度上涨或下跌时，第二个介入点就是突破位；突破形成以后若没有操作，便可以使用在单边涨跌中常用的操作手法——追涨或是追空。

这三大手法是所有方法的核心。可能每个投资者处理细节的方式都不相同，但不管何种细节处理方式，在价格上涨或下跌的过程中只有这三种性质的手法！当然，涨到了顶或跌到了底时，抄底摸顶算是另一种性质的操作，若加上不同细节的抄底摸顶手法，那整个市场就有四类操作方式。

由于价格在每一个位置的波动形态各不相同，可能会化生出不同的逢低做多的细节方法。看起来好像在处理上有所不同，但它们的性质都是完全一样的。这就好比西瓜与橘子都是水果一样，虽然大小与模样不同，但都是水果。

因为有三种操作方式，再加上震荡涨跌行情在中途留出的操作机会非常多，故此，在实战中碰到什么样的介入点就进行怎样的操作就可以。需要说明的是：笔者不建议投资者过多地使用追涨或追空的方法，因为这种方法对心理素质要求较高，若实战经验不丰富，千万莫用！

图 5-6 PP1801 合约 2017 年 10 月 20 日走势图

在图 5-6 中，PP1801 合约 2017 年 10 月 20 日价格在盘中形成一轮持续时间较长的震荡上涨行情。从整体走势来看，价格上涨的时候不温不火，每一个子波段的涨幅都不是很大。上涨过程中出现多次调整，留给投资者许多中途介入的机会。这样的技术形态是笔者是最喜欢的走势之一。随处可见的买点不正是市场给您的一次次机会吗？

从震荡涨跌的波动性质可以得知，调整走势是必然要出现的，故此，在上涨中途只要出现阴线，就要抱着机会即将到来的态度来面对它们。当然，并不是只要收出阴线就有机会，于上涨途中正确进行逢低做多操作的要求是：价格一定要形成一定规模的调整，调整要持续几根 K 线，同时，又不能跌得太多，否则空方力量过大，也不适合进行做多的操作。

从图中的走势来看，满足条件的调整一共有三次。在价格上涨到高位之后虽然调整形态也满足了要求，但由于价位已高，此时的调整是应当主动放弃的调整。

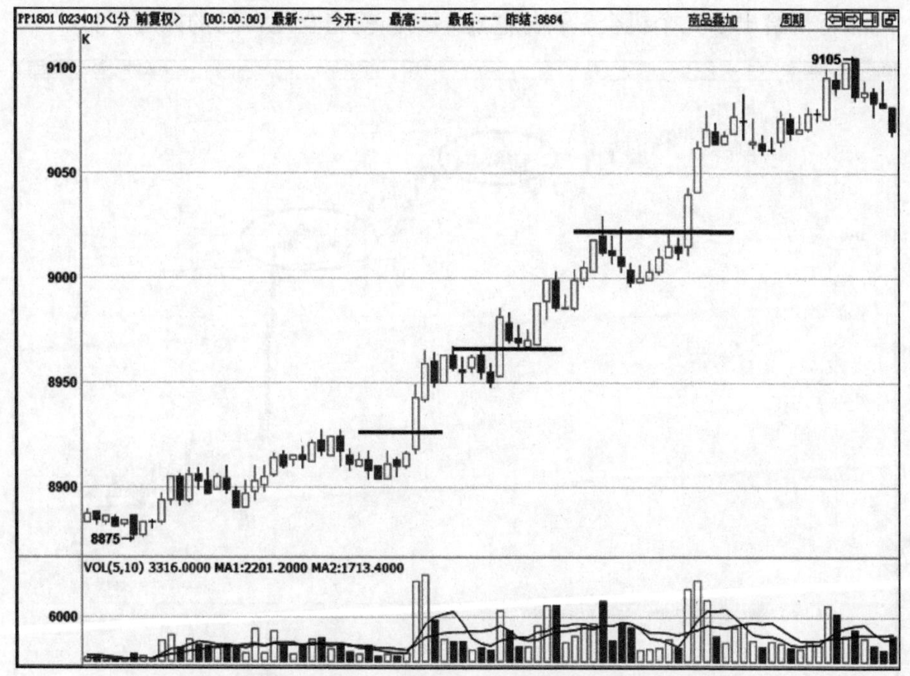

图 5－7　PP1801 合约 2017 年 10 月 20 日走势图

在图 5－7 中，PP1801 合约 2017 年 10 月 20 日有三次好的逢低做多的机会，都是回落幅度小，并且有一定回落时间的调整走势。除了这三个极好的逢低做多的机会以外，还有多处突破的走势。正常情况下，首先出现的买点是逢低做多买点，一旦出现这个买点，就要马上意识到，接下来该出现的是突破买点。

突破其实是最容易识别的，只要价格创出新高，便意味着突破走势形成。突破是价格上涨绕不开的结点，想要上涨，就必须要创出近期或是前期的高点。只有涨不上去的走势才不会形成突破，但凡是一轮上涨行情，就绝对不可能少了突破走势。故此，突破的交易方法是每个投资者必须要熟练掌握的。

因为价格在上涨的过程中有三处好的逢低做多机会，所以在调整结束后，对应的便是三处创新高的走势。介入方法很简单：一旦价格越过调整时的高点位置便意味着新一轮的上涨行情将大概率启动，所以，三道横线处便是三处突破买点。再加上逢低做多的三处买点，非常标准的买点共有六处；再加上形态并不是很规则的突破，前后共有九次介入的机会。一波上涨行情给出了九个机会，再抱怨赚不到钱就完全是自己的问题了！

图 5－8　螺纹 1805 合约 2017 年 10 月 25 日走势图

在图 5－8 中，螺纹 1805 合约 2017 年 10 月 25 日价格在盘中形成连续下跌的走势，在下跌的过程中，缓慢的震荡下跌与快速的单边下跌相交替。这样的行情对于做空的投资者来说是好事一件，因为当单边下跌行情出现的时候，持仓压力变得非常小，并且在极短的时间内便可以获得极高的收益。不过也要注意，不要把这种行情当作是必然，以缓慢震荡的方式完成下跌才是常见的形态。

在价格下跌幅度并不是很大的情况下，先后出现两次有一定规模的反弹走势，和两次小幅度的反弹走势。在小幅度反弹走势出现时，因为没有好的高点出现，所以逢高做空的手法是无从下手的，只能在小幅度反弹结束之后于突破点进行做空操作。而只有当有一定规模和一定反弹时间，但上涨幅度又不过大的反弹行情出现时，才可以在其反弹的高点进行做空操作。当然千万不要忘记：反弹的过程中必须要有缩量！

从这个案例来看，有两次逢高做空的机会。第一次逢高做空的点位介入后可以持有到快速杀跌的低点，而第二次逢高做空的点位更幸运，介入后价格便出现短线的大跌。但不管下跌是快还是慢，在反弹的高点做空，价格跌的概率是比较大的。

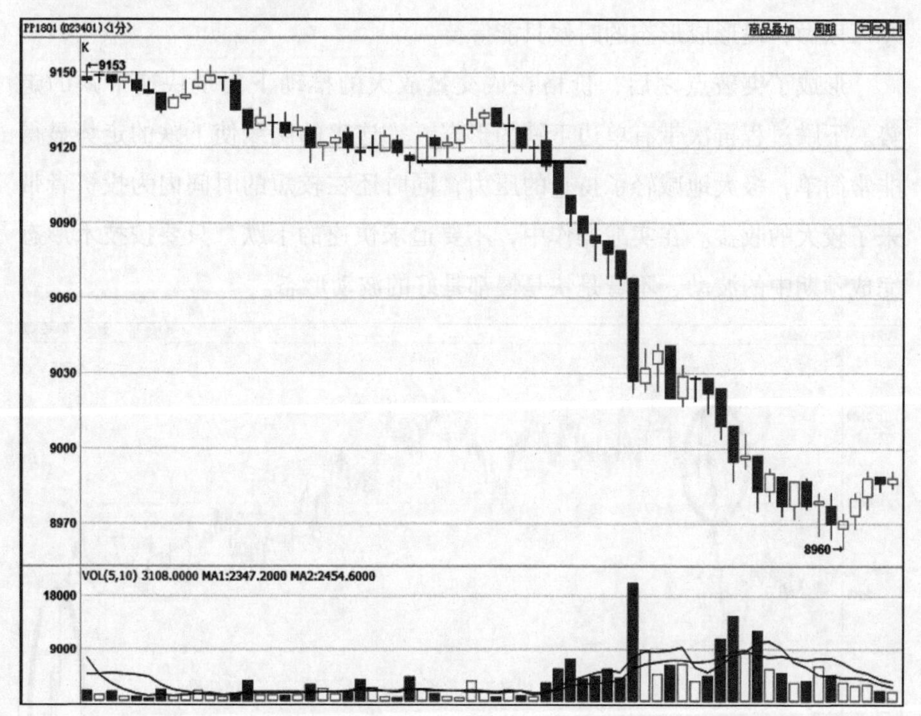

图 5－9　PP1801 合约 2017 年 10 月 25 日走势图

在图 5－9 中，PP1801 合约 2017 年 10 月 25 日价格在下跌的过程中，先后出现两次反弹的走势。在价格反弹的过程中，成交量非常低迷，说明资金做多的兴趣非常小，无量反弹很容易促使价格进一步下跌。同时，在反弹的过程中，大实体的阳线并未出现，说明多方的力量很小。资金不愿参与做多，导致多方力量虚弱，价格继续下跌的概率是极大的。但由于反弹的周期较短以及幅度很小，逢高做空的手法不太好操作，所以，面对这样的形态，只好在价格反弹结束后的突破点进行做空操作。

一旦价格开始反弹，就必须要习惯性地找出反弹的低点所在，而后利用条件单或画线下单功能做出标准，只要价格到达这个位置便按市价进行做空操作，以防止人工盯单时跟丢机会的情况发生。突破点必然是事先存在的，而且形成之后位置就不会变化，这就极大地减轻了分析的压力。而逢高做空的卖点则不同，它的位置是随时变化的，要求投资者必须要盯紧盘口，不能用条件单或画线下单的功能提前确定交易点位。形成形态之后才可以做，没形成形态的时候只能等待。

形成了突破点之后，价格在成交量放大的推动下出现快速下跌的走势。下跌过程再次带有单边下跌的形态，一连串的阴线使下跌的走势显得非常简单，极大地减轻了持仓的压力，同时还在较短的时间内为投资者带来了较大的收益。在实战操作中，不要追求快速的下跌，只要按技术形态完成预期中的波动，不管是快是慢都是好的波动形态。

图 5-10　螺纹 1805 合约 2017 年 11 月 1 日走势图

在图 5-10 中，螺纹 1805 合约 2017 年 11 月 1 日价格在盘中主要形成下跌的走势，下跌过程中主要是相对缓慢的震荡形态，下跌后期受到资金集中入场、成交量放大的推动，引发了一轮单边下跌的走势。在这一轮单边下跌走势出现之前，完全有逢高做空以及突破做空的机会。

在下跌走势出现之前，价格还形成了一波快速的上涨行情。从图5-10中的走势来看，在价格上冲的过程中，连续收出阳线，技术形态非常简单。在上涨行情出现之前，其实价格方向是向下的，说涨就涨，非常任性。这样的行情虽然凌厉，但很难把握，在价格上涨的过程中没有任何调整走势与突破走势的出现，想捉住上涨行情，只能追涨操作，这与图5-10中右侧的下跌走势完全一致。前面是涨得猛，后面是跌得快，一个是逆方向突破上涨，一个是顺方向加速下跌，虽然有许多不同，但完全一致的特点就是拒绝投资者中途加入。

对于这种的行情，除了追涨与追空没有任何办法，而进行追涨与追空则意味着没有统一的介入点位。你在A处介入，我在B处操作，他在C处跟进，比的就是谁介入的时间早，谁买得早谁就赚得多。这不是在识别技术点，这怎么能是正常的操作？所以，笔者再次强调：若逢低做多与突破操作您还没有熟练地掌握，千万别经常性地运用追涨与追空操作。偶尔运用一下倒也无妨，若您天天使用，甚至是一天使用好几次，那肯定是要亏损的！

5.3 什么是合规波段

价格的波动有时会形成非常杂乱的走势，任操作者水平再高也无法识别出波动的含义，这样的走势多是在资金没有太多的操作兴趣，或是资金操作方向分歧严重时出现。每一个投资者都必须要承认有许多走势是看不清楚的，操作能力差的投资者看不清的走势会更多。水平高的投资者虽然看不清的走势比较少，但也不是什么样的波动都能准确地判断与识别。看不懂就不要去操作，只操作那些在自己能力范围内，能够看得清、判断得准的走势便可。

还有一些波动形态诱人，一看就明白应该在哪里开仓、该如何交易。这样的走势就是投资者在能力范围内可以做出准确判断的技术形态，当这种形态出现的时候，一定不允许错过操作的大好机会。

价格波动性质的识别也是如此。如果一个波段需要花点时间去仔细判断，就意味着此时的波动形态必须要放弃。原因很简单：实盘之中哪有时间让您如品茶一般细细地体会形态？看一眼只需几秒，看得清的形态就做，看不清的形态便无须再多浪费一秒。在这一点上不允许投资者固执！

要进行价格波动性质的识别，首先就要知道什么样的走势是合规波段。对于合规波段就要按要求在规定的点位进行操作，对于不合规的波段就要马上放弃，另寻合规波段进行关注。合规波段只有两点要求：（1）价格上涨顶破布林线指标上轨的压力，价格下跌跌破布林线指标下轨的支撑，以产生实质性的涨跌走势；（2）成交量与之前的缩量相比要明显形成放量的态势，刚开始便有资金介入，这样更容易在后期催生更大的行情。只要符合这两点要求，便是合规的上涨或下跌波段。当然，这种要求只针对上涨初期或下跌初期的第一浪走势。

图 5－11　螺纹 1801 合约 2017 年 10 月 27 日走势图

在图 5－11 中，螺纹 1801 合约 2017 年 10 月 27 日价格在盘中形成下跌的走势。在转换为真正的下跌走势之前，布林线中轨其实先后有两次转为下降走势，但第一次布林线指标中轨转为下降趋势的时候，价格的下跌幅度很小，根本没有跌破布林线指标下轨，意味着价格此时根本没有形成实质性的攻击。这种情况下的下跌便不是合规波段，因此没有必要进行关注。

第二次布林线指标中轨形成下降趋势的时候，连续出现的阴线跌破下轨的支撑，形成打穿下轨的走势，这便满足了合规波段的第一个要求。在价格下跌的过程中，成交量出现放大的迹象，说明资金积极参与做空的操作，只要有资金的推动，价格的波动便会变得较为活跃，趋势的延续性也会较好。因此，当价格放量下跌并且打破布林线指标下轨支撑的时候就要意识到，这一波下跌完全符合合规波段的要求。

高位处的中轨第一次转向时没有形成合规波段，所以，价格难以下跌；而形成合规波段之后，价格便出现持续性下跌的行情。由此可见，只有满足合规波段的技术要求，才容易给投资者带来盈利的好机会。

图 5-12　螺纹 1801 合约 2017 年 10 月 20 日走势图

在图 5 – 12 中，螺纹 1801 合约 2017 年 10 月 20 日价格最后一轮上涨出现的时候，成交量并没有继续放大。当缩量上涨出现时就要意识到量价已变得异常。在这种情况下，持续性上涨的行情将很难出现，应当留意随时会出现的下跌走势。

价格上涨时形成异常量价配合形态，而在价格转为下跌的第一波回落过程中却形成完美的量价形态：价格在下跌的时候，得到成交量放大的配合，说明要么是空方资金大举杀入，要么是多方资金大举出逃（多单出局为卖出平仓，对下跌有促进作用）。在得到资金做空支持的情况下，价格随之跌破布林线指标下轨，至此，第一轮下跌的波动性质便可以定性为合规波段。

在合规波段出现之后，价格延续完美的量价配合形态，先是出现了一轮无量反弹的走势，而后第二轮放量下跌走势随之出现。只要识别出了合规波段，盈利的机会便近在眼前了。

图 5 – 13　螺纹 1801 合约 2017 年 10 月 25 日走势图

在图 5 – 13 中，螺纹 1801 合约 2017 年 10 月 25 日在转为上涨走势之前，下跌的技术形态其实已显示出下跌行情难以为继：虽然中轨仍然向下，但成交量却没有明显放大，说明资金此时已经没有任何做空的兴趣。在此情况下多方随之发起进攻。

首先出现的现象便是阳线向上顶破布林线上轨的压力，这标志着空头形态的彻底失败。若此时手中有空单，在阳线冲破上轨的时候必须要进行清仓操作。在价格顶破布林线指标上轨压力的时候，成交量随之出现明显的放大（相比之前的缩量），说明资金进行做多的意愿非常强烈。价格上涨形成放量再加上顶破布林线指标上轨的形态，意味着此时价格的波动完全符合合规波段的要求。

判断合规波段是为了什么？就是为了捉住价格后期进一步上涨带来的盈利机会。合规波段的表象在于：量能放大与顶破上轨。内在的含义是：资金参与做多的行为，使价格具备上涨的动力，一旦顶破上轨，布林线指标中轨的方向必然改变，随着上升趋势的明朗，必然会吸引更多的资金入场做多，从而使行情的上涨不断延续。

图 5－14　焦炭 1801 合约 2017 年 11 月 1 日走势图

在图 5－14 中，焦炭 1801 合约 2017 年 11 月 1 日价格在创出新低的时候成交量温和放大，并没有像前几个案例迅速形成缩量下跌的走势。这个案例中空头形态的失败点在于：反弹时形成明显的放量。正常情况下应当是无量反弹，这样一来价格还将继续下跌，而一旦放量反弹出现，便意味着完美量价形态遭到破坏，下跌行情便很难延续。

受到放量的推动，价格快速上涨，坚决地顶破之前布林线指标上轨沉重的压力，顶破上轨加放量使得这一波上涨完全满足合规波段的技术要求。在实战操作的时候一定要注意，一定要先形成合规的上涨波段，但并不意味着第一波的走势是合规波段就一定能上涨，能不能继续上涨还需要再看随后的调整形态是不是符合完美的量价要求。若符合，便可以入场操作，因为此时价格的上涨基本上可以用“必然”这两个字来描述。

第一波上涨是合规波段，随后的调整出现时，成交量依次减少，完全满足完美量价的要求，故此，价格进一步上涨就不足为奇，全在预期之内。合规波段最先出现，而后是调整，若开始的合规波段都没走好，后面的行情也就无法做出预期。

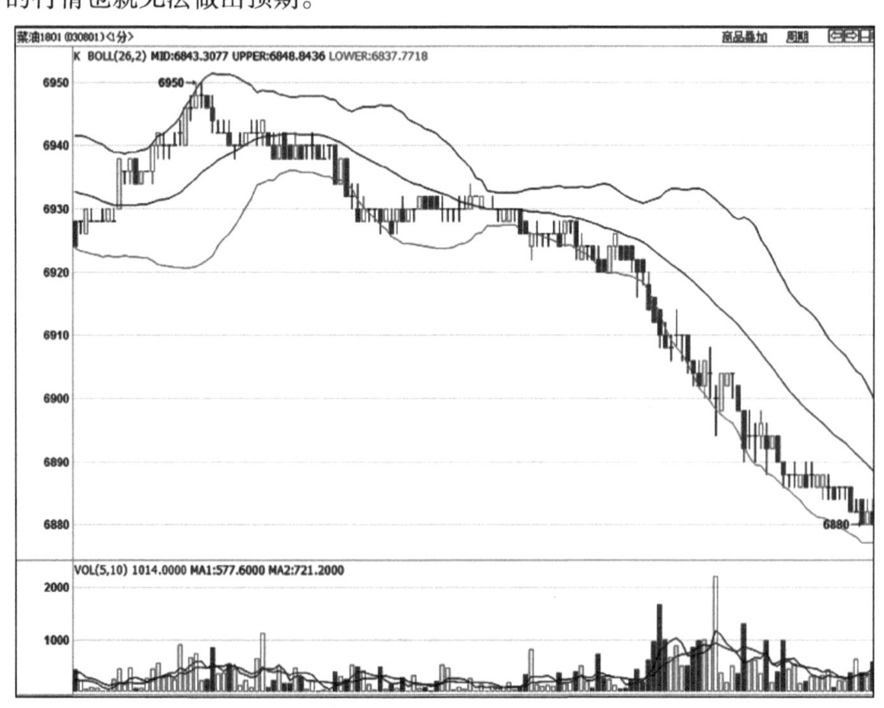

图 5－15　菜油 1801 合约 2017 年 10 月 30 日走势图

在图 5 – 15 中，菜油 1801 合约 2017 年 10 月 30 日价格上涨之后转为下跌的走势。随着布林线指标中轨由上升趋势转变为下降趋势，价格也跌破下轨，这是不是意味着合规波段就此形成了呢？

如果仅从技术形态来看，这的确是合规波段的走势，随后的反弹也整体是无量的，而后出现的幅度更大的一轮放量使下跌走势显得非常自然。但第一轮的下跌并没有满足合规波段的所有技术指标。形态是有了，成交量呢？合规波段有两个要求，一是顶破布林线下轨，二是必须要放量。显然，本案例中缺失放量的技术细节。

在价格波动的过程中，分析以技术形态为主，只看技术形态也可以操作，但结合成交量会提高分析的精准度。故此，在实战时成交量是不能忽视的，不能因为形态漂亮就完全忽视成交量的变化。在无量的案例中有一些的确在后期出现了非常不错的下跌行情，但却有很多案例形态失败了。而在合规波段之中，绝大多数都是成功地进一步上涨或下跌的走势，只有少数形成了失败的走势。走势合规与否，结局有很大的不同，想要提高实战的精准度，每一个细节都要关注到，虽然可能会错过一些机会，但换来的却是稳定的盈利。

5.4 什么是失败波段

有合规波段便有失败波段。当合规波段形成的时候，按要求入场操作便可，这是市场提供的盈利机会。而当失败波段出现的时候，只要学会了识别的方法就不会产生亏损。只有没掌握住正确操盘技巧的投资者才容易在各种失败的波动形态中亏损。

合规波段的特点是：成交量放大，价格向上顶破上轨或向下跌破下轨。那么，失败波段便与之相反，价格涨跌的时候并没有形成放量的态势，同时也并没有有力度地击穿布林线上轨或是下跌。在这里需要注意一个细节，当失败波段出现的时候布林线指标中轨往往会与价格的无量上涨或下跌形成一致的方向，虽然有方向，但由于价格的波动没有有力度地顶破上轨或跌穿下轨，因此此时的波动方向往往是无效的。中轨必须要由力度大的价格实质性上涨主动带起来，而不能中轨已经向上，价格却在慢吞吞毫无力气地上行。

图 5－16　棉花 1801 合约 2017 年 10 月 30 日走势图

在图 5－16 中，棉花 1801 合约 2017 年 10 月 30 日完成一轮结构完整的下跌初期、下跌中期与下跌末期的走势之后，便开始持续性地反弹。一轮完整的波动结束以后，价格下跌的幅度已经较大，需要一些时间修正是很正常的现象，就好像一个人跑累了需要休息以恢复体力一样。

在价格反弹的过程中，随着波动重心的不断上移，布林线指标中轨形成上升的趋势。这样的走势是否意味着多头趋势的开始呢？中轨的方向的确很清晰地向上，这一点没有任何疑问，但能不能出现好的上涨行情还需要看它是否符合合规波段的要求，不能仅看到中轨向上就认为一定会涨。

在价格上涨的过程中，成交量没有放大，说明资金根本没有做多的兴趣。得不到资金大量入场的维护，价格便很难出现持续性较好的上涨行情。同时，在价格上涨时，也没有大实体的阳线有力度地顶破上轨的压力，而是慢吞吞地一点一点地往上蹭，这样的走势说明多方的上行力度非常小。从这两点来看，价格的走势并未满足合规波段的要求，那它就是失败波段，应当放弃对它的关注。

图 5－17 棉花 1801 合约 2017 年 10 月 26 日走势图

在图 5－17 中，棉花 1801 合约 2017 年 10 月 26 日盘中价格先是上涨，后转为下跌，随着波动重心的不断下移，布林线指标中轨也随之形成向下的态势。但在价格下跌的过程中可以看到，并未收出实体较大的阴线，在跌破下轨的时候也没有形成大力度跌破的现象。再结合萎缩的成交量来看，价格形成了失败波段的性质便更容易确认。

日盘开盘之后价格跳空低开并形成两波下跌。第二波放量下跌之后，价格开始缩量反弹，反弹初期的量价关系不错，此时应当继续看空。但随着反弹时间的延续，受到波动重心缓慢上移的影响，布林线指标形成上升的趋势。与转为下跌时的失败波段一样，价格顶破上轨压力的时候并没有出现有力度的上涨走势，并且成交量仍然保持萎缩的状态，由此可以确定，价格的波动再一次形成失败波段。

失败波段并不等于价格无法下跌或是上涨，而是此时的波动没有显示出量与价的完美配合，体现出资金交易态度消极以及价格波动力度较弱。在这种情况下，价格上涨或下跌的概率相比合规波段肯定要小。虽然概率小，但也有上涨或是下跌的可能性，失败波段只是不适合操作的技术形态，并不等于涨不起来或是跌不下去。

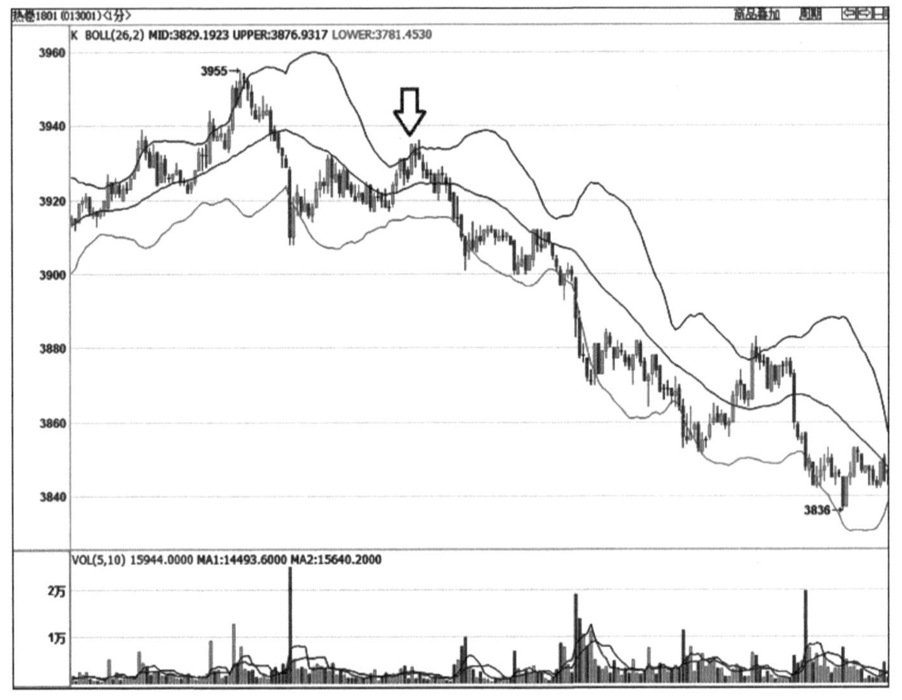

图 5－18　热卷 1801 合约 2017 年 10 月 27 日走势图

在图 5－18 中，热卷 1801 合约 2017 年 10 月 27 日一轮上涨行情结束之后，价格开始出现下跌的走势。面对布林线指标下轨支撑的时候，一根大实体的阴线强有力地穿破下轨，同时成交量也出现放大的迹象。从这两点来看，价格的走势完全符合合规波段的要求，因此可以确定：后期价格下跌的概率是极大的。

价格在反弹区间始终无法延续下跌。随着时间的推移，连续反弹的阳线顶破上轨，这种走势意味着此时的反弹形成失败波段。它的含义是：暂时不要预期下跌的出现。在中轨向下的情况下，一旦上轨被顶破，便意味着整体空头形态的终结，它是对之前整个下跌形态的否定。

虽然价格在后期出现一轮非常不错的下跌行情，但其实真正的起点在这次失败波段之后重新形成的合规波段的推动下才出现。在新的合规波段中，价格击穿下轨的支撑，成交量明显放大，因此，出现一轮持续性的下跌走势也就是意料之中的事情。

图 5-19　热卷 1801 合约 2017 年 10 月 25 日走势图

在图 5-19 中，热卷 1801 合约 2017 年 10 月 25 日在盘中形成震荡下跌的走势，只不过主要的下跌波段以单边下跌形式出现。这一波下跌之后，在价格初期的反弹过程中应当继续看空，因为中轨的方向依然向下。随着反弹的延续，价格向上顶破上轨的压力，同时出现放量现象，意味着空头的形态已彻底结束。

在价格顶破上轨的时候，中轨向上以及成交量放大意味着价格的波动性质转为多头，并且还是一个非常不错的多头合规波段。既然价格波动性质彻底改变，此时就应当顺从中轨的方向看多以及寻找机会做多。

价格在调整的过程中也是缩量的，呈现的是完好的波动状况，但随着时间的推动，调整的低点向下击穿下轨。只要有跌破下轨的动作，便意味着整个多头形态的失败。故此，在阴线跌破下轨的时候，便不能再预期上涨行情的出现。

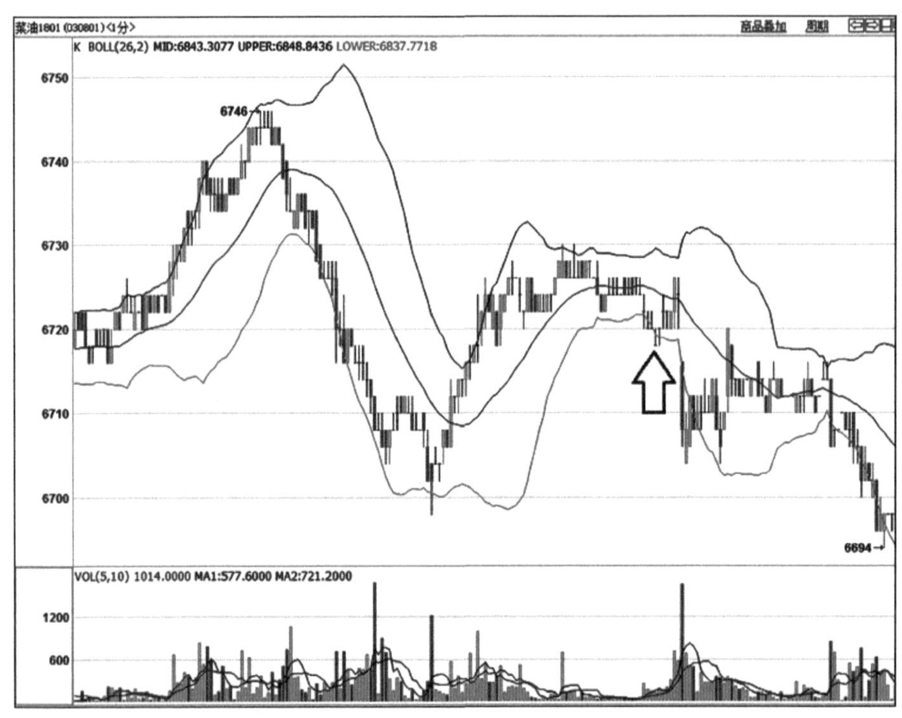

图 5 –20　菜油 1801 合约 2017 年 10 月 24 日走势图

在图 5 –20 中，菜油 1801 合约 2017 年 10 月 24 日价格下跌到底部之后开始上涨。在上涨的过程中，成交量有明显的集中放大现象，在随后的调整走势中，成交量再度萎缩。这样的走势符合完美的量价要求，故此，在调整区间应当继续看多并寻找调整的低点入场做多。

随着调整的延续，价格向下跌破布林线下轨的支撑，但并未以大阴线的方式进行，这是否意味着多头形态的失败呢？在实战操作的时候，跌破下轨的方式可能是有力度的，也可能是以一根下影线的方式，不管以什么样的方式跌破，只要盘中价格低于布林线指标下轨，就要视为此波段彻底失败，哪怕只是瞬间的跌破。如果多头力度强大，别说跌破下轨，调整的低点最多打到中轨也就不会再回落。故此，以下影线的方式跌破下轨的行为符合失败波段识别技术的要求。

了解了失败波段的特点之后，在实战操作时会过滤掉许多无序的波动，这些不符合要求的波动有时可能会延续中轨的方向，但不能因为错过了几次这样的机会就拒绝按要求来操作。一定要牢记：只有合规波段带来的机会才是最可靠的，失败波段一律要放弃。

5.5 第一轮攻击

合规波段其实是为价格波动性质做铺垫的。如果第一轮攻击形成的是合规波段，那么后期的机会也就非常容易把握，这是市场白送机会的行情。但若第一轮攻击形成的是失败波段，则可能会增加止损的次数。故此，对第一轮攻击的要求就是它必须是合规波段！

那什么是第一轮攻击？应当如何识别呢？识别第一轮攻击的核心在于：找到布林线指标中轨方向转变的那个点。当布林线指标中轨由下降趋势转变为上升趋势时，与之对应的那一波上涨就是多方的第一轮攻击。它是多方发起的第一轮攻击，给空方造成伤害。当布林线指标中轨由上升趋势转变为下降趋势时，与之对应的那一波下跌即是空方的第一轮攻击。

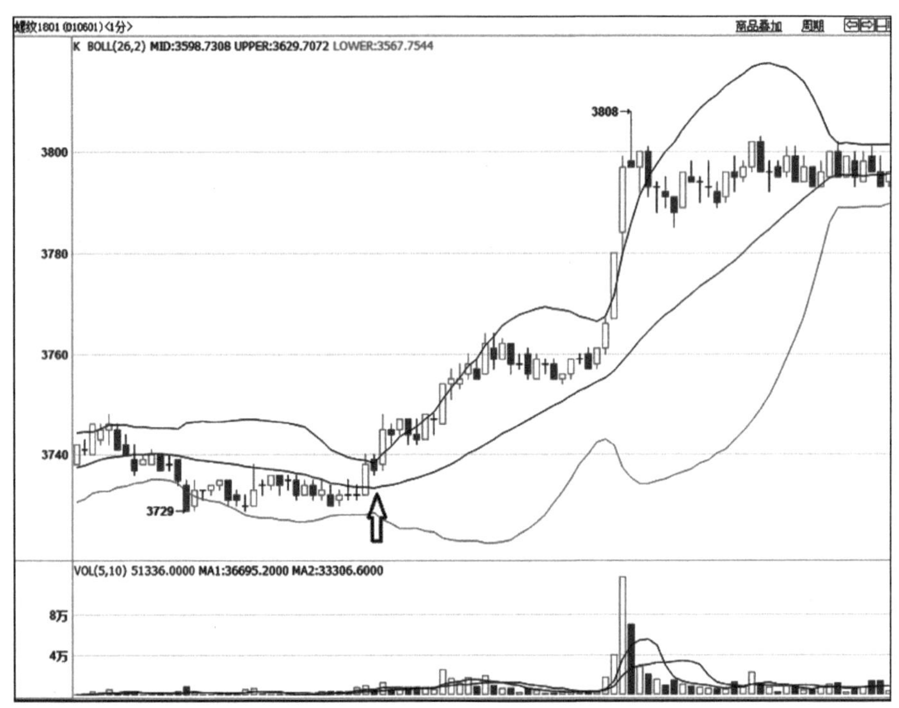

图 5-21　螺纹 1801 合约 2017 年 10 月 25 日走势图

在图 5-21 中，螺纹 1801 合约 2017 年 10 月 25 日价格下跌到底部后开始反弹，随着时间的推移，反弹变为反转。从图 5-21 中的走势来看，价格的波动完全符合合规波段的要求：有力度地顶破上轨压力，同时成交量出现明显的放大。

当发现布林线指标中轨由下降趋势转为上升趋势，并且价格的走势符合合规波段时，就要意识到：这一波上涨为多方的第一轮攻击。它的出现代表着多头行情的确立。

在具体分析时，不必理会布林线指标中轨具体是在哪一根 K 线处转为向上的，只要找到那个转折的区间就可以。

图 5-22　螺纹 1801 合约 2017 年 10 月 20 日走势图

在图 5-22 中，螺纹 1801 合约 2017 年 10 月 20 日上涨到顶部之后，几根实体略大一些的阴线有力度地向下跌破下轨的支撑，同时在价格下跌的过程中，成交量出现明显的放大迹象，说明此时的下跌符合合规波段的要求。

这一波下跌主动地带动布林线指标中轨由上升趋势转变为下降趋势，当中轨方向转变的时候，即为新一轮波段的开始之时。由于这是布林线指标中轨转为下降之后的第一轮下跌，故将其称为空方的第一轮攻击。它往往是一轮下跌行情的起点。

中轨方向必须先转变，而后才能去分析价格的波动性质，只要中轨方向没有转变，或是出现横向的状况，就不能确定新一轮波动性质的形成。

图 5-23　焦炭 1801 合约 2017 年 11 月 1 日走势图

在图 5-23 中，焦炭 1801 合约 2017 年 11 月 1 日价格形成上升趋势之前，布林线中轨形成横向的运行态势。面对这样的走势该如何分析呢？从图 5-23 中的走势来看是容易产生分歧的，布林线中轨看似走势向上，又好像整体微微向下，又仿佛略有上翘。请记住：在实战操作时，只看一眼，若一眼无法从视觉上判断中轨方向到底是向上还是向下，就一律视为无方向。不必理会中轨到底是微微向上还是微微向下，除了浪费时间错过行情之外，追究这样的细节没有任何意义。

中轨从无方向转变为方向明确向上的走势，视同为中轨由下降趋势转变为上升趋势。一个是方向由下降转变为上升，上升是新的方向；另一个是方向由无方向转变为上升，上升也是新的方向。所以，两者的含义是完全一样的。因此，价格放量有力度地顶破上轨的走势就是合规波段，它的性质是多方的第一轮攻击。第一轮攻击的起点便是中轨由水平转为向上的位置。

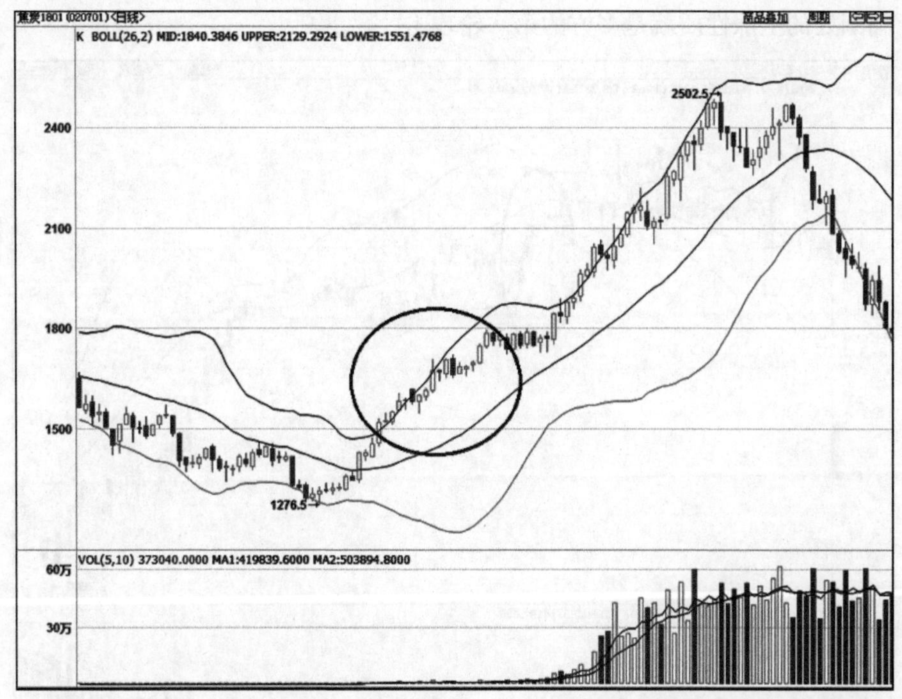

图 5-24　焦炭 1801 合约 2017 年 6 月至 8 月日 K 线走势图

在图 5-24 中，焦炭 1801 合约 2017 年 6 月至 8 月期间，价格形成一轮方向上的转变，震荡下跌结束后形成一轮震荡上涨的走势。价格波动性质的分析方法可以用于日 K 线判断吗？答案是肯定的。只不过与日内分析略有差别。

进行日内分析时必须要看成交量变化，以此来确定资金的操作意图。但对日线进行分析时，成交量的变化是可以忽略的。不仅是日线，在 30 分钟、60 分钟这些长周期 K 线图中，也不需要看成交量。因为期货日线的成交量基本上都差不多，不会有任何规律性变化，这一点与 1 分钟或 3 分钟 K 线图有很大的差别。期货与股票不同，若是股票，哪怕是周 K 线也可以结合成交量进行分析。

故此，对期货品种进行日 K 线的分析，只需注重技术形态便可。从图 5-24 中的走势来看，价格下跌结束后，随着反弹的一步步延续，走势最终反转，价格顶破上轨，同时带动中轨形成上升的趋势，因此，图 5-24 中圆圈处的上涨性质就是多方的第一轮攻击。

白糖1801 (032301)〈日线〉 商品叠加 查看期权 周期
K BOLL(26,2) MID:6224.4231 UPPER:6428.2875 LOWER:6020.5587
7200 6900 6600 6300
7169 5992
VOL(5,10) 337516.0000 MA1:352928.4000 MA2:371419.6000
60万 30万

图5-25 白糖1801合约2017年3月至7月日K线走势图

在图5-25中，白糖1801合约2017年3月至7月期间，价格形成一轮持续性下跌的走势。下跌之前的上涨形态其实是一波失败波段，因为价格顶破上轨的时候没有出现任何有力度的上攻。由于日K线无法结合成交量进行分析，因此K线的技术形态便显得非常重要。

这一波失败波段结束之后，价格开始下跌。在下跌的时候，阴线有力度地向下跌破下轨的支撑，合规波段至此形成。这一波下跌主动地带动中轨向下，这是中轨转为下降趋势之后第一轮的下跌，故此，将其称为空方的第一轮攻击。它的出现对多方造成了明显的伤害。

第一轮攻击是一轮上涨或下跌行情的起点，也是未来上涨或下跌行情的基础，基础打得好坏将直接决定未来行情的大小以及持续时间长短。既然是起点，对于每位投资者来说，就都必须要重点分析。搞不清楚涨跌的起点在哪里，又如何能把握住获利的机会？

5.6 第一轮反击

识别出第一轮攻击之后，该在什么位置进行操作呢？毕竟它是一波行情的起点。不过一定要记住：第一轮攻击是用来错过的，不是用来操作的。第一轮攻击打下价格波动的良好基础，在第一轮反击出现的时候再进行操作。

价格的波动永远都是以一涨一跌或一跌一涨的方式行进，上涨之后会调整，下跌之后会反弹。上涨代表的是多方力量，调整代表的是空方力量；下跌代表的是空方力量，反弹代表的是多方力量。在一涨一跌或是一跌一涨之间完成多空力量的对比。若是上涨力度大，但随后调整大幅杀跌，此时还能做多吗？显然是不可以的。但若下跌力度很大，反弹力度很弱，便意味着价格进一步下跌的概率是极大的。所以，在第一轮攻击中做到知己，在第一轮反击中做到知彼，这样才可以提高操作的胜算。

那什么是第一轮反击？它是指布林线中轨由上升趋势转变为下降趋势之后第一次出现的反弹走势，或是布林线指标中轨由下降趋势转变为上升趋势之后第一次出现的调整走势。第一轮反击区间一定要缩量，并且调整或反弹的力度越弱越好，力度越弱，价格后期上涨或下跌的概率就越大。

当符合要求的第一轮反击出现时，在价格调整到中轨附近时便可以入场做多，或是在价格反弹到中轨处时便可以入场做空。做多之后，在价格跌破布林线指标下轨，破坏掉多头形态时进行止损操作；做空之后，在价格顶破布林线指标上轨，破坏掉空头形态时进行止损操作。

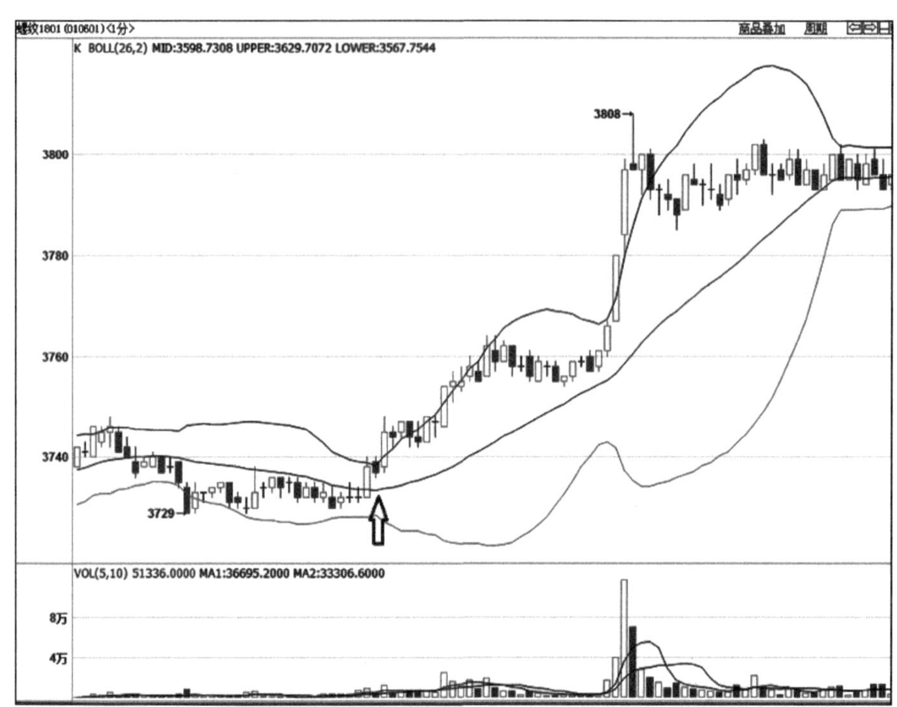

图 5－26　螺纹 1801 合约 2017 年 10 月 25 日走势图

在图 5－26 中，螺纹 1801 合约 2017 年 10 月 25 日自箭头处形成第一轮攻击之后，经过一段时间的上涨，形成一轮十几分钟的调整走势。在调整之前，价格也曾出现过一根或是连续两根阴线的调整形态，那到底谁才是空方的第一轮反击呢？

在识别第一轮反击时，要求调整有一定的规模、有足够的调整时间、有一定的回落幅度。当然，这个回落的幅度是不宜过大的，但它又肯定要比连续收出两根阴线的幅度大。这一点无法具体量化，只能多看图找感觉。

在有一定规模的第一轮反击出现后可以看到，调整的幅度与上涨的幅度相比是非常小的，说明多方力量强大，空方力量非常虚弱。由此便可以推断，价格后期继续上涨的概率是极大的。因此，可以在价格回落到布林线指标中轨附近的时候入场进行做多操作。

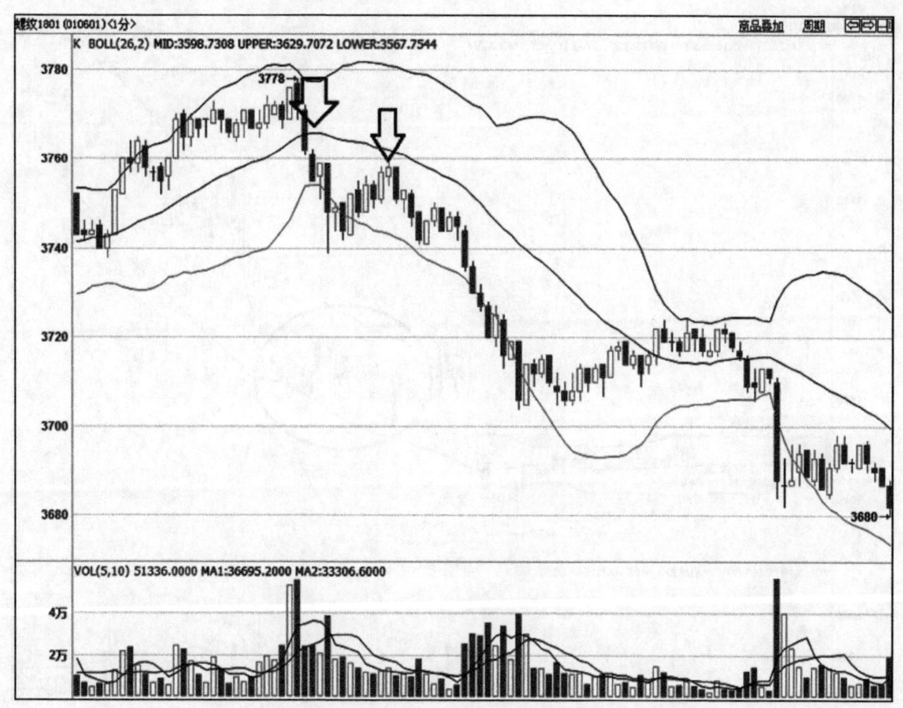

图 5－27　螺纹 1801 合约 2017 年 10 月 20 日走势图

在图 5－27 中，螺纹 1801 合约 2017 年 10 月 20 日在空方的第一轮攻击形成之后，价格出现反弹的走势，此时的反弹是布林线指标中轨形成下降趋势之后第一次的反弹，故此可以将其称为多方的第一轮反击。

在多方进行反击的时候，有一定的上涨幅度，虽然涨得并不多，同时也有一定的反弹时间，符合有一定规模的反弹的技术要求，可以被确定为标准的第一轮反击。通过第一轮攻击与第一轮反击的走势对比，可以看到空方力量大而多方力量小，再加上反弹时成交量萎缩，表明没有资金愿意参与做多操作，因此，下跌的概率就是极大的。

价格的波动性质确定之后，在反弹的高点临近中轨附近的时候就可以入场进行做空操作。开仓之后要把止损设在布林线指标上轨处，并且在后期持仓的过程中动态地跟随上轨进行止损，直到价格摆脱成本区间。

图5-28　焦炭1801合约2017年11月1日走势图

在图5-28中，焦炭1801合约2017年11月1日价格形成第一轮攻击之后开始调整，形成空方第一次反击。相比之前两个案例，此时的调整形态显得较为复杂，一个大的调整形态中包括前后两次小的调整形态。第一次小的调整形态中，价格回落的幅度较大，这次调整是应当放弃的，因为无法确定多空双方力量的对比。

第二次调整的时候，价格回落的幅度则小了许多，说明此时空方的力量明显变弱。空弱则多强，故此，在第二次调整的位置才可以入场进行做多的操作。从这个案例来看，此时价格正好回落到布林线指标中轨处，开仓点位非常清晰。

中轨开仓之后，止损应设定在下轨。之所以设定在下轨的位置，是因为一旦价格跌破下轨，便意味着多头形态的失败。只要能守住下轨，多头形态便能成功，价格后期便会有上涨的可能，所以，下轨的点是不允许失守的。

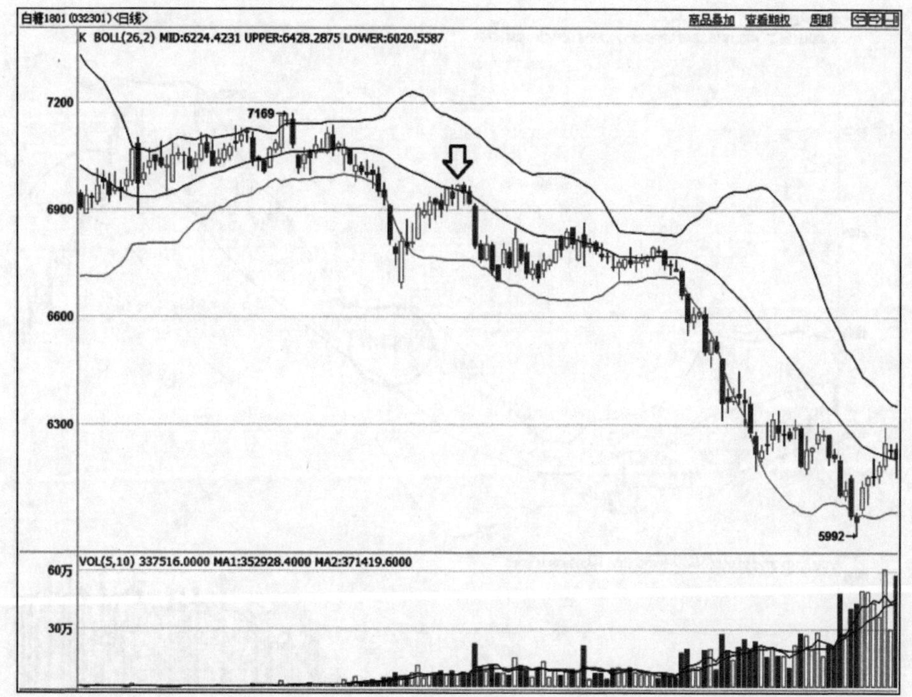

图 5-29 白糖 1801 合约 2017 年 3 月至 7 月日 K 线走势图

在图 5-29 中，白糖 1801 合约 2017 年 3 月至 7 月价格跌破布林线下轨之后，出现一轮有力度的下跌行情，这明确标志着空方第一轮攻击的成立。空方攻击之后，必然会出现多方的反击，而一旦有了反击的走势，就意味着可以入场进行操作。

在多方连续反击的情况下，价格有了一定幅度的上涨，但与下跌相比这个幅度并不算太大（但比图 5-26 及图 5-27 中的幅度要大），多空对比之下还是空方占据着优势。有一定规模的多方反击使价格涨到布林线中轨的点位，从而形成极好的做空机会。利用反弹高点进行做空，这是在一轮完整的价格波动过程中常用的操盘手法。

在中轨的点位进行做空之后，仍然要按技术把止损设定在上轨的位置。日内操作这样设定止损是没问题的，就算形态失败也不会造成太大的损失，但若是在日 K 线图中，这样设定的话，一旦形态失败亏损幅度就很难承受，所以，日线的介入点仍然是中轨，但止损点就需要进行个性化的设置。

图5－30　焦炭1801合约2017年6月至8月日K线走势图

在图5－30中，焦炭1801合约2017年6月至8月期间当中轨由下降趋势转变为上升趋势时，多方第一轮攻击随之出现。对于日内交易来说，第一轮攻击是需要放弃的，而对于日线级别的操作来讲，第一轮攻击中往往也有介入点位，并不一定要完全错过行情。当然，站在价格波动性质分析的角度，错过第一轮行情也没有什么好可惜的，虽然错过第一轮的上涨，但换来的却是更加可靠的上涨。

多方第一轮攻击的过程中曾收出单根的阴线，价格虽然进行了调整，但并没有形成规模，故此，不能将这些单根出现的小阴线视为第一轮反击。随后出现近两周的调整，调整虽然幅度依然很浅，但时间上已有一定规模确立，因此，可以把此时的调整视为空方的第一次反击。

此时的反击因为多方力量非常强大，所以价格回落的幅度不深，离中轨还有一定的距离。这意味着虽然价格波动性质符合要求，但是多单找不到合适的介入点。价格回落不到中轨的附近，这该如何进行操作呢？总不

能再次错过后面的行情吧？别急，有第一轮攻击就必然有第二轮攻击，第一次反击没有机会做，第二次反击就必然有操作的机会！

5.7 第二轮攻击

第一轮攻击是用来错过的，它的作用就是打基础；第一轮反击一是用来对比多空力度，二是用来进行操作，先对比多空力度再择机入场操作。若在第一轮反击的过程中进行了操作，那么，第二轮攻击的出现便意味着可以获得盈利。从波浪理论的角度来讲，第二轮攻击就是三浪主升行情，对一浪与二浪投入精力进行分析的目的就是捉住这一波的主升浪行情。

第二轮攻击本身也是有介入点的。若是第一轮反击没有形成好的介入形态，比如没有调整或是反弹到中轨，并且与中轨还保持一定的距离，便可以在价格形成第二轮攻击的时候入场进行操作。

第二轮攻击确定的标志是：价格向上突破第一轮攻击的高点。一旦突破走势形成便意味着第二轮攻击明确成立，在突破形成的时候便可以入场进行加仓或者开仓操作。第一轮反击播种，第二轮攻击收获。

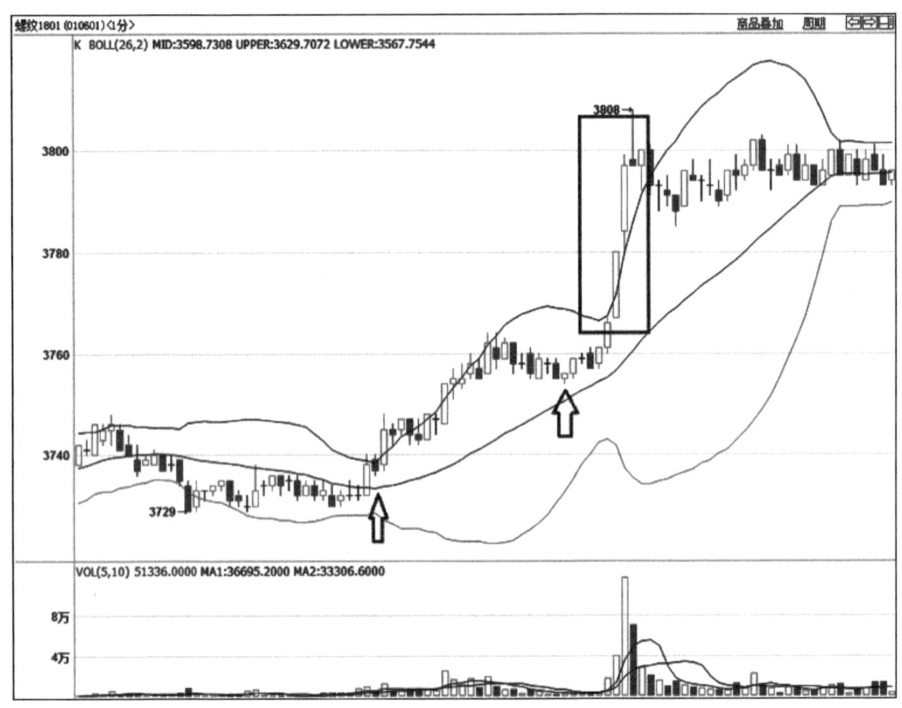

图5-31　螺纹1801合约2017年10月25日走势图

在图5-31中，螺纹1801合约2017年10月25日价格形成第一轮攻击之后，紧接着又形成第一轮反击的走势。从多空力度的对比来看，上涨力量大而调整力度弱，再加上完美的量价配合形态，价格后期上涨的概率是极大的。

调整虽然形态很好，但也有一个致命的问题：回落的低点并未到达中轨的位置，而是与中轨保持一定的距离。只是相差一两跳倒也无所谓，若价差较大也就无法顺利地开仓。这个时候便可以盯紧第一轮攻击的高点，价格没有形成突破便可以继续等待中轨处可能的开仓机会，而一旦形成突破就可以入场做多。

价格得到中轨悬浮式支撑后便快速向上，在第一轮反击过程中果然没有任何逢低做多的机会，但这也没有太大的关系，因为在价格进入第二轮攻击的突破点位完全可以成功地进行开仓操作，这样一来，第二轮攻击的快速上涨行情便可以轻松地把握。

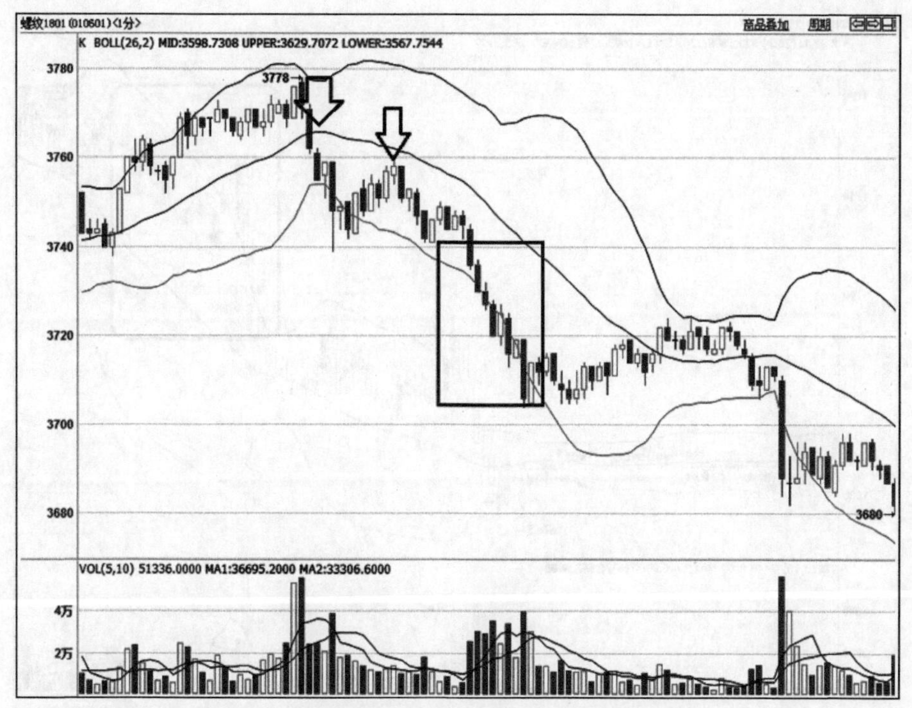

图 5 -32　螺纹 1801 合约 2017 年 10 月 20 日走势图

在图 5 -32 中，螺纹 1801 合约 2017 年 10 月 20 日形成明确的第一轮攻击与第一轮反击之后，价格便出现放量快速下跌的走势。开头便是合规波段很容易引发一轮可以带来较大收益的行情。

价格下跌虽猛，但在第一轮反击的过程中却没有介入点，因为价格与中轨保持着一定的距离，这就需要投资者主观地去判断当前价格与中轨的距离，离得近、滑点小则可以开仓，离得远、滑点大就不能开仓。若碰到距离远无法开仓的形态也不必着急，第一次反击没机会，第二轮攻击必然会给介入的机会，因为突破走势是价格持续下跌时必然要形成的技术形态。

在价格步入主要的下跌波段之后，创新低的走势随之出现。因为第一轮空方攻击的低点事先存在，所以完全可以在第一轮反击的过程中就确定好该在哪里进行操作。提前确定出开仓的点位，这是第二轮攻击最大的优点。

图 5-33　焦炭 1801 合约 2017 年 11 月 1 日走势图

在图 5-33 中，焦炭 1801 合约 2017 年 11 月 1 日形成第一轮攻击之后，第一轮反击走势也随之形成。在这个案例中完全可以在第一轮反击的过程中完成多单的操作，因为价格正好触及中轨。

笔者的交易习惯是，有了开仓点便开出预定的仓位，不习惯加仓操作，对于有同样操作习惯的投资者而言，在中轨的点位开仓后，在第二轮攻击中就是持仓的状态。但有的投资者为了降低风险喜欢加仓操作，这两种操作方法只是个人的习惯问题，没有对与错的区别。若是习惯分仓操作，在中轨的点位介入一定仓位后，随着价格上涨的延续，在进入第二轮攻击，也就是突破形成的情况下就可以进行加仓操作。

价格由第一轮攻击进入到第二轮攻击的时候，给投资者提供了两次交易的机会。第一次是在第一轮反击的调整低点或反弹高点入场，第二次则是在进入第二轮攻击，也就是突破点的位置入场。第一次机会就能够介入最好，没有介入的则第二次的机会必定要捉住，并且可以利用软件的画线

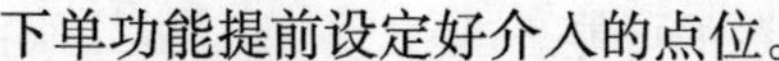
下单功能提前设定好介入的点位。

图 5-34 白糖 1801 合约 2017 年 3 月至 7 月走势图

在图 5-34 中，白糖 1801 合约 2017 年 3 月至 7 月期间，价格形成符合要求的空方第一轮攻击以及第一轮反击，并且第一轮反击正好达到中轨的点位，这就给投资者留下了极好的操作机会。

从日线的角度来讲，中轨开仓之后，价格便出现下跌并形成突破的走势，只不过刚刚破位之后，价格又再次反弹回到突破点以上。这是否意味着空头形态的失败呢？突破后又回到突破点以内，只能说局部的突破是假的，但不能说整个空头形态是假的，因为空头形态是否被破坏是以价格是否向上突破上轨为标志。在价格没有进入到主要的下跌波段前，K 线一直位于上轨下方，说明空头形态一直保持完好，无论在哪里进行的做空操作，都可以继续持仓。

这种形成两次做空卖点，而后继续保持震荡，但波动全部在上轨以下的走势是非常常见的。这符合震荡涨跌的技术特点。无论价格如何波动，只要上轨没有被突破，价格便有进一步下跌的可能。

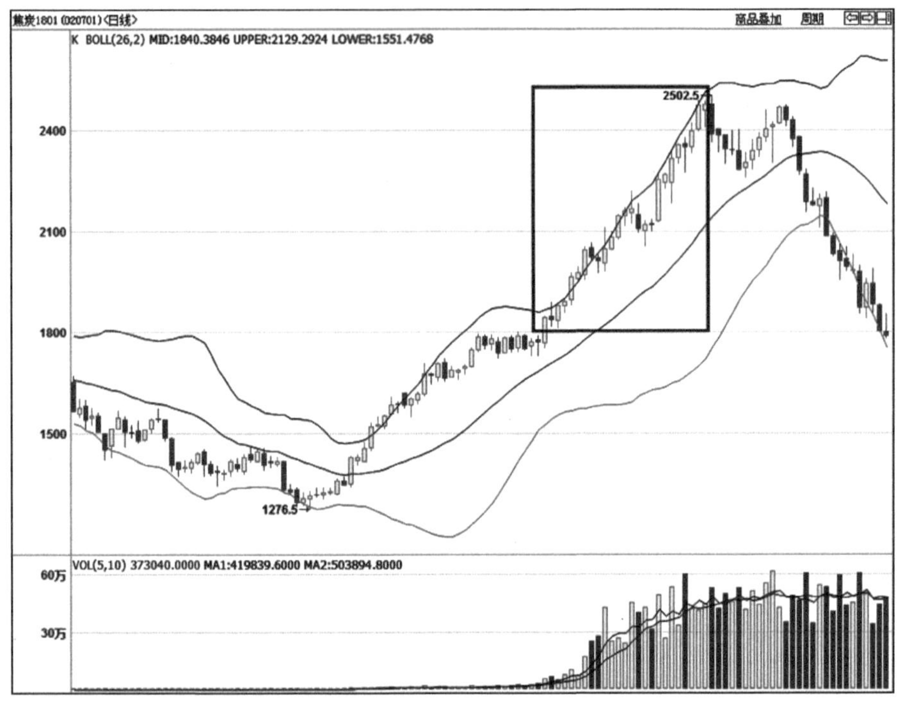

图 5－35　焦炭 1801 合约 2017 年 6 月至 8 月日 K 线走势图

在图 5－35 中，焦炭 1801 合约 2017 年 6 月至 8 月期间，价格波动的第一轮攻击与第一轮反击都可以准确地识别。这个案例存在的问题就是价格距离中轨很远。若这样的技术形态出现在 1 分钟 K 线图中，就算在价格没有挨着中轨的时候就去开仓，最多也就是相差五六跳的距离，但若是日线，则至少会增加 10% 的亏幅。故此，在日 K 线图中，当价格距离中轨较远的时候，不宜开仓。

在懂得第二轮攻击的识别方法与相应的操作方法之后，面对这种调整回落不到中轨的技术形态便可以轻松地把握住机会：只要价格向上形成突破的走势便可以入场开仓。这样一来，第二轮攻击的主升浪又怎么可能会错过？

在笔者看来，在第二轮攻击介入的方法是一种补救措施。只有在第一次反击没有开仓机会的情况下才有必要运用，若在第一次反击中有机会开仓，操作的效果是优于第二轮攻击点位的，因为此时的介入位置比较低，后期获利的幅度也非常大。

5.8 逢“三”便止

《道德经》云：“一生二，二生三，三生万物。”在期货市场中这句话该如何理解呢？“一生二”，这是铁定的规律，是很稳固的；“二生三”以后，将生出万物。这个万物其实就是变化的意思，变化从何而来？从“三”上来。在波浪理论中，只有五浪才有失败浪之说。而五浪是什么？其实就是第三轮的上涨。一浪、三浪、五浪是上升浪，二浪、四浪是调整浪。一浪起步、三浪主升都是很稳固的，不会有变化的，而到了五浪，有成功的可能，也有失败的可能。这就是因为“三”生出变化。

为什么要逢“三”便止呢？从另一个角度而言，第一浪可能捉住了，赚了一次钱，第三浪可能也赚了一次钱，再做就碰到“三”了。这个时候，波浪也走向第五浪，容易失败的浪来了，出现利润回吐也很正常。另外，价格在两波上涨时形成顶背离的概率较低，虽然也有两波涨跌便见到背离的案例，但非常难找。而一旦价格形成三浪涨跌走势，想都不用想，必然形成顶背离或是底背离，而顶底背离一旦出现，价格大概率会改变当前的波动方向。这样一来，也就容易造成第三次操作的失败。

在实战操作时，若刚开仓，一定要看一下价格已经上涨或下跌了几波。若是第一波或第二波上涨（一浪或三浪），那大胆交易就行，此时价格的波动形态成功的概率远大于失败的概率。若发现在开仓的点位处价格已经出现了两波上涨，那最好谨慎处理。虽然说有七浪甚至九浪的走势，但真的很少见，做交易做的就是大概率！若正在持仓，现在的价格刚形成第一波或第二波上涨，则可以大胆持仓，而一旦发现价格形成了三浪上涨，就算不想清仓，也应当适量减仓。

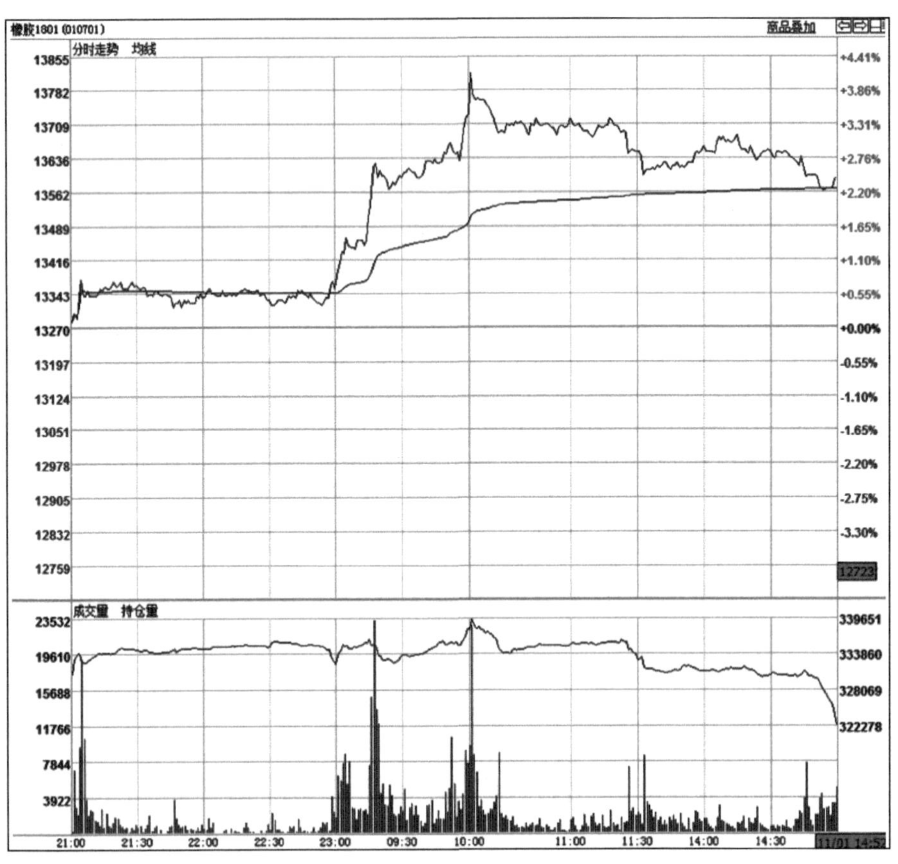

图 5-36　橡胶 1801 合约 2017 年 11 月 1 日走势图

在图 5-36 中，橡胶 1801 合约 2017 年 11 月 1 日夜盘价格的表现没什么出彩的地方，成交量始终低迷说明夜盘期间没有资金有兴趣进行操作。由于缺少资金的推动，价格也就保持了两个小时的窄幅波动状态。

日盘开盘之后，成交量开始连续放大，从而促使价格形成一轮大幅上涨的走势。在上涨的过程中可以清晰地看到价格形成标准的五浪上涨结构。若在第一浪的区间进行操作，这是最完美的，在第三浪也就是中期上涨阶段入场也是非常理想的点位；但若是在第五浪操作，介入时间早还能赚到钱，若介入时间晚，就只有止损的份儿了。

而对于正在持仓的投资者来说，一旦发现价格先后上涨了三波，就可以考虑清仓或是减仓。这样一来，就算没有在最高点上出局，也肯定会在次高点上出局。

图 5－37 焦炭 1801 合约 2017 年 11 月 1 日走势图

在图 5－37 中，焦炭 1801 合约 2017 年 11 月 1 日夜盘期间成交量虽然略有放大，但由于整体量能相对较小，因此价格夜盘期间的波动幅度也并不大。价格的波动就是这样，有时会形成非常标准的走势，给投资者带来极好的获利机会，有时也会形成没有任何规律的形态。只要无法看懂价格的技术走势就别急着操作，耐心等到标准形态的走势出现再进行交易。

日盘开盘之后，在成交量放大的推动下，价格形成持续性的震荡上涨走势。经过一个小时的整体上涨，价格也到达当天的高点区间。从整个上涨过程来看，上涨初期、上涨中期以及上涨末期的性质非常明显，与之对应的就是一个完美的五浪形态。当第五浪结束之后，当天的最高点也就形成了。

在操作的时候，若是在第五浪时进行了做多的操作，必定要止损离场。若持仓的时候发现第三浪正在形成，就必须要做好随时止盈出局的准备，因为第三波上涨一旦结束，就算价格没有下跌也必定要经过一定时间的充分调整，之后才会有新的机会。

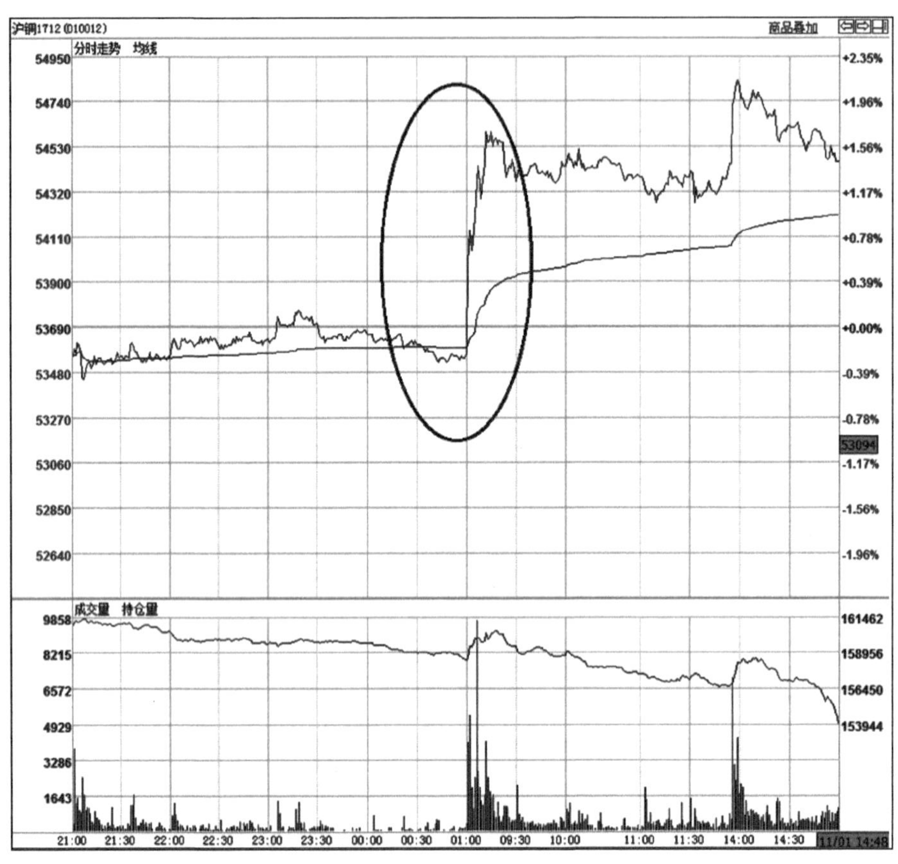

图 5－38　沪铜 1712 合约 2017 年 11 月 1 日走势图

在图 5－38 中，沪铜 1712 合约 2017 年 11 月 1 日夜盘期间价格一直保持无量窄幅波动的走势。缩量只有在放量上涨或下跌之后才有分析价值，若长时间处于无量状态，便意味着资金没有任何交易的积极性，也没有任何盈利的好机会，毕竟有赚钱的机会谁会一直置身场外呢？

日盘开盘以后，受美精铜上涨的带动，价格在放量的推动下快速上冲。虽然整体来看只是单一的一波上冲，但其中子浪的变化也满足了三波上涨的技术形态的标准。这三波上涨走完之后，价格便陷入长时间的震荡之中，若在三浪走完的时候及时离场，可以回避长时间调整对持仓的干扰。

正常的三波上涨要么是三浪长度基本一致，要么是第三浪是最长的，但在这个案例之中，波长却是依次递减的。这是一种衰竭现象，它的出现往往是因为成交量也在同步递减。

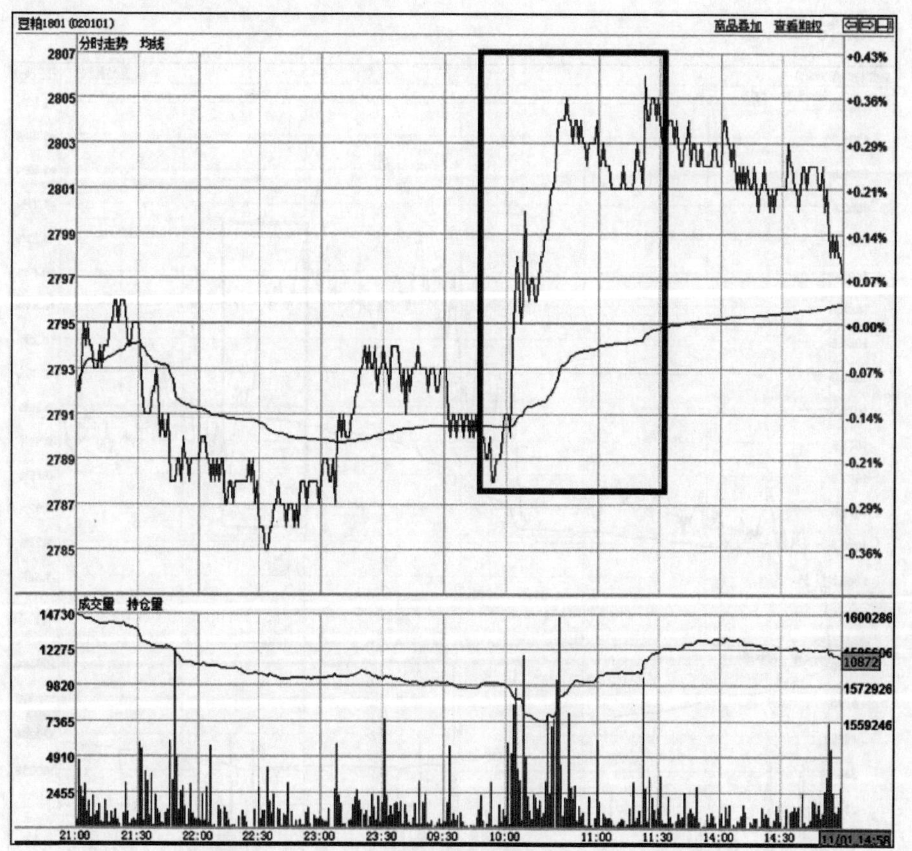

图 5－39 豆粕 1801 合约 2017 年 11 月 1 日走势图

在图 5－39 中，豆粕 1801 合约 2017 年 11 月 1 日这一天的走势非常曲折，价格自最低点到最高点的波动幅度仅有 0.7%，并且这一天的成交量整体来看也处于杂乱无章的状态。从实战的角度来看，这样的品种是应当放弃操作的。

10:00 之后，在成交量相对放大的推动下，价格形成上涨的走势。虽然过程依然曲折，但也形成三个波段的上涨，并且当第三波上涨结束之后，价格也到达当天的最高点，重现三波上涨定高点的常见波动规律。

在第三波上涨的过程中，成交量出现明显的衰竭，虽然价格仍然在涨，但资金做多的积极性却明显降低。第一波上涨量能略小，第二波上涨量能最大，第三波上涨成交量明显萎缩，这是三波上涨定高点现象的常规量能特征。

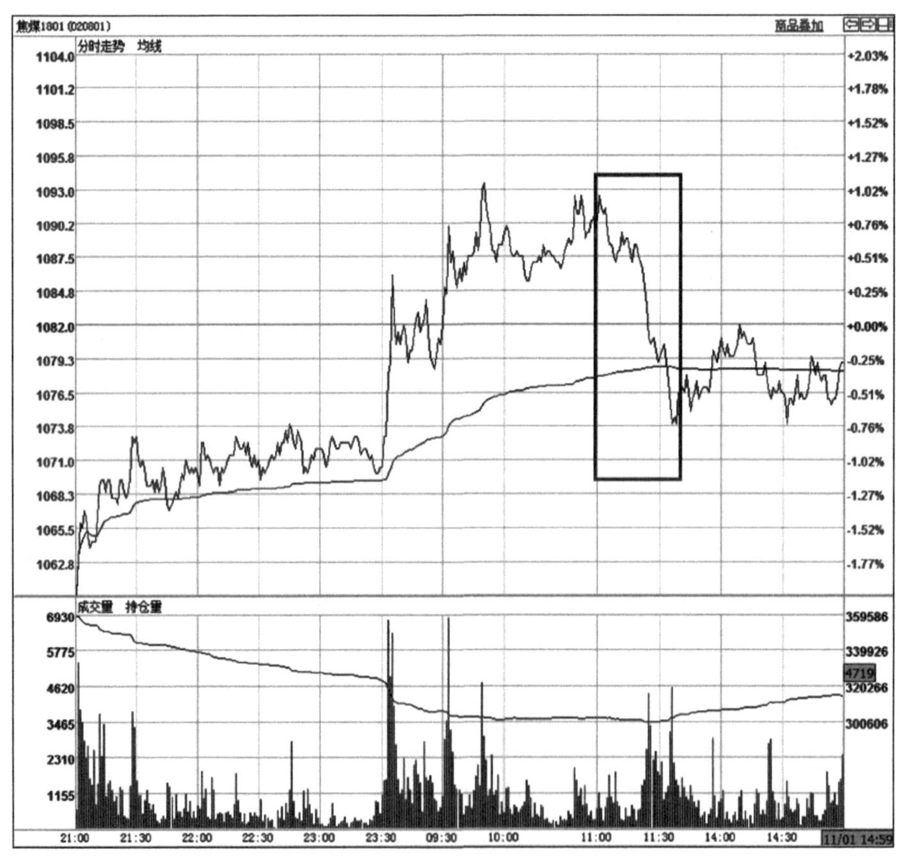

图 5-40　焦煤 1801 合约 2017 年 11 月 1 日走势图

在图 5-40 中，焦煤 1801 合约 2017 年 11 月 1 日价格经过长时间的震荡上涨之后转为下跌的走势。在下跌的过程中，成交量明显放大，意味着此前做多的资金全部在此时改变操作的方向。放量对应价格上涨则应当做

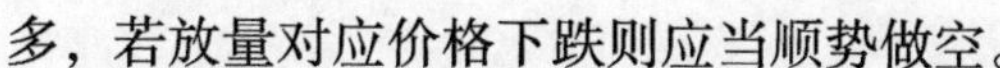
多，若放量对应价格下跌则应当顺势做空。

从下跌时的成交量来看，第一波的量能较小，这是因为此时的下跌有正常缩量调整的迹象，所以不容易被资金识别出波动的性质已被改变。而当第二波下跌出现时，成交量明显放大，说明资金意识到价格的波动方向已发生改变，于是纷纷入场参与做空的操作。第三波缩量是由于价格局部跌幅已比较大，资金追空操作的积极性明显降低。正是由于资金不愿意继续大力度地做空，当第三波下跌行情出现的时候，低点也由此形成。

若同时查看K线图便可以发现：除了第三波下跌时的缩量可以提示投资者价格有很大的可能停止下跌，MACD指标的底背离现象也必然会在缩量的第三波下跌形成的时候出现。

6.日内操作技巧多，屡立战功无形斩

除了前面章节介绍的常规操作技巧之外，笔者目前在实战操作过程中使用最多的技巧是无形斩。这是笔者压箱底的方法。无形斩回避风险的能力超强，不管是日内短周期的K线还是30分钟、60分钟或是日K线的操作，都不会造成大幅度的亏损。特别是在长周期交易上，更是可以做到用日内的小亏损赚取日线大周期的高收益。无形斩这个方法使许多学员在极低风险的情况下实现了稳定的盈利。笔者在进行日内实战训练的时候，利用长周期K线的无形斩信号指导日内的波段操作，一天百分之十几、百分之二三十的收益全是靠无形斩完成。

6.1　鸡蛋无力中途杀，PVC 破其首级

2017 年 9 月 7 日的行情非常给力，这一天的日内操作斩获不小。在操作的时候，开仓的理由全部是日 K 线形成了无形斩走势，按日线卖点开空后，按盘中的日内走势进行止盈的操作。

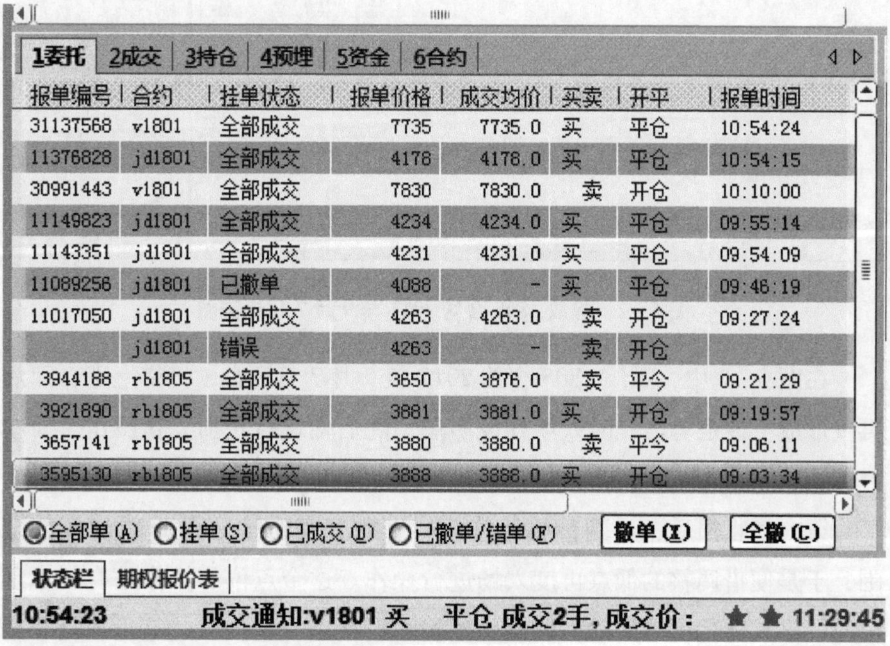

1委托　2成交　3持仓　4预埋　5资金　6合约

报单编号	合约	挂单状态	报单价格	成交均价	买卖	开平	报单时间
31137568	v1801	全部成交	7735	7735.0	买	平仓	10:54:24
11376828	jd1801	全部成交	4178	4178.0	买	平仓	10:54:15
30991443	v1801	全部成交	7830	7830.0	卖	开仓	10:10:00
11149823	jd1801	全部成交	4234	4234.0	买	平仓	09:55:14
11143351	jd1801	全部成交	4231	4231.0	买	平仓	09:54:09
11089256	jd1801	已撤单	4088	-	买	平仓	09:46:19
11017050	jd1801	全部成交	4263	4263.0	卖	开仓	09:27:24
	jd1801	错误	4263	-	卖	开仓	
3944188	rb1805	全部成交	3650	3876.0	卖	平今	09:21:29
3921890	rb1805	全部成交	3881	3881.0	买	开仓	09:19:57
3657141	rb1805	全部成交	3880	3880.0	卖	平今	09:06:11
3595130	rb1805	全部成交	3888	3888.0	买	开仓	09:03:34

◎全部单(A)　○挂单(S)　○已成交(D)　○已撤单/错单(F)　撤单(X)　全撤(C)

状态栏　期权报价表

10:54:23　成交通知:v1801 买　平仓 成交2手,成交价:　★ ★ 11:29:45

图 6－1　2017 年 9 月 7 日委托成交

笔者这一天的交易上来便失利，共亏损 13 个点，相当于投入资金的 4% 左右。许多投资者面对失利开局，心态便会发生变化，急于扳本的想法很容易让人变得急躁，而心态一旦变得急躁便会不计后果地操作。当开局失利之后，笔者告诫自己一定要平稳情绪，淡化亏损，该怎么做就怎么做，以平常心面对。有的时候过于计较得失反而放不开手脚，一旦情绪失控就很有可能连续亏损，累积成当天无法挽回的巨大亏损。

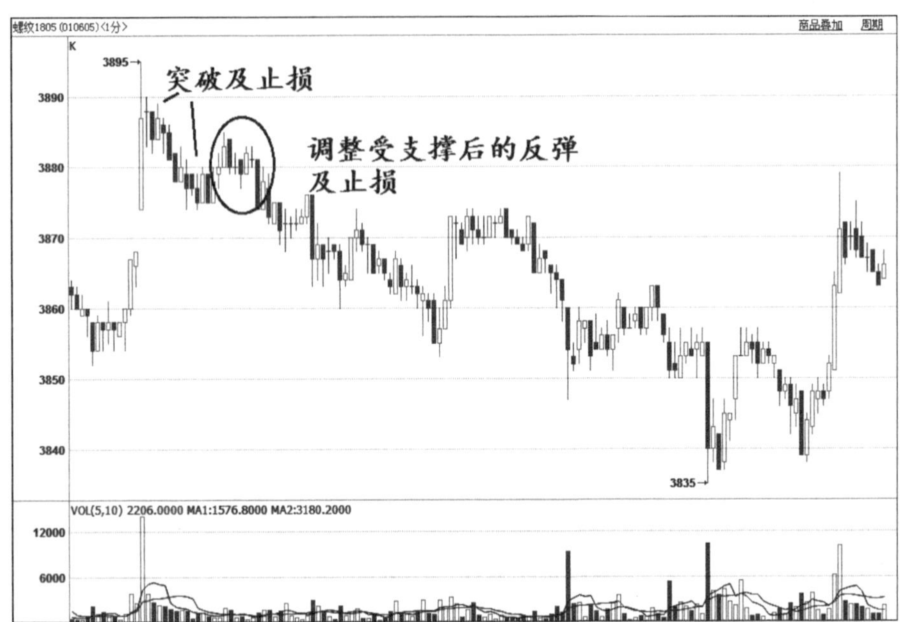

图 6－2　螺纹 1805 合约 2017 年 9 月 7 日走势图

在图 6－2 中，螺纹 1805 合约 2017 年 9 月 7 日开盘，价格上涨，而后再度形成上冲走势。此时入场开设多单，随后便进行止损，在操作时原本打算设止损为 4 跳，但人为放宽止损标准，这是犯下的第一个错误。

第一笔止损后，看到价格始终没有跌破开盘时第一根 K 线的实体范围，于是便借调整的低点再度入场进行操作。这个点位的操作是有技术理由的，虽然随后形态失败，但也是按技术严格进行止损。这笔止损是开仓后文华财经软件画线市价止损，所以申报的价格是跌停的价格，实际成交则是以现价成交。

虽然连错两单，但真正的错误是第一单。第二单的开仓虽然也亏损了，结果不太好，但在技术上没有任何错误。

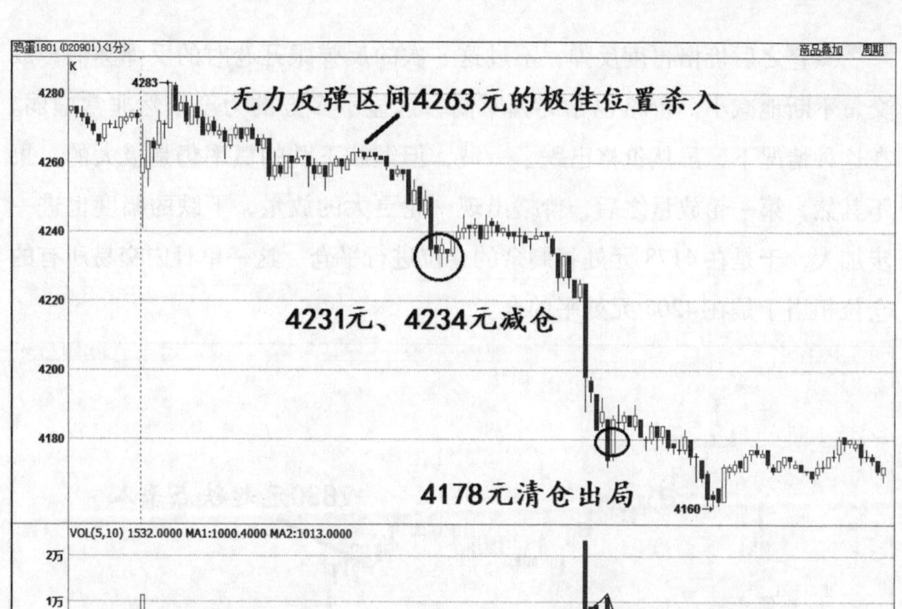

图6-3 鸡蛋1801合约2017年9月7日走势图

螺纹做完之后，发现常盯的鸡蛋1801合约出现绝佳的做空机会。在图6-3中，价格形成无力反弹的走势：反弹区间阳线的实体很小，整体有种涨不上去的迹象，同时成交量也出现明显的萎缩，说明根本没有资金愿意在此处进行做多操作，价格继续下跌的概率非常大。于是以4263元的价格下单介入。更主要的是，日内本身的走势有卖点，而与之对应的日线级别的走势也有无形斩的卖点，日内与日线的卖点形成共振，这是绝佳的操作机会！

等了一小会儿，成交之后，价格略做震荡便开始下跌的走势。因为当时盘中其他品种的下跌迹象并不太明显，所以收益预期并不大。在有了一定盈利的情况下便进行了减仓的操作。之所以不清仓是因为在技术上价格还有进一步下跌的可能，因为此时的下跌只是第一次放量，价格很难一波走完行情。但由于整体盘面空头力度并不是太大，因此唯有进行减仓处理才可以达到进可攻退可守的主动境地。如果价格涨上去，余下的仓位平手出局也可以靠平掉的仓位盈利，这是退可守；若价格继续下跌，则可以用持有的仓位进一步扩大盈利，这是进可攻。

减仓之后价格再度反弹，不过这一次的反弹跟开仓时的反弹类似，成交量不断地减小，价格也始终弹不高，这显示多方的力度依然非常虚弱。在这种情况下，虽然价格已跌了一波，但继续下跌的概率仍是极大的。果不其然，第一轮放量之后，价格出现一轮更大的放量，下跌的幅度也进一步加大，于是在4178元处将剩余的仓位进行平仓。这一单日内交易所有的仓位相当于是在4205元处平的仓。

图6－4　PVC1801合约2017年9月7日走势图

减仓鸡蛋的操作之后，PVC1801合约的走势又出现机会，如图6－4所示。交易的理由与鸡蛋的开仓完全一致，日线出现无形斩的卖点，同时日内价格也即将形成无形斩卖点。从当时的走势来看，反弹时成交量非常低迷，并且反弹时的阳线都非常小，意味着价格日内下跌的概率很大。日线有了做空信号意味着下跌概率大，日内也接近做空点，此时怎么可能不去开仓？于是在7830元的起跌点把余下的资金杀入其中。

在恰当的点位进行操作，绝大多数的情况下都是非常舒服的，因为要承担的风险很小，并且很容易马上见到收益。几分钟之后，价格便在成交量放大的推动下快速下跌，在7735元处出现无形斩的平仓信号后便进行平仓操作。

6.2 情绪任波动，技术稳盈利

2017 年 9 月 13 日这一天虽然结局是盈利的，但在操作上却犯了一些错误。日内交易就是这样，交易次数的增多难免会使心态因各种情况的出现而波动。高手与新手的区别就是，高手虽然情绪也会波动，但并不会因此而影响操作信号的执行；新手一旦情绪波动，在操作时很容易跟着情绪走，而不去管交易信号。情绪化的交易是永远无法实现盈利的，是操作的大敌！

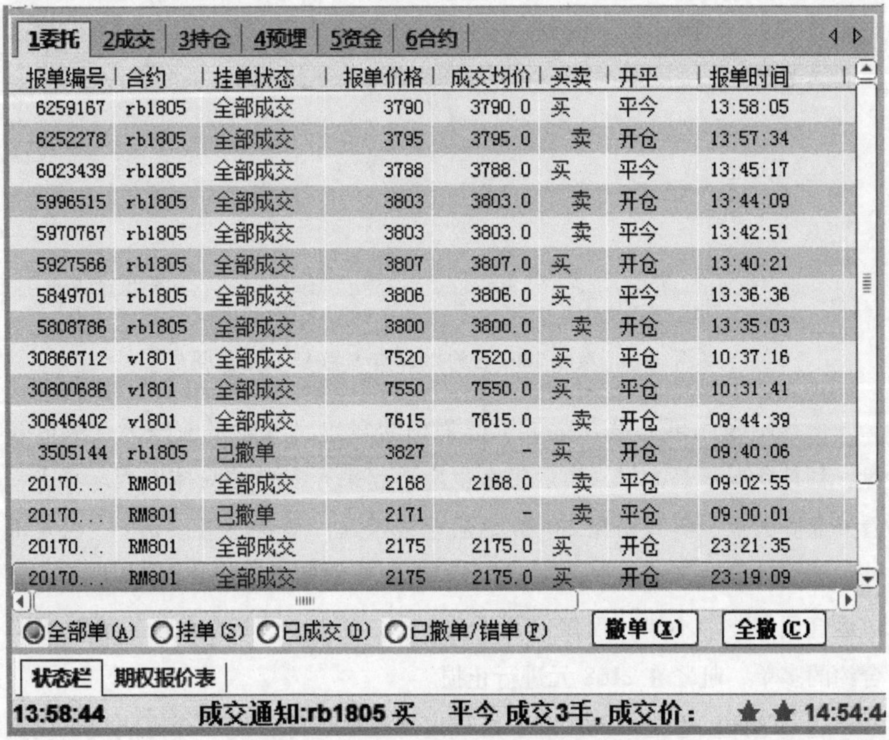

1委托 | 2成交 | 3持仓 | 4预埋 | 5资金 | 6合约

报单编号	合约	挂单状态	报单价格	成交均价	买卖	开平	报单时间
6259167	rb1805	全部成交	3790	3790.0	买	平今	13:58:05
6252278	rb1805	全部成交	3795	3795.0	卖	开仓	13:57:34
6023439	rb1805	全部成交	3788	3788.0	买	平今	13:45:17
5996515	rb1805	全部成交	3803	3803.0	卖	开仓	13:44:09
5970767	rb1805	全部成交	3803	3803.0	卖	平今	13:42:51
5927566	rb1805	全部成交	3807	3807.0	买	开仓	13:40:21
5849701	rb1805	全部成交	3806	3806.0	买	平今	13:36:36
5808786	rb1805	全部成交	3800	3800.0	卖	开仓	13:35:03
30866712	v1801	全部成交	7520	7520.0	买	平仓	10:37:16
30800686	v1801	全部成交	7550	7550.0	买	平仓	10:31:41
30646402	v1801	全部成交	7615	7615.0	卖	开仓	09:44:39
3505144	rb1805	已撤单	3827	-	买	开仓	09:40:06
20170...	RM801	全部成交	2168	2168.0	卖	平仓	09:02:55
20170...	RM801	已撤单	2171	-	卖	平仓	09:00:01
20170...	RM801	全部成交	2175	2175.0	买	开仓	23:21:35
20170...	RM801	全部成交	2175	2175.0	买	开仓	23:19:09

◉全部单(A) ○挂单(S) ○已成交(D) ○已撤单/错单(F) 撤单(X) 全撤(C)

状态栏 | 期权报价表

13:58:44 成交通知:rb1805 买 平今 成交3手，成交价: ★ ★ 14:54:4

图 6－5 2017 年 9 月 13 日委托成交

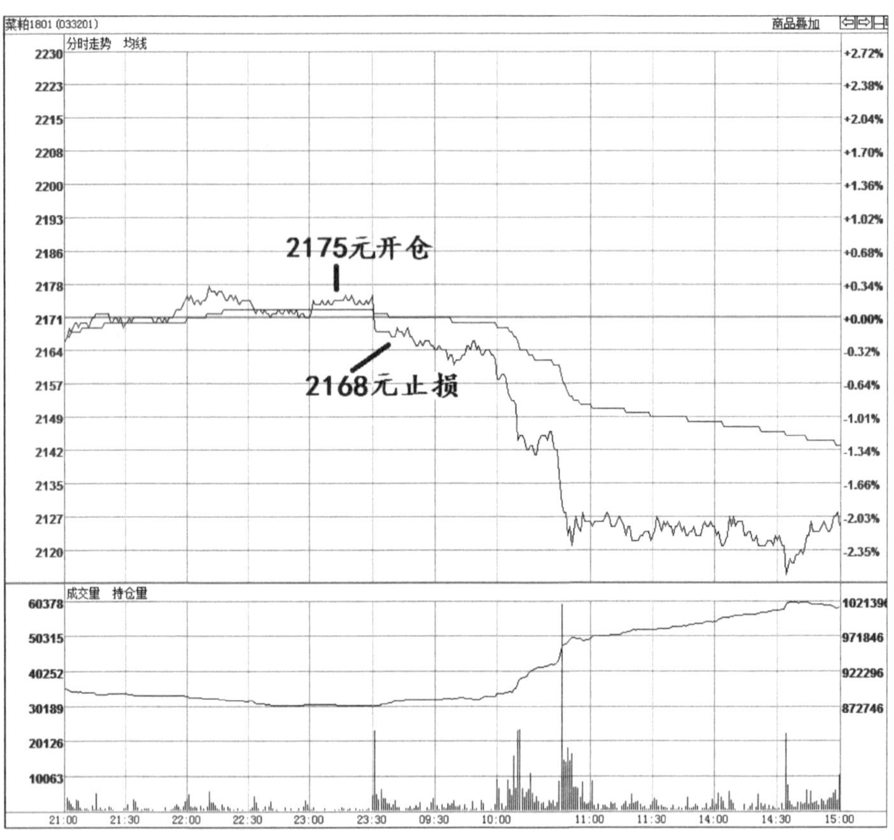

图 6－6 菜粕 1801 合约 2017 年 9 月 13 日走势图

夜盘闲来无事，笔者做了一把菜粕的多单。可能是前些天连续盯夜盘，精神状况不是太好，事后怎么也想不起来开多单的具体原因。早上一看外盘美大豆、美豆粉在 23∶30 之后全线杀跌，笔者心想：完了，必定低开。因为外盘跌了 1.3%，所以笔者心中的预期是直接低开 0.8% 以上。不过运气还是非常不错，仅仅低开了几个点。于是在 2175 元开的菜粕 1801 合约的多单，赶紧在 2168 元进行止损。

这一笔的反思是：既然定了是日内的操作训练，就不允许隔夜，夜盘的单子不允许拿到日盘，日盘的单子也不允许拿到夜盘，不承受隔夜的风险。这就是日内交易的铁律，否则就做成“四不像”，日内不是日内，趋势不是趋势。这样的做法铁定是赚不到钱的，完全属于赌大小的方式，赌涨了赚，赌跌了赔，没有任何技术可言，是万万要不得的操作行为！

图 6－7 PVC1801 合约 2017 年 9 月 13 日走势图

在图 6－7 中，PVC1801 合约的操作是依据 60 分钟 K 线无形斩介入。其实这一天开盘不久，交易团队便按 60 分钟 K 线无形斩的卖点对 PP1801 合约与 L1801 合约进行了做空的操作。这两个品种的卖点信号比 PVC1801 合约来得更早。在日线级别操作的过程中，30 分钟、60 分钟与日 K 线都有团队工作人员盯着，哪个周期上有信号了便执行操作。在 30 分钟 K 线上，PP 与 L 在上一个交易日的最后一根 30 分钟 K 线里就出现信号，已在 30 分钟周期上进行了操作。而当日开盘后不久 60 分钟 K 线上又出现信号，便进行了加仓操作。在对 PP 与 L 在 60 分钟 K 线上加仓之后，PVC 随后也在 60 分钟 K 线上出现信号。（其余资金在 30 分钟 K 线的信号上便已完成开仓，60 分钟 K 线的信号是加仓操作。）

长周期操作结束后，因为 PVC 价位于 7605 元处，离 7615 元的 60 分钟 K 线无形斩开仓点就差两跳，故此便挂单在 7615 元处等着成交。几分钟之后，交易成功。从 1 分钟 K 线来看，价格反弹无力，并且成交量萎缩，长周期无形斩的卖点与 1 分钟短周期的卖点重合，这将意味着价格下跌的概率极大。因为长周期形态若要走好，短周期首先得走好才行，如果在短周期上也是一个卖点，就意味着价格的下跌就在眼前。

而后在交易策略上出现了一个重大的问题！价格如期下跌后一直持仓，跌到7550元时，就日内来说，已经有非常不错的收益，所以便进行减仓的操作来锁定收益。之所以减仓是因为当时的市场环境还是有些偏多的，平仓时上涨的品种数量多于下跌的品种数量，故此，对下跌的幅度并没有太高预期。毕竟实战训练不是在做长周期交易，做长周期交易的资金一直拿到了当天的最低点，投入资金赚了40%时也没有减仓。不同周期的操作方法肯定是有所区别的。问题就在于，减仓之后，余下仓位的平仓操作在交易策略上没有做好。

好的一面就是，不管是30分钟K线还是60分钟K线全部都按着无形斩的信号在坚定地操作。在随后的下跌过程中，PVC、PP、L的日K线全部都出现无形斩的做空信号。不过，由于30分钟K线上的开仓与60分钟K线上的加仓已达到预定的开仓数量，因此这三个品种并未在日K线上进行操作。

图 6-8 螺纹 1805 合约 2017 年 9 月 13 日走势图

在图 6-8 中，螺纹 1805 合约 2017 年 9 月 13 日盘中随着市场整体环境的不断走空，价格跌到红蓝分界线处，也就是上一交易日结算价处。这个位置算是一个比较关键的点位。在这个价位之上是一片翻红的状态，会使得多方的心理上比较舒服，开多单的总不会希望价格是翻绿的状态吧？对于空方而言，肯定不希望看到价格处于翻红状态。所以，上一个交易日的结算价会对多空双方的心理产生一定的影响，因此是一个多空双方必争之地。

价格在跌破 3800 元的时候开了空单，但这一次没走成功，价格很快便勾头向上，止损时手有点慢，亏损六跳平仓。像这样的操作亏 3 跳是正常的范围，这次虽然有止损的意识，但细节做得不够细腻。

这个关键的位置各位读者朋友要重视。只要翻看一些案例就可以发现：上一交易日结算价的位置是一个有价值，并且值得交易的点位。特别是在多空双方发生方向上的重大改变的时候，这个位置更是一个新的绝好的多空分界位。

这笔交易做完之后，还做了一个错单。3807 元处的多单其实是想开空，一个大意开成多单。在方向如此明显向下的情况下，笔者是不可能逆势交易的。从正常的角度来说，在发现方向开错，但还有机会以开仓价出局的情况下，就应当及时平仓。但可能是受到 PVC 日内单平仓过早的影响，有反弹的幻想，于是在亏了 4 个点的时候才赶紧止损。

图 6－9　螺纹 1805 合约 2017 年 9 月 13 日走势图

如图 6－9 所示，因为螺纹 1805 合约非常明显的日内方向，所以在 3803 元再度进行做空的操作。在这个点位介入是因为出现了无形斩的做空信号。而后在 3788 元平仓，其实是开仓之后便挂单了。因为“88”这个数字比较吉利，同时，若跌到这个价位前两笔的亏损加手续费可以全部捞回来并且还有盈利，所以才在开仓后直接挂到这里。能到最好，不能达到的话，在重新委托平仓时就会自动平掉这一笔挂单而以新的价格直接成交，也没有任何影响。运气还好，因为挂单的时间比较早，所以价格一跌到 3788 元便成交了。这笔交易在开仓上严格按信号执行，平仓则是凭感觉进行。毕竟是止盈的单子，随意性可以大一些，再怎么随意也只是多赚少赚的问题，而不像止损必须严格。

这笔交易之后，无形斩又在 3795 元提示做空，于是第二次按信号继续开仓，而后又直接在 3790 元挂单止盈出局。此时直接低挂 5 个点是因为日线级别的一些品种盘中跌幅不错，团队需要讨论持仓的策略，所以无暇顾及训练。最终讨论的结论是：形势这么好，继续持仓不减仓，而后设定一个技术性止盈位。至此，所有长周期持有的单子都铁定盈利，没有任何风险。当然，若是开盘大幅高开，这就是系统性风险造成的亏损，而不是技术性风险，团队只针对技术性风险。正因为要讨论长周期的操作，所以顾不得盯着螺纹的短周期，低挂 5 个点从当时的趋势方向来看有极大的概率可以成交。所以，这是第二笔开仓按信号执行、止盈非常随意的操作。

这一天的操作先是对菜粕多单提心吊胆，而后是对 PVC 日内过早地平仓有些不服气，然后螺纹开错了方向，这些事情的出现对情绪有一定的影响，不过，情绪的波动早就不是什么事儿，就是内心再起波澜，只要始终按着信号执行操作，就必然可以取得一场又一场的胜利！盈利的投资者与亏损的投资者相比，并不是赢在水平有多高、技术有多好上（虽然这两点也有一定的关系），更多的是赢在执行力强上。执行力强的投资者全部都是高手，是在市场中笑到最后的人！

6.3 来回厮杀取收益，上下波动止损急

2017 年 9 月 19 日这一天的日内操作次数比较多，其中有一些技术上错误的操作，也有一些非常精彩的实战操作手法。交易次数的控制对于任何投资者来说都是非常重要的。对于高手来说，交易次数过多，当天盈利的概率会大大降低；对于普通投资者来说，交易次数过多，亏损在 5% 以内都可以称得上是散户中的高手。

控制交易次数其实就是控制浮躁的内心，一个行事冲动、脑子一热就开仓的投资者是绝对不可能从市场中获得稳定盈利的。

1委托 2成交 3持仓 4预埋 5资金 6合约

报单编号	合约	挂单状态	报单价格	成交均价	买卖	开平	报单时间	成交手
7130307	rb1805	全部成交	3635	3635.0	买	平今	14:45:32	
6592329	rb1805	已撤单	3623	-	买	平今	14:24:12	
6559772	rb1805	全部成交	3662	3662.0	卖	开仓	14:22:26	
6543491	rb1805	全部成交	3408	3661.0	卖	平今	14:21:18	
6440622	rb1805	全部成交	3664	3664.0	买	开仓	14:15:10	
6402918	rb1805	全部成交	3408	3660.0	卖	平今	14:13:08	
6283854	rb1805	已撤单	3686	-	卖	平今	14:05:29	
6164153	rb1805	全部成交	3665	3665.0	买	开仓	13:58:33	
31199594	pp1801	全部成交	8848	8848.0	买	平仓	13:57:39	
31196417	pp1801	已撤单	8801	-	买	平仓	13:56:48	
31195243	pp1801	全部成交	8834	8834.0	卖	开仓	13:56:27	
31183954	pp1801	全部成交	9308	8846.0	买	平仓	13:53:51	
31164579	pp1801	已撤单	8802	-	买	平仓	13:50:25	
31159461	pp1801	全部成交	8834	8834.0	卖	开仓	13:49:39	
31149111	pp1801	全部成交	9308	8845.0	买	平仓	13:48:07	
31123663	pp1801	已撤单	8822	-	买	平仓	13:39:47	
31121129	pp1801	全部成交	8834	8834.0	卖	开仓	13:38:53	
30985331	pp1801	全部成交	8838	8838.0	买	平仓	11:09:17	
30959144	pp1801	全部成交	8889	8889.0	卖	开仓	11:02:56	
20170...	SF801	全部成交	6342	6342.0	买	平仓	10:37:23	
20170...	SF801	全部成交	6378	6378.0	卖	开仓	10:12:27	
4326340	ni1801	全部成交	88600	88600.0	卖	平今	10:11:31	
4189757	ni1801	全部成交	88710	88710.0	买	开仓	10:04:51	
20170...	SF801	全部成交	6780	6384.0	买	平仓	10:01:31	
20170...	SF801	已撤单	6352	-	买	平仓	09:52:56	
20170...	SF801	全部成交	6384	6384.0	卖	开仓	09:45:43	
3840353	rb1805	全部成交	3408	3685.0	卖	平今	09:44:27	
3758026	rb1805	全部成交	3688	3688.0	买	开仓	09:38:45	
11518945	a1801	全部成交	4004	3814.0	买	平仓	09:38:18	
11484070	a1801	全部成交	3811	3811.0	卖	开仓	09:30:07	
20170...	SF801	全部成交	6012	6390.0	卖	平仓	09:26:25	
20170...	SF801	已撤单	6436	-	卖	平仓	09:18:08	
20170...	SF801	全部成交	6402	6402.0	买	开仓	09:14:43	
3173924	rb1805	已撤单	3688	-	买	开仓	09:10:04	
238054	rb1805	全部成交	3686	3686.0	卖	平今	21:07:06	
210192	rb1805	全部成交	3676	3676.0	买	开仓	21:05:42	

全部单(A) 挂单(S) 已成交(D) 已撤单/错单(F) 撤单(X) 全撤(C)

状态栏 期权报价表

14:45:32 成交通知:rb1805 买 平今 成交1手，成交价：3635 14:5

图6－10 2017年9月19日委托成交

2017 年 9 月 19 日的操作中，PP 的突破交易被来回止损。开仓点的设置没有问题，只不过连续被市场惩罚的滋味放谁身上都不太好受。预期中的亏损是没问题的，不过连续的失败的确会让人感到窝火，可这又是实战操作时必须要面对的事情。亏损不可怕，不按技术执行操作才是最可怕的。

这一天的实战操作中有许多值得学习的技术手法，且听笔者一一道来。

图 6－11　螺纹 1805 合约 2017 年 9 月 19 日走势图

对螺纹 1805 合约的第一笔操作是在夜盘。由于这一天开盘时价格并未出现明显的跳空缺口，K 线的走势比较连续，结合上一交易日的 K 线数据来看，早开盘的回落有明显的调整到位迹象，因此在 3676 元调整的低点进行多单的开仓。因为是夜盘，所以开仓后画线设置止损，而后依据技术形态预测上涨幅度后，便在 3686 元处申报平仓（见图 6－11）。

其实，此时的预测是价格上涨至 3692 元一带，不过由于是夜盘，因此笔者便降低了一些标准，高挂 10 个点平仓。上午一看盘，平仓成功后价格转为下跌，平仓效果还是不错的。

到了日盘阶段，价格重新转为上升趋势后再度形成调整的走势，于是借调整的低点于3688元杀入，不过最后形态被破坏，便于创下调整低点的位置止损，3685元出局。若这笔交易出局后再重新入场，则又可以把握住一波上涨行情，只可惜因为形态失败后关注了其他品种，故此没有再继续对它进行操作。

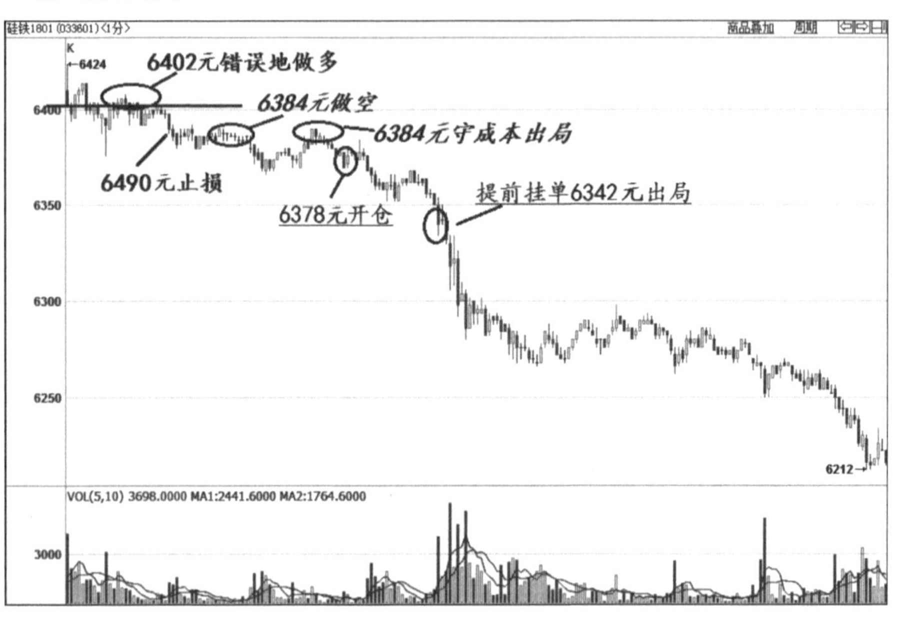

图6－12　硅铁1801合约2017年9月19日走势图

硅铁1801合约开盘之后有一笔多单，因为当天的交易次数较多，想不起来为何在6402元处做多单。这一笔多单肯定是错误的操作，不说别的，仅凭价格沉到早盘第一根K线的下方也绝不可能做多，价格位于首根K线下方是看空的技术形态（见图6－12）。

第一笔错误的开仓止损以后，便在6384元处开设空单。这一笔单明显是正确的，因为顺从了价格波动的方向。开仓后不久便出现盈利，在有盈利的时候，便调整止损位，将其变为守成本位。价格只跌了一点便再次反弹并打回到成本位，因为赚的利润很少，所以没什么好可惜的。

守成本出局之后不久，又发现开仓的机会，于是便在6378元处继续进行做空操作。虽然空单的开仓价位比刚才低，但此时空头的形态却变得更为明显，岂能不继续做空。这一单开出后不久，价格便开始回落。既然摆脱了开仓成本，就要计算一下价格回落的幅度，经过计算，在6342元处提前挂单。这一笔单想撤的时候已经来不及了，因为随着放量的出现，下跌的深度也必须要随之调整。目标位的计算是不考虑放量的，只考虑正常平稳的量能，一旦放量，幅度则会大幅加深。因为是提前挂单平仓，所以在价格放量快速下跌时，想撤也不可能。虽然盈利减少，不过交易本身就是不断存在遗憾。赚到自己预期的收益，一切尽在掌握的感觉其实也挺好。

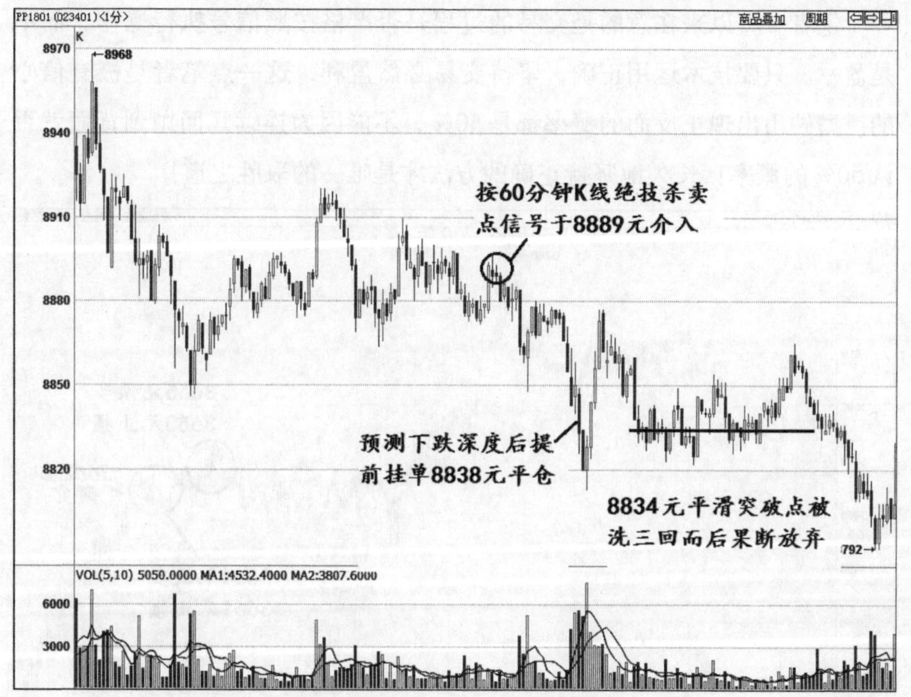

图6－13　PP1801合约2017年9月19日走势图

PP1801合约2017年9月19日第一单做得还是相当不错。在恰到好处的反弹高点位开空单，而后对下跌的幅度进行了预测之后便提前在8838元处挂单。一单吃下51点，就日内交易来说，这样的收益真的已经算是非常不错（见图6－13）。

但随后的操作却出了问题。在K线形态上8834元处并不是突破点，不过笔者当时采取的是平滑突破点的方式进行的交易，经平滑之后，8834

元就是一个重要的突破点，因此在价格跌破 8834 元之后开仓。随后分别在开仓价之上 10 个点处进行止损，结果被市场连续惩罚。虽然把之前赚到手的 51 个点基本上全吐了回去，但就操作手法来说，笔者认为并没有错。见到突破开仓，突破失败止损。交易结果的确不太好，若没有之前的盈利保护，这笔交易至少要亏 40 多个点。但技术手法没有什么大问题，所以，此时的利润回吐并不是错误。这也是之前所说的：亏钱的单子并不见得都是错的。

笔者一直以来在意的是交易的过程是否严格按照信号执行操作，而不是盈亏。只要技术运用正确，坚持交易必然盈利，这一点笔者是极有信心的。抛硬币出现正反面的概率都是 50%，不能因为连续几回抛到背面就否认 50% 的概率！长久地坚持正确的方法才是唯一的取胜之道！

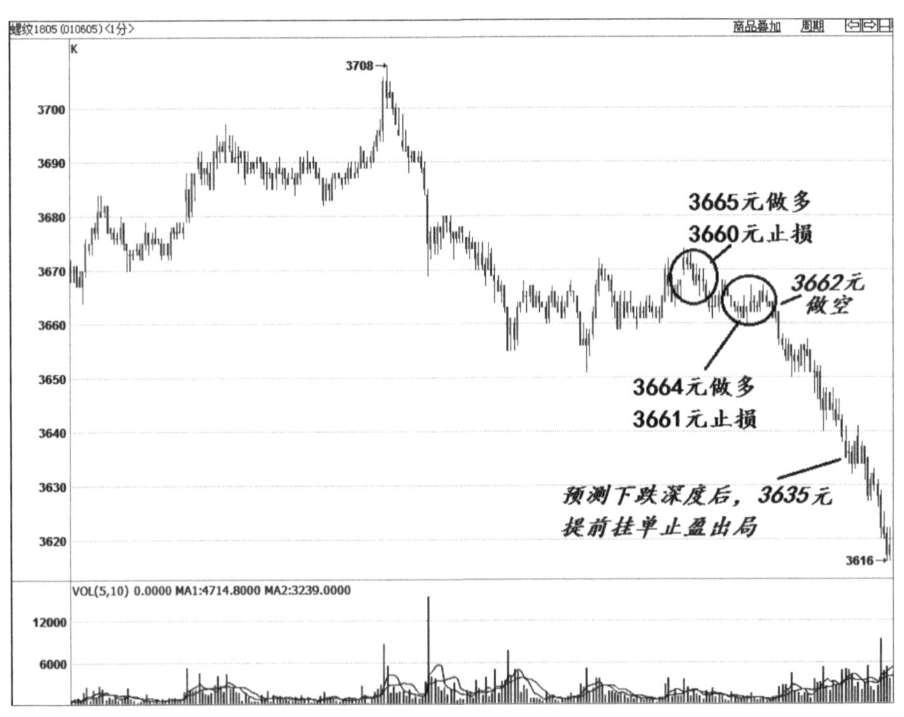

图 6－14　螺纹 1805 合约 2017 年 9 月 19 日走势图

螺纹 1805 合约 2017 年 9 月 19 日下午笔者又做了三笔交易，其中两笔小止损，一笔顺势做空单。这两笔止损多单在收盘后总结时认定是操作思路出现了问题，虽然当时价格的确出现反弹，重心暂时有所向上，不过整体的市场氛围却依然偏空，应当继续采取逢高做空的思路进行操作，而不应当做多。虽然亏损并不大，但却亏得很不应当（见图 6－14）。

当发现操作思路应该变化时，马上进行策略上的调整，并依据无形斩的信号顺势做空。第三单的操作达到了完美的效果，3662 元的空单开仓点正好是价格的起跌点，介入点位的获利效果非常不错。

在持仓过程中预测价格的下跌幅度，提前在 3635 元处进行挂单止盈并最终成交。但从收盘来看却是下跌的中途，其中的原因就是价格在下跌的过程中成交量始终保持放大的状态，只要有明显的放量现象，技术预测的下跌幅度就必然会加大。如果此时交易时间比较充足，肯定会调整止盈的幅度，不过即将收盘，又赚了不少，便按原定计划出局了。

价格的预测是一门技术，可以在持仓获得盈利时计算下跌的空间。当然，这个空间只能作为重要的参考，有时也会有误差。若是放量，那基本上不会有什么误差，只可能会超过预测的空间范围，从而本可以获得更高收益。在刚开仓或开仓不久后便可以大致推断出未来的获利幅度，在实战操作时有一个技术上的预期，这也是非常好的事情。其实实战操作涉及的各种细节问题，都有技术方法可以解决，就看能不能积极主动地去学习。所谓技多不压身，掌握的方法和技巧越多，盈利的概率必然会越大！

6.4 逆势抄底挨罚，爆炒鸡蛋得奖

在这个市场中犯错误是非常正常的。有的投资者说：“错误犯了一次以后就不要犯第二次。”对这种话笔者持反对态度。同样的错误会不断地出现，不可能杜绝，只能说错误的后果越来越“艺术”：之前出现一次错误要亏掉一万元，现在出现一次错误只亏两三千元，这就是成功。

在 2017 年 9 月 21 日的操作过程中，笔者依然有交易错误出现，由此可见，想要杜绝错误是绝对不可能的事情。不怕出错，就怕错了不改，错了“死扛”，从而酿成大祸。

1委托 2成交 3持仓 4预埋 5资金 6合约

报单编号	合约	挂单状态	报单价格	成交均价	买卖	开平	报单时间
11876674	m1801	全部成交	2746	2746.0	卖	平仓	14:33:25
11823641	m1801	全部成交	2737	2737.0	买	开仓	14:22:50
11737695	SP ...	全部成交	468	468.0	卖	平仓	14:11:23
11727638	SP ...	全部成交	410	410.0	买	开仓	14:09:52
31560283	v1801	全部成交	6630	6745.0	卖	平仓	13:54:19
31520175	v1801	全部成交	6760	6760.0	买	开仓	13:48:29
31454443	v1801	全部成交	6755	6755.0	卖	平仓	13:42:42
31448696	v1801	已撤单	6760	-	卖	平仓	13:42:15
31431997	v1801	全部成交	6770	6770.0	买	开仓	13:38:46
6958269	ni1801	已撤单	88630	-	卖	开仓	13:36:28
6851430	pb1711	全部成交	21555	20730.0	买	平今	13:32:20
6642629	pb1711	全部成交	20730	20730.0	卖	开仓	11:24:46
31347836	i1805	全部成交	466.0	466.00	买	平仓	11:21:49
30228561	i1805	已撤单	458.0	-	买	平仓	21:39:14
30216220	i1805	全部成交	472.5	472.50	卖	开仓	21:36:07
845392	rb1805	全部成交	3636	3636.0	卖	平今	21:31:43
484262	rb1805	已撤单	3699	-	卖	平今	21:13:55
322706	rb1805	全部成交	3648	3648.0	买	开仓	21:08:09
212588	rb1805	已撤单	3640	-	买	开仓	21:04:40
178943	rb1805	全部成交	3872	3639.0	买	平仓	21:03:39

全部单(A) 挂单(S) 已成交(D) 已撤单/错单(F) 撤单(X) 全撤(C)

状态栏 期权报价表

15:00:07 中金所:收盘 15:03:00

图 6-15　2017 年 9 月 21 日委托成交

2017 年 9 月 21 日的操作次数并不算太多，属于正常的状态，若能去掉 PVC 逆势交易的单子，操作次数的控制就非常到位。交易次数控制得好，投资者心态必然稳定，而在心态稳定的情况下操作，则必然可以获得非常不错的收益。

所以，笔者总是要求所有刚刚参加培训的学员：每天的交易次数必须控制在 5 次以内。凡能做到心态稳定的学员，一旦学会了正确的技术，则很容易获得成功。而控制不住交易次数的学员，方法学得越多就会越乱，不如不学。所以，想要取得成功，先要问自己能不能控制住自己的心与手。

那为何有时笔者的交易次数非常多呢？因为笔者能做到至少 90% 的交

易都是完全按照技术信号来执行，也就是说，笔者有着较高的执行率。如果投资者可以做到有较高的执行率，哪怕是70%以上的执行率，就可以完全抛开交易次数的限制。而绝大多数投资者，是见信号就执行操作，其执行率能超过50%的都非常少。

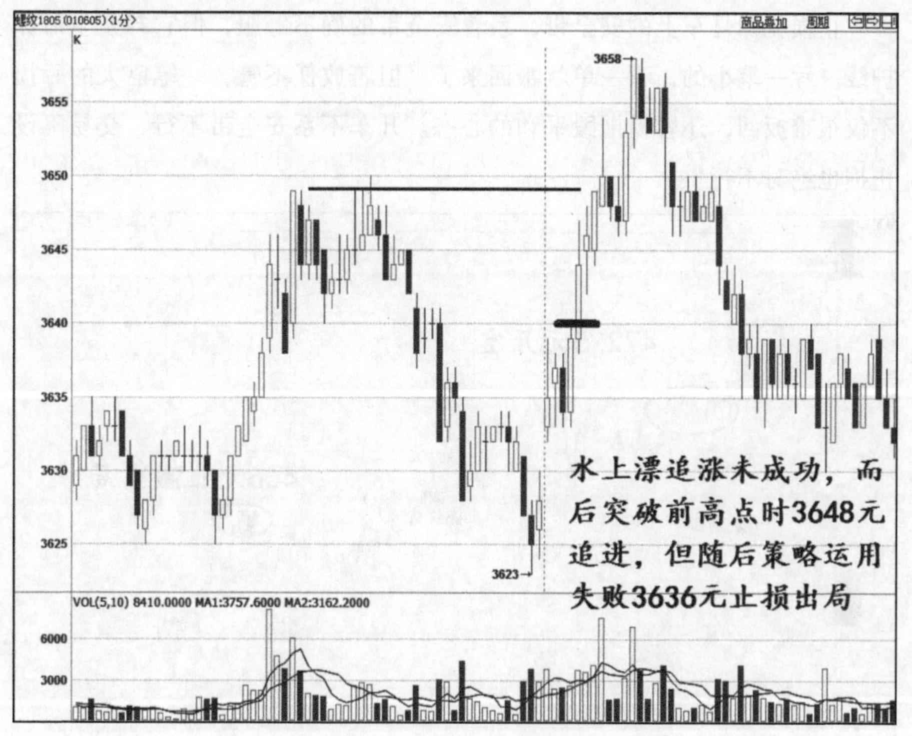

图6-16　螺纹1805合约2017年9月21日走势图

螺纹1805合约2017年9月21日开盘之后先对空单进行平仓。因为价格出现高开，不是预想中的顺势低开，所以马上进行平仓操作。平仓后，价格形成位于首根K线之上的走势，于是于3640元处入场操作，但由于此时上冲速度较快并未成交。这也是实战中常见的事情，陆地上跑得最快动物猎豹也不是每次都可以捕捉到猎物。

随着价格上涨越过前高点的位置，3640元处没有开仓成功，于是在3648元处追进。严格来讲，此时的技术形态属于突破走势，但并不满足突破走势的一些细节要求，所以笔者把这一单定义为追涨。追进多单后效果还不错，价格也蹿了10跳。但此时看到价格放量上涨，笔者大意了一些，没有运用相应的策略进行处理。这一大意，价格很快便回到开仓成本位，于是只能进行止损。根据以往的交易手段，螺纹的止损少则三四跳，多则五六跳，而这一单亏掉了 12 点。因此可以看出，并未严格按技术执行止损，是在交易策略实施不当之后犯下的第二个错误。

止损就像是车上的安全带，系着安全带的确不舒服，但它却是生命保护线。亏一笔小的，下一单就赚回来了，但若放任不管，一笔巨大的亏损不仅很难扳回，还容易摧毁平和的心态。开车不系安全带不行，交易不设止损也绝对不行！

图 6－17　铁矿石 1805 合约 2017 年 9 月 21 日走势图

螺纹 1805 合约止损后一直在等待机会，而后发现铁矿石 1801 合约在 60 分钟 K 线上形成无形斩的卖点信号，但由于当时铁矿石 1801 合约的平仓手续费很高，故此，选择手续费未调整的远期合约 1805 进行操作。

铁矿石 1805 合约于 472. 5 元开空之后，按日内的交易对价格后期的下跌幅度进行了测量，马上提前挂单至458元处进行止盈。经过较为漫长的等待后，发现黑色系在当天的下跌力度似有减弱，并且还有反弹的迹象，故此，未能坚守458元的下跌幅度，而是在466元进行止盈。这一笔单子的止盈在交易策略上再度出现问题，如果能够多留出一些技术性空间，便可以获得更高的收益（见图6-17）。

虽然这一单赚到了钱，但并不能说在操作上没有纰漏。有很多时候虽然技术的运用是正确的，但可能会错在交易策略的运用上。实战操作时，一是交易的技术，二是交易的策略，都要运用得当才可以取得好的收益。许多投资者明明有正确的技术在手却总也赚不到钱，根本的原因就是交易的策略运用失误或是缺失，一定要想办法补上这一课！

这一天操作的沪铅没有什么需要特别讲解的。发现机会开空，价格虽然下跌，但很快又涨了回来，所以采取相应的交易策略，赔个手续费出局，故此不再单独讲解其中的技术。

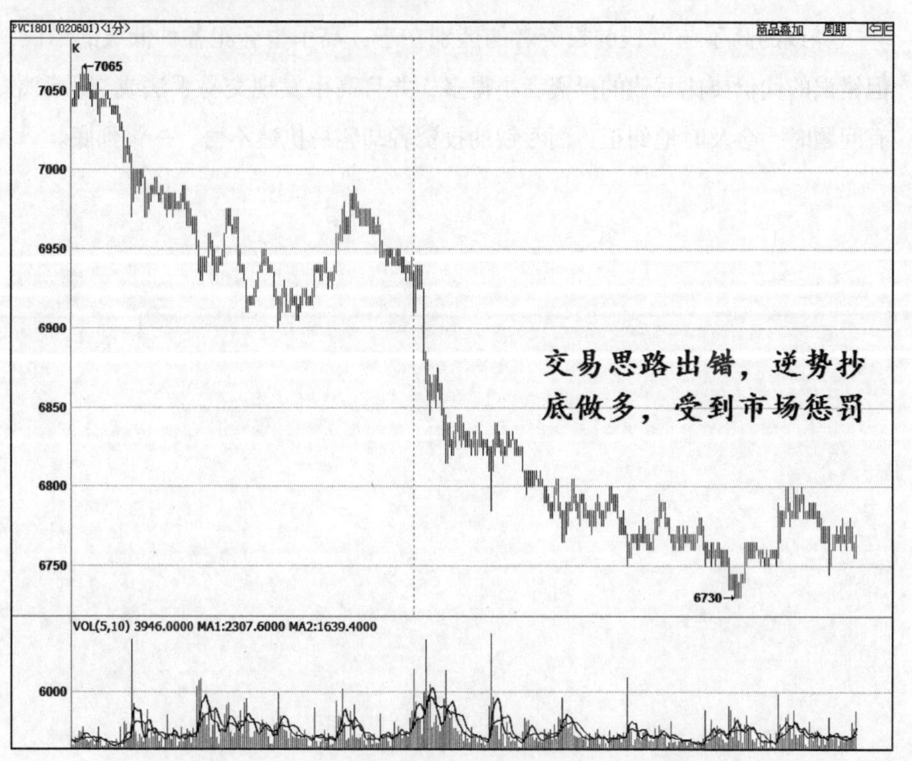

图6-18 PVC1801合约2017年9月21日走势图

对 PVC1801 合约的操作是这一天的主要败笔！价格形成明显的下降趋势，却在下跌的过程中两次进行抄底操作，犯了最初级的错误。所以说，在期货市场里，错误必会重复出现，只不过随着交易经验的增多，犯错误的代价会减小而已。当前有逆势操作的情况，未来必然还有。不过对这一点笔者并不担心，因为只要及时止损，便不会有任何大的风险，而一笔正确的操作随时都可以扳回亏损（见图 6－18）。

从操作结果来看，每一次止损只亏 3 跳，亏得并不多。连做两次逆势交易并亏损之后，及时发现，及时调变。虽然说价格在止损后不久又上涨，但不能看到此时的上涨就认为抄底是正确的！

90% 的投资者都喜欢抄底摸顶，特别是股民。他们的盈亏状况如何呢？爱抄底摸顶的投资者最终没有几个人赚钱。这就说明想要盈利，就必须要与这些亏钱的投资者进行相反操作。他们抄底摸顶，我们不这样做，我们一定要顺势做，这样一来就很容易赚到钱。

赚钱的高手与亏钱的投资者的区别在于：高手也会犯各种低级的错误，但错误的代价要比亏钱的投资者小得多，并且高手发现交易手法或交易策略有问题时，会及时地纠正，而亏钱的投资者却容易执迷不悟、一错到底。

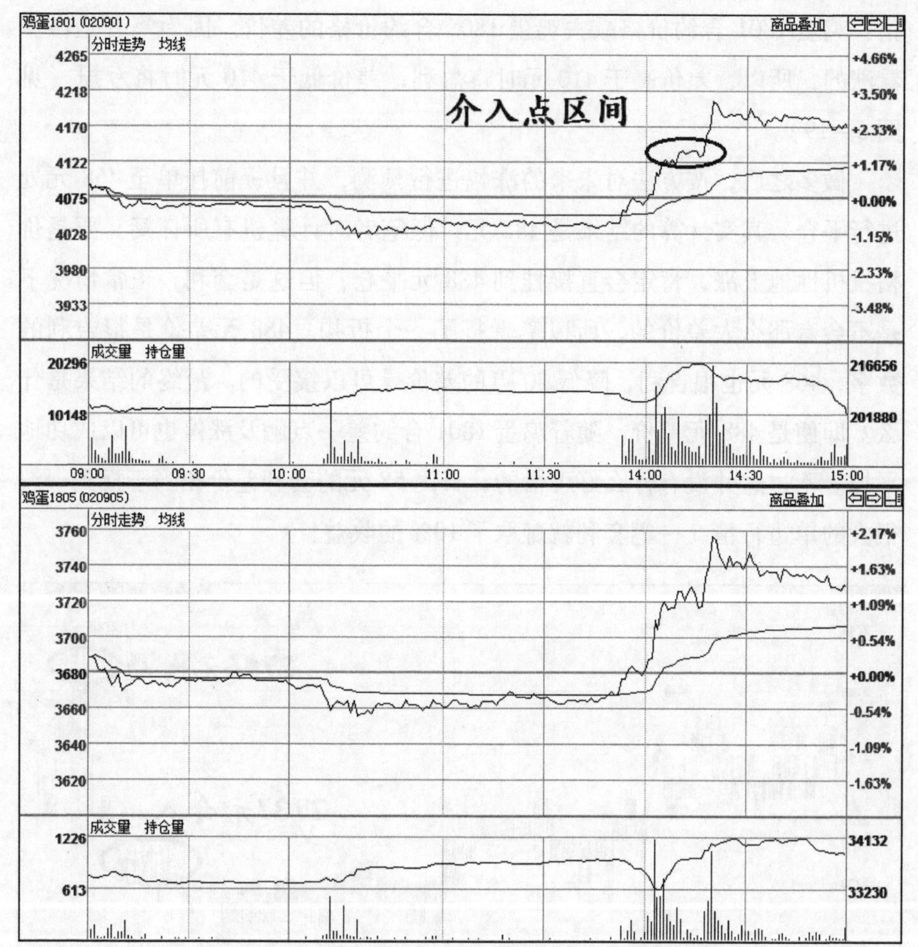

图 6－19 鸡蛋跨期套利 2017 年 9 月 21 日走势图

其实，最初是想对鸡蛋 1801 合约做多。这一天鸡蛋日线上出现无形斩的买点信号，但发现的时候，价格已经涨上去了两波。显然，在错过日线最佳的介入点，以及日内已有两大波上涨之后，在此时的点位进行投机操作的确不太合适。但从整体走势来看，价格继续上涨的概率是极大的，这可怎么办呢？

把鸡蛋 1801 合约与鸡蛋 1805 合约进行对比之后发现：近期合约走势上涨之后的形态比远期合约要强很多，故此使用大连交易指令组合做多鸡蛋 1801 合约、做空鸡蛋 1805 合约，开仓差价为 410 元。410 元差价的意思是指：鸡蛋 1801 合约价格减去鸡蛋 1805 合约价格的差价。因为笔者是做多看涨的，所以，差价高于 410 元时将盈利，差价低于 410 元时将亏损（见图 6－19）。

做多之后，按方法对未来的涨幅进行预测，并且提前挂单至 468 元处进行平仓。其实计算的结果是 488 元，但笔者对计算机有所怀疑。要是价格投机性地上涨，肯定会直接挂到 488 元平仓，但这是套利，正常情况下是不会有那么大差价的，所以笔者打了一个折扣。488 元差价是很吉利的数字，468 元也很吉利，降低 20 点的差价是可以接受的。最终的结果是什么？即使是 488 元差价，随着鸡蛋 1801 合约差一点触及涨停也可以成功地平掉。不过这并没有什么好可惜的，日内 58 元的套利差价相当于捉到一波很大的单边行情，一笔套利就赚取了 10% 的收益！

图 6－20　豆粕 1801 合约 2017 年 9 月 21 日走势图

做完鸡蛋的跨期套利之后本想收工，但又习惯性地把所有品种都看了一遍，发现豆粕 1801 合约于尾盘发出 60 分钟 K 线无形斩信号。同时，60 分钟 K 线不仅有信号，还与 1 分钟 K 线的走势形成买点的重合。这还等什么？杀进多单（见图 6－20）。

多单介入后没多久，价格便出现一波上涨。就日内走势来说，能在豆粕上赚 9 跳，就相当于在螺纹上赚了三四十跳，属于非常不错的日内小波段收益。由于操作的账号是练习日内技术用的，而并不是用于赚钱的，因此在尾盘日内的高点处进行平仓。而其他账号则是按 60 分钟的信号继续持仓。在随后几天的时间里，豆粕短线继续上涨，赚到了一把日线短线的小行情。

一个账号练习技术，其他账号实现盈利，这是笔者推荐的做法。当然，练习技术的账号一定要在营利性账号操作完之后，或处于持仓状态的空闲时间操作。赚钱的账号做长周期交易，以此来捉大机会、大盈利，练习技术的账号做短周期交易。这样才可以在不影响赚大钱的情况下，不断地提升自己的实战能力。要知道，只有把短线交易做好，才可以更好地进行长周期交易，这也是为什么市场里只有短线高手，而没有中线、长线高手之说。

6.5 开头有好运，结尾获大利

2017 年 9 月 27 日这一天的交易次数相比前些天要少一些，主要是由于这一天盘中本身日内机会就少，同时还有一些常盯的品种在长周期上出现信号，所以肯定是要优先打理完正常的交易之后，再利用空闲时间练习技术。

1委托 2成交 3持仓 4预埋 5资金 6合约

报单编号	合约	挂单状态	报单价格	成交均价	买卖	开平	报单时间
20170...	TA801	全部成交	5310	5310.0	买	开仓	14:26:33
6130700	rb1805	全部成交	3518	3518.0	卖	平今	13:57:20
5806830	rb1805	全部成交	3518	3518.0	卖	平今	13:42:52
5323662	rb1805	全部成交	3488	3488.0	买	开仓	11:23:57
5236860	ni1801	全部成交	79580	84780.0	卖	平今	11:19:13
5041253	ni1801	全部成交	84900	84900.0	买	开仓	11:08:10
4933012	pb1711	全部成交	21895	20675.0	买	平今	11:02:41
3203184	pb1711	全部成交	20665	20665.0	卖	开仓	09:10:27
30466980	pp1801	全部成交	8882	8882.0	卖	平仓	09:00:12
30461732	pp1801	全部成交	8866	8873.0	卖	平仓	09:00:02

全部单(A) 挂单(S) 已成交(D) 已撤单/错单(F) 撤单(X) 全撤(C)

状态栏 期权报价表

16:07:26 上期能源:未知 16:07:35

图 6-21　2017 年 9 月 27 日委托成交

这一天共进行了五笔交易。一开盘先对上一个交易日做多的 PP1801 合约进行平仓，而后连续亏两单，不过亏损都不大，而后一笔螺纹的操作成了当天的主要获利单。

其实这样的交易数量对于广大投资者朋友来说是值得效仿的。主动减少交易次数才可以有效地提升交易质量，才可以抑制住自己那颗过于躁动的心。在心态稳定的情况下，实战的技术才可以超常发挥。

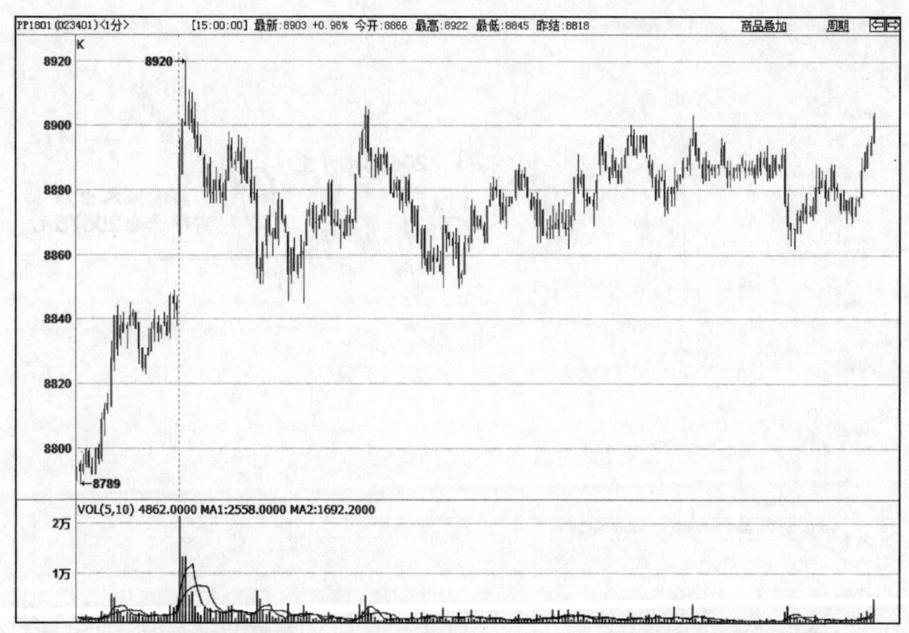

图 6－22　PP1801 合约 2017 年 9 月 27 日走势图

PP1801 是在前一天收盘前操作的，当时价格正好在长周期上形成突破，同时短周期也有突破的双重验证，因此，便尾盘介入多单。第二天价格按预期跳空高开，考虑到日线上大多数品种都处于调整状态之中，故此，能有一个幅度不错的高开已经很满意了（见图 6－22）。

开盘后，笔者没有多想便直接进行平仓保全收益，虽没有平到早开盘时的最高区间，但平仓的位置就当天的整体走势来说也算是不错的次高点区间。一开盘便有好运相随，结局也应当不会差到哪儿去！

图 6－23　沪铅 1711 合约 2017 年 9 月 27 日走势图

沪铅 1711 合约的操作是依据 60 分钟无形斩卖点信号。在平时操作时沪铅其实看都不看的，因为它那点儿可怜的成交量笔者是无法操作的。不过练习技术的小账号倒无所谓，反而因为波动很活跃，可以作为目标。

开仓后价格略微震荡便下跌，下跌并摆脱开仓成本后，便直接画线保本。经过一大段时间的震荡，价格拒绝下跌并开始向上攻击。虽然画线是画在了 20665 元的开空点上，但实际成交是 20675 元，这只是因为价格在越过开仓位的时候运行速度比较快而已。画线下单成交价不是指定的，正常波动时可以按画线价格成交，而当波动较快时，成交的价格肯定会有所偏离，因为申报的价格是涨停价（见图 6－23）。

这一单的技术点其实没太多新意，之前操作的时候也经常用这一招——略有盈利后保本。价格继续下跌则按技术持仓，一旦跌不下去转为上涨，付出的代价也是极小的。

图 6－24　沪镍 1801 合约 2017 年 9 月 27 日走势图

其实沪镍 1801 合约的交易也没太多可圈可点之处。趋势明确向上，因此顺势做多，介入点就是价格调整的低点。开仓后一度有盈利，不过很快调整，打破了开仓位，于是便盯着止损位。最终价格进一步下跌止损，小亏出局（见图 6－24）。

止损之后，价格便开始一波不错的上涨行情。面对这样的走势，心理素质不过硬的投资者便会患得患失，后悔之前的止损行为，“如果不止损该多好”成为心中的感叹。

图 6-25 螺纹 1805 合约 2017 年 9 月 27 日走势图

做完了沪镍之后便又发现螺纹 1805 合约的交易机会，介入点也是按着 60 分钟 K 线无形斩信号执行。之所以按 60 分钟信号操作是因为一旦长周期走势上形成某个信号之后，很容易在盘中捉到大波段的盈利机会。不管是直接打算做长周期交易，还是依长周期信号执行日内操作，获得的收益都非常不错。

长周期有信号，而在短周期上价格也正好刚刚突破之前的高点，所以没有任何犹豫便进行开仓。开仓后盈利的大资金账号便按 60 分钟 K 线信号执行操作，而练习技术的小账号则是跟着日内信号来执行。这一笔交易其实也是预测上涨空间，只不过在上涨初期预测的价格上涨空间并不是很大，所以也就没有提前挂单。直到有了足够的交易数据后才预测出价格的上涨空间，并提前挂单 3518 元。平仓是分两单出局，一笔是提前挂单，另一笔是价格到达这个位置后人工平仓（见图 6-25）。

虽然中间两笔交易没有盈利，但开头非常不错，结尾也非常不错，特别是还捉住了螺纹一把较大的日内波段。由此可见，交易的次数是次要的，交易的质量更为重要，哪怕一天只做一单，一捉就是一笔大单，即使是一万元的小资金，一年累积的收益也将是非常惊人的。

6.6 隔夜放大亏损，套利扭亏为盈

2017 年 9 月 28 日的交易次数很多，其中既有交易策略运用的失败以及细节问题处理不周全的小错误，也有非常经典的操盘策略以及具体的交易方法，是值得分享的操作经历。

1委托 2成交 3持仓 4预埋 5资金 6合约

报单编号	合约	挂单状态	报单价格	成交均价	买卖	开平	报单时间
20170...	RM801	全部成交	2224	2224.0	卖	开仓	14:44:18
20170...	RM801	已撤单	2234	-	卖	开仓	14:41:45
6994461	rb1805	全部成交	3735	3457.0	买	平今	14:15:38
6972394	rb1805	已撤单	3444	-	买	平今	14:14:18
6897357	rb1805	全部成交	3461	3461.0	卖	开仓	14:08:11
6879139	ni1801	全部成交	89720	83310.0	买	平今	14:06:24
6841647	ni1801	全部成交	83140	83140.0	卖	开仓	14:03:42
20170...	SF801	全部成交	5824	5824.0	卖	平仓	13:51:14
20170...	SF801	全部成交	5808	5808.0	买	开仓	13:41:41
12017002	a1801	已撤单	3831	-	买	开仓	13:34:10
11845426	SP ...	全部成交	432	432.0	卖	平仓	11:01:10
11576242	SP ...	全部成交	418	416.0	买	开仓	09:46:54
11575544	SP ...	已撤单	420	-	买	开仓	09:46:44
30775458	SPC...	全部成交	2755	2755.0	买	平仓	09:16:26
30712165	SPC...	全部成交	2805	2805.0	卖	开仓	09:08:13
2933804	ni1801	全部成交	83370	83370.0	买	平今	23:02:59
2826493	ni1801	已撤单	82680	-	买	平今	22:57:37
2376925	ni1801	全部成交	83880	83880.0	卖	开仓	22:38:19
2264755	rb1805	全部成交	3545	3545.0	卖	平今	22:32:42
2129260	rb1805	全部成交	3552	3552.0	买	开仓	22:25:25
2020842	ni1801	全部成交	83750	83750.0	买	平今	22:21:29
1919358	ni1801	已撤单	83220	-	买	平今	22:18:03
1388663	ni1801	全部成交	83790	83800.0	卖	开仓	22:00:30
20170...	TA801	全部成交	5290	5290.0	卖	平仓	21:57:05

◎全部单(A) ○挂单(S) ○已成交(D) ○已撤单/错单(F) 撤单(X) 全撤(C)

状态栏 期权报价表

15:48:21 上期能源:未知 15:48:33

图 6-26 2017 年 9 月 28 日委托成交

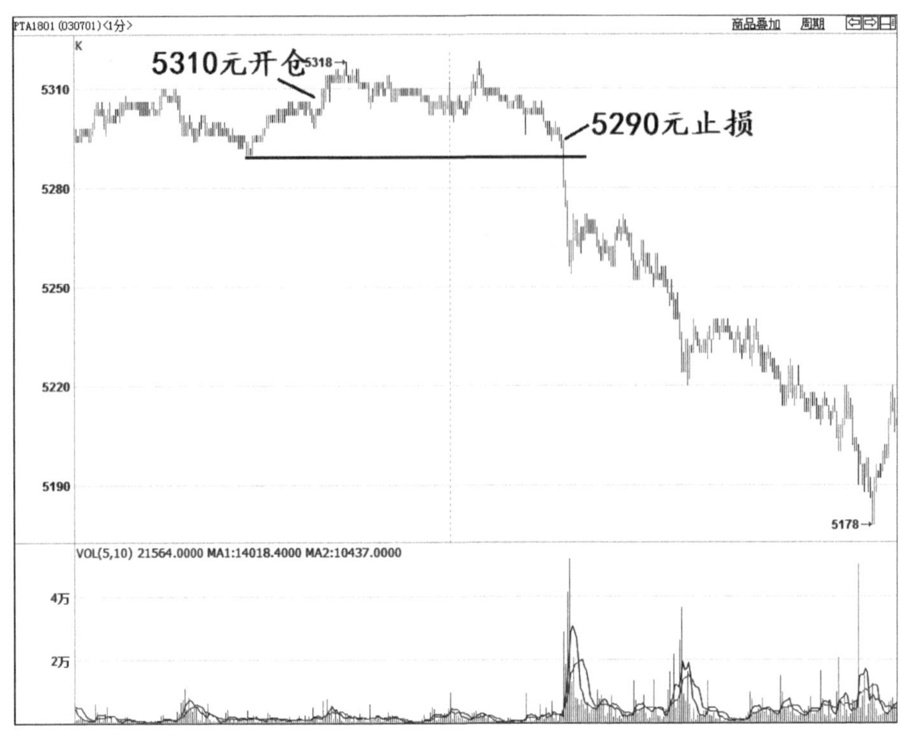

图 6－27　PTA1801 合约 2017 年 9 月 28 日走势图

其实按无形斩 60 分钟 K 线的信号，PTA1801 合约 5310 元的多单止损价格是 5300 元。到了夜盘之后，笔者认为无形斩的止损太小，所以人为放大亏损，画线到 5282 元。但在价格回落到 5290 元处的时候发现形成了突破，所以赶紧挂单平仓（见图 6－27）。

平仓之后价格小幅度反弹，然后又在 5290 元处画线做空，毕竟这是一个重要的突破点，是值得交易的点位。当价格跌破 5290 元并且放量杀跌时笔者还很高兴，成功且干脆利落地突破，可惜笔者之前的空单却因为资金不足未能成功下单。

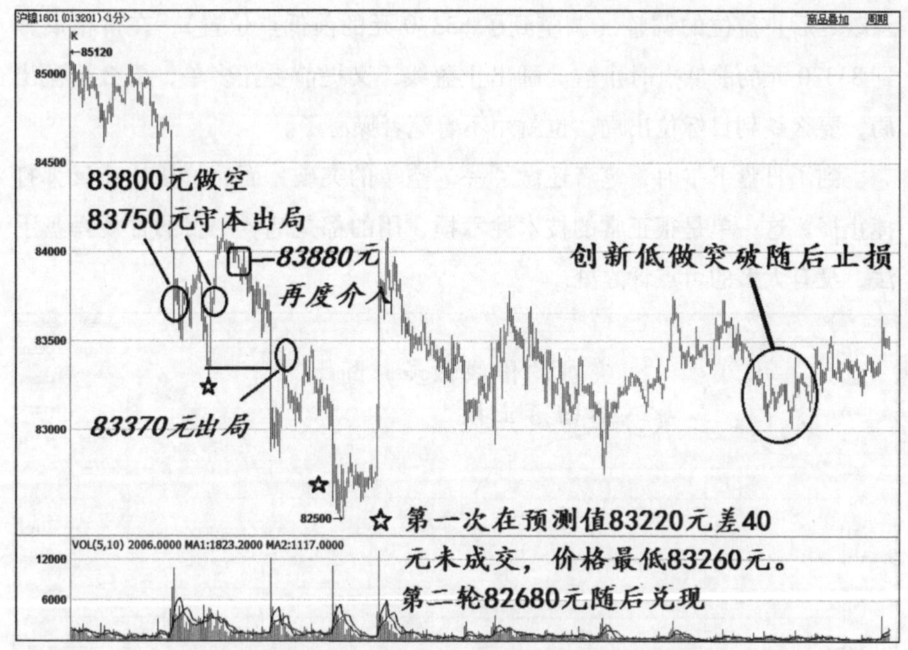

图6-28　沪镍合约2017年9月28日走势图

沪镍1801合约在这一天做了三单，每一单都比较经典，值得学习。第一单的开仓点位其实并不好，进行了追空的操作，而且追得很差劲，正好是一个波段的最低点区间。这一单之所以追空，是因为当时在橡胶暴跌的带动下，几乎是全线杀跌，包括平掉的PTA。一般来说，这样的操作十有八九都要亏着平仓，随随便便就开仓，不被市场惩罚才怪。只不过运气好一些，价格的反弹没有打到止损位，并且随后价格还继续下跌，在下跌的低点也就是第一个五角星处提前预测跌幅后挂单至83220元。但最终价格只跌到83260元，有40元也就是4跳的误差没有成交。不过，此时由于已有所盈利，不可能再亏着出局，所以调整出局价位在83750元（见图6-28）。

出局之后再依据回破线的交易方法，于83880元处价格向下跌破均价线时开空。这一笔空单的效果非常棒，这就是按技术设置开仓点和不按技术乱操作的差别！按技术介入空单后，价格便连续下跌，跌得非常漂亮。在下跌过程中，预测下跌深度后便提前挂单至82680元处平仓。不过随着杀跌之后止盈位的调整（调整到了83370元的前低点位置），在价格反弹到83370元的前低点时止盈。画出止盈线，又提前委托多单，要么止盈出局，要么跌到目标位出局，也就用不着笔者操心了。

到了日盘下午时，笔者还做了一笔空单的突破，而后价格快速反弹打掉止损。这一单是很正常的技术性亏损，用的都是笔者一贯的常规操盘手法，没有太多的可点评之处。

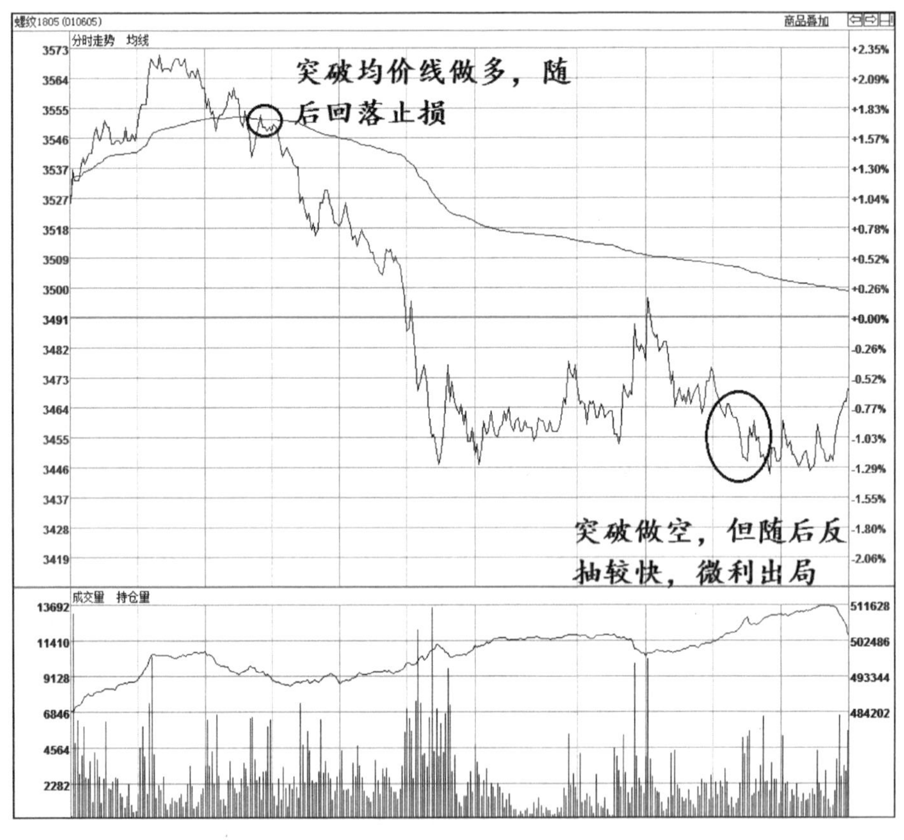

图6-29 螺纹1805合约2017年9月28日走势图

沪镍1801合约做了一把回破线技术形态，而螺纹1805合约也形成如此的走势。受橡胶大幅杀跌的带动，大部分品种均下跌，但是黑色系却保持坚挺状态，拒绝下跌。正常情况下，大部分品种都在杀跌的时候它不跌，一旦集体下跌结束以后，它往往会带头领涨，这是市场中常见的跷跷板效应。因此，在螺纹1805合约价格向下突破均价线的时候，便入场进行

做多操作。

这一笔交易存在的问题就是止损略大，亏损7跳。按平时的操作来讲，这一笔亏3跳是正常值，但由于螺纹拒绝下跌的走势，对它的预期有些大，因此适当放宽了止损的幅度。

到了下午的时候，与沪镍一样，做了一笔突破，突破成功后便采取止盈的策略。开仓后价格一度快速下跌，于是在3444元处平仓，可惜价格跌得快，弹得也快，没有成交，最后在3457元的画线处成交，只有几个点的微利（见图6－29）。

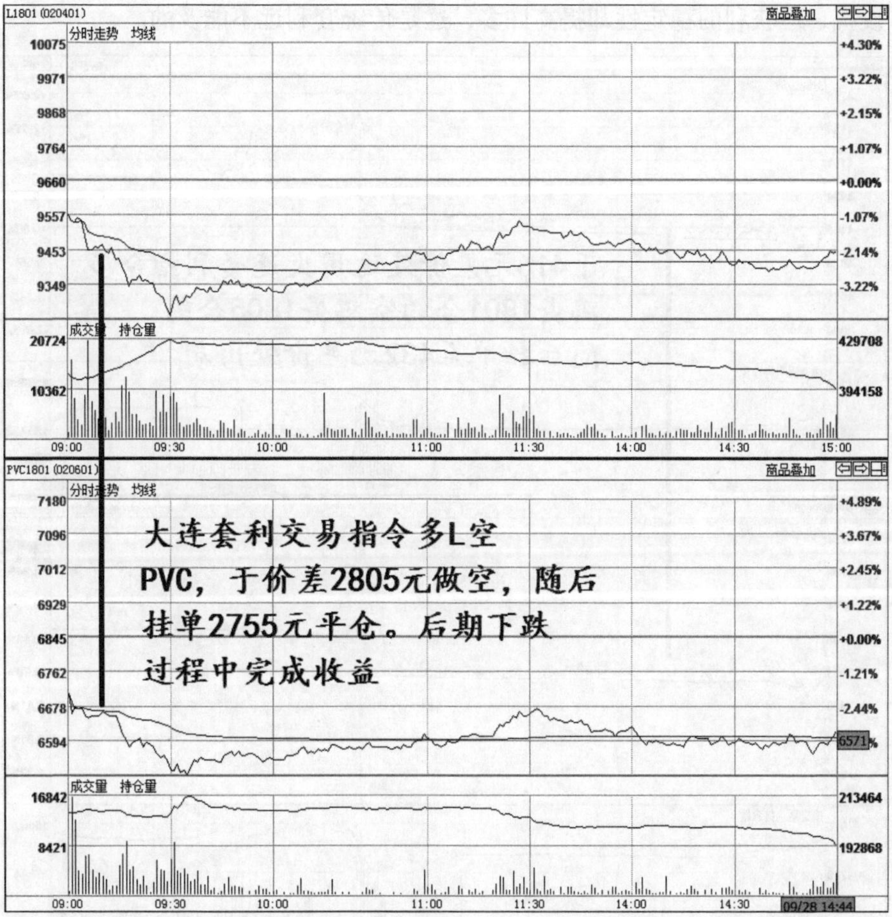

图6－30　L1801合约与PVC1801合约2017年9月28日走势图

做空 L1801 合约、做多 PVC1801 合约的套利在这一天立了功。PTA 亏损之后，由于保证金大幅提高，可开手数变得很少。由于手数的不匹配，PTA 的亏损还没有扳回，但这一笔套利之后，盈亏基本打平。

在日盘下跌的时候，L1801 合约的下跌势头强于 PVC1801 合约，于是使用大连组合交易指令在两者差价 2805 元处做空（L1801 合约价格减 PVC1801 合约价格）。开仓后不久预测价格下跌空间，并在 2755 元处提前挂单止盈。随着下跌的进一步延续，最终止盈出局（见图 6－30）。利用笔者创立的强弱差异进行套利，操盘的机会无处不在，交易机会仅次于日内投机，但获利的稳定性却提高许多，这是传统套利远不能及的。

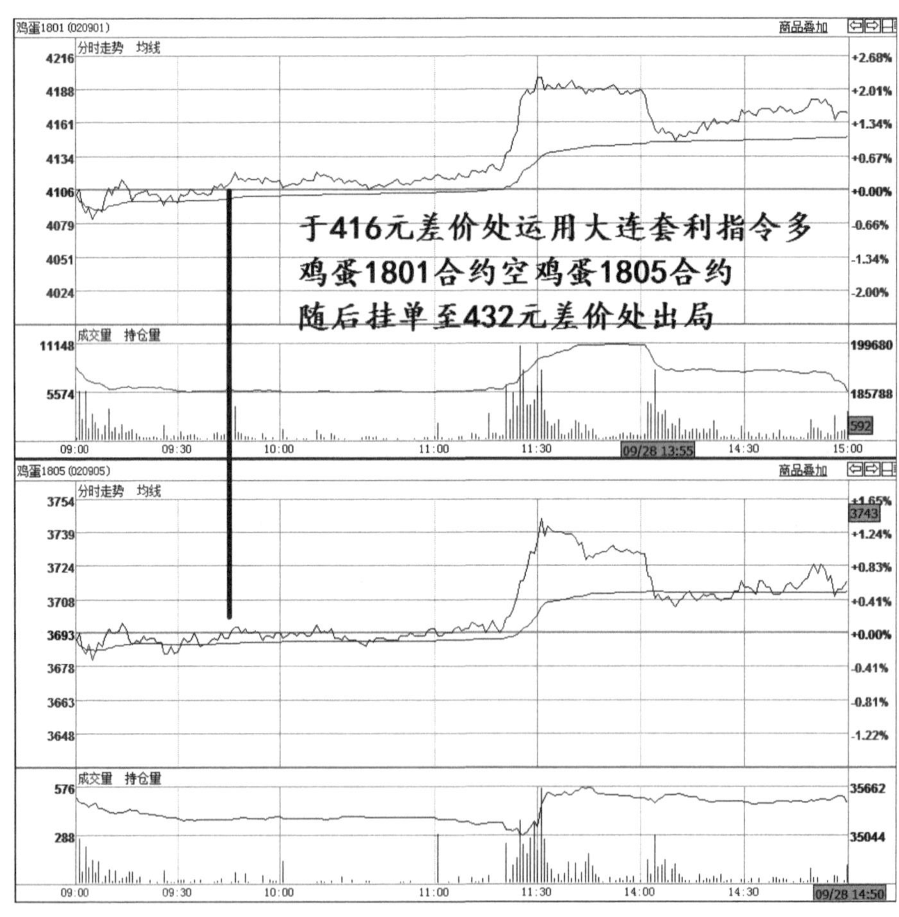

图 6－31 鸡蛋跨期套利 2017 年 9 月 28 日走势图

做完 L 和 PVC 套利之后，又瞄上了鸡蛋跨期套利的机会，这一天鸡蛋 1801 合约再度比鸡蛋 1805 合约强。那还等什么？马上入场开多。开仓时由于价格有一点小震荡，因此将先前委托的 420 元处单子撤单，在 418 元差价处报单，不过成交的差价是 416 元。做投机少几个点都没事，但做套利则是每点必争，因为套利获利空间比投机小很多，若在滑点问题上再大手大脚必然会影响收益。

这一笔交易由于在持仓过程中无法很精确地计算出后期的获利空间，因此并未提前挂到止盈价处，而是一直持仓观察。随后两个合约一起放量上涨，由于近强远弱，差价一步步拉开，便在 432 元差价处进行平仓操作，赚了 16 点差价（见图 6－31）。

使用大连或郑州组合交易指令进行操作，保证金很少。比如投机能开 10 手，那套利时同样多的资金用组合指令交易则可以开多单 10 手、空单 10 手，其差价收益与投机收益一致，但资金的安全性与获利的稳定性却提高了许多。

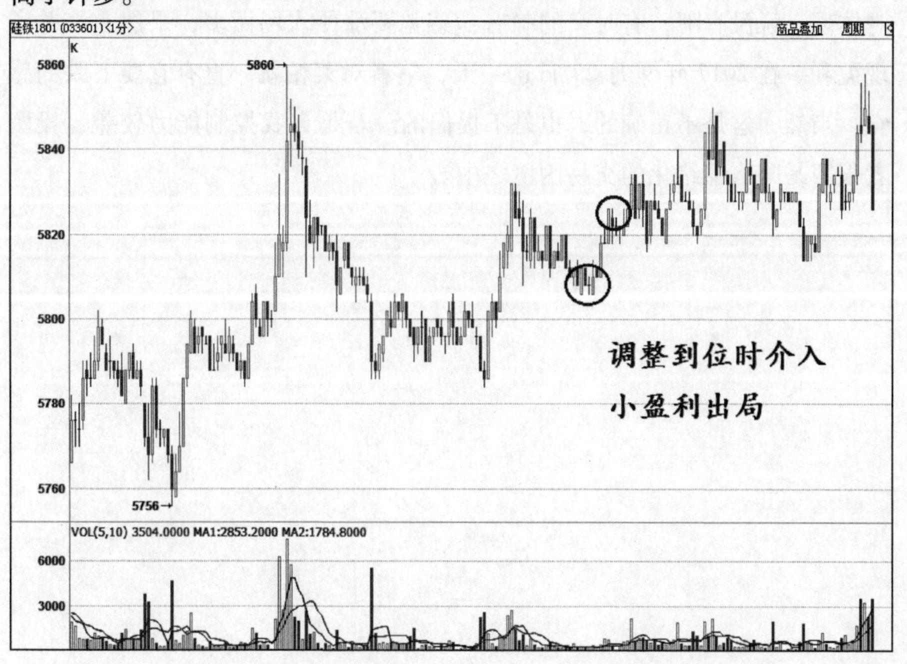

图 6－32　硅铁 1801 合约 2017 年 9 月 28 日走势图

硅铁 1801 合约这一单其实没什么经典的技术。在价格上升趋势中，于调整的低点介入多单，而后有了小波段盈利后便出局。之所以不敢把盈利预期放得太大，是因为当时的整体环境依然偏空，能在空头环境中做多并且赚到钱已经很不容易，实在无法预期较高的收益（见图 6 - 32）。

市场的多空环境必须要了解，一定要看一下大多数品种是在涨还是在跌，或者是出现什么样的分化，然后根据不同的多空性质制定出相应的操作策略，这是一套完整并且极为重要的交易体系。在操盘的过程中，第一步必须要看市场多空环境，了解市场中的天气状况。做多之所以会亏钱，一个很重要的原因就是可能是在空头环境中进行了做多的操作。

6.7　死咬双粕不松口，坚定方法终斩获

操作的时候有没有第六感呢？这件事说不清楚。说有吧，它又无法客观体现。说没有吧，有时又的确有：感觉要涨便入场做多，果然上涨并实现盈利。在 2017 年 9 月 29 日这一天，笔者对菜粕就一直有它要下跌的感觉。当然，这是不正确的，也是不提倡的。若是自我控制能力较差，投资者很容易陷入情绪化的交易困境之中。

1委托	2成交	3持仓	4预埋	5资金	6合约		
报单编号	合约	挂单状态	报单价格	成交均价	买卖	开平	报单时间
11886853	m1801	全部成交	2728	2728.0	买	平仓	14:36:04
11873851	m1801	全部成交	2735	2735.0	买	平仓	14:35:36
11676720	m1801	全部成交	2753	2753.0	卖	开仓	14:11:34
31145383	pp1801	全部成交	8712	8712.0	买	平仓	14:11:22
31082303	pp1801	全部成交	8724	8724.0	卖	开仓	13:55:06
11563387	p1801	全部成交	5906	5518.0	买	平仓	13:53:57
11518768	p1801	全部成交	5506	5506.0	卖	开仓	13:44:49
5227620	rb1805	已撤单	3468	-	卖	开仓	13:32:02
	rb1805	错误	3468	-	卖	开仓	
5137057	ni1801	全部成交	90250	84630.0	买	平今	11:24:51
4978613	ni1801	全部成交	84680	84680.0	卖	开仓	11:04:16
30889335	pp1801	全部成交	8045	8731.0	卖	平仓	11:00:45
30884169	pp1801	全部成交	8740	8740.0	买	开仓	10:58:47
20170...	RM801	全部成交	2388	2222.0	买	平仓	10:58:13
20170...	RM801	全部成交	2219	2219.0	卖	开仓	10:51:42
30843450	pp1801	全部成交	8045	8731.0	卖	平仓	10:42:34
30827156	pp1801	全部成交	8740	8740.0	买	开仓	10:33:34
4422609	rb1805	全部成交	3484	3484.0	卖	平今	10:01:06
4163526	rb1805	全部成交	3460	3460.0	买	开仓	09:39:52
20170...	RM801	全部成交	2220	2220.0	买	平仓	09:33:10
20170...	RM801	全部成交	2219	2219.0	卖	开仓	09:11:00
3174844	ni1801	全部成交	84560	84560.0	卖	平今	00:13:45
2727231	ni1801	已撤单	85750	-	卖	平今	23:16:15
2631290	ni1801	全部成交	84890	84890.0	买	开仓	23:09:53
20170...	RM801	全部成交	2388	2228.0	买	平仓	22:49:53

◉全部单(A) ○挂单(S) ○已成交(D) ○已撤单/错单(F) 撤单(X) 全撤(C)

状态栏 期权报价表

15:00:03 中金所:连续交易 ★ ★ 15:00:5

图 6－33　2017 年 9 月 29 日委托成交

这一天的交易成功率并不是很高，不过在实战操作的过程中，成功率排第二，排第一的是盈亏比。只要盈亏比够大，就算亏了九笔、只赚了一笔，依然可以实现盈利。笔者这一天的走势就恰恰体现了这一点。螺纹的一笔单子赚了 24 跳，挽回了日内所有的亏损。

虽然说这一天的操作成功率并不高，但每一笔单都是有理有据地严格执行交易信号，只是形态总是失败，因此造成小幅度的亏损。在操盘的时候，不能仅以盈亏来衡量操作的对错，更重要的是看是否严格执行了交易的纪律！若没遵守纪律，即使盈利也只是因为运气较好，这也是错误的！

在某些时候，市场必然会经常性走出失败的形态，此时投资者需要做的就是忍受，并坚定地相信所使用的方法。在这个市场中，失败的形态总是少数，价格要持续地上涨或下跌，就必然会形成大量的成功形态。绝对不能只看到几次的失败就全盘否定使用的方法，任何交易方法只要有坚定的信心和严格的操作，必然会带来持续性的盈利。

图 6－34　菜粕 1801 合约 2017 年 9 月 29 日走势图

前一天收盘前笔者便对菜粕 1801 合约进行做空的操作，这是因为 60 分钟无形斩出现卖点信号。到了夜盘的时候，价格也正常下探，由于设置的 2228 元止损，即使亏损也仅仅亏损 4 跳，故此，在价格下跌到 2213 元时也并没有采取守成本的策略（见图 6－34）。

在日盘的时候，又先后做了两笔菜粕的空单，但均以小幅亏损出局。虽然两次都是止损，但是心中对菜粕将会下跌的感觉更加强烈。当然，这并不完全是个人情绪化的因素，看一下菜粕的趋势，谁又能说它会上涨呢？

图 6－35　沪镍 1801 合约 2017 年 9 月 29 日走势图

夜盘看盘的时候发现沪镍 1801 合约走得很猛，于是在突破前高点的时候入场做突破多单。沪镍的多单介入点没有问题，并且开仓之后也出现盈利，只不过笔者的夜盘操作并不严格，在有盈利的时候没有设置好交易策略。

高点没平，价格又跌了下来，由于有色金属整体较强，因此止损放得大了一些。笔者心想，留出这么大的空间也足够震荡的了吧？早上起来看盘，发现已被踢出局（见图 6－35）。

图 6－36　螺纹 1805 合约 2017 年 9 月 29 日走势图

日盘开盘后不久便发现螺纹的交易机会，当时的介入理由现在想不起来了。3460 元开多单后便持仓，而后涨到 3484 元时无形斩在日内短周期上出现出局信号，加之，日内获利的幅度也比较可观，故此没有采取什么交易策略，直接进行了清仓操作。没想到平仓的效果还挺好，正好平在了这个波段的最高点位置（见图 6－36）。

实战交易就是这样，技术与交易策略必不可少，都是极为重要的部分，但运气若能来一些的话就更棒了。技术再好、策略再完美，但运气差，把把烂牌小牌，靠什么赢？技术又好，策略又全面，把把有大牌，这就安全了。

图6－37 PP1801合约2017年9月29日走势图

做完螺纹之后又发现PP1801合约的突破机会，不过这两次突破交易运气不好，开仓之后均小幅上行，那点利润很快便被一根阴线打破止损。不过交易就是这样，打止损不可怕，只要有买点就还敢继续做。这一次打止损，下一次打止损，哪怕连续打十几次止损，依然坚定不移地按信号开仓。谁能做到这一步，想亏钱都难！

第三笔交易进行的是空单的操作，开仓之后也有所盈利，但在持仓过程中发现形势不对，价格的波动已形成上升的趋势，于是赶紧在8712元出局（见图6－37）。事后的大幅上涨也证明出局的正确性。当然，就算没有止盈出局，而是继续持仓，这笔单子也绝对不可能亏太多，因为笔者的交易风格不会允许出现大的亏损。

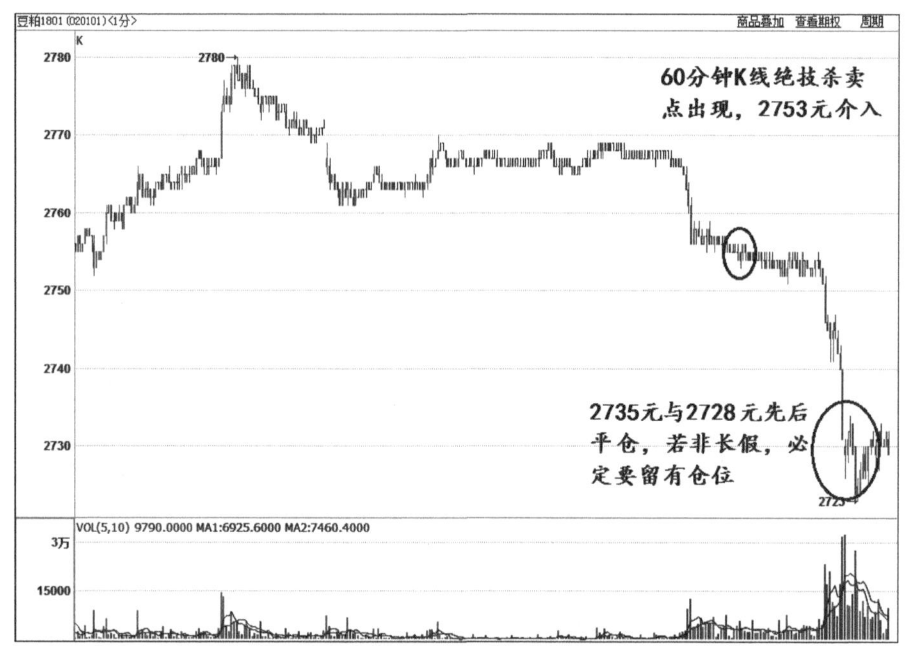

图6-38　豆粕1801合约2017年9月29日走势图

虽然中间穿插做了一些其他的品种，但对菜粕的关注并没有减少，只不过在止损两单菜粕空单后，由于它的形态没有好的介入位，所以切换到别的品种上进行操作。随着菜粕的进一步下跌，菜粕的最佳做空点位已经过去。这个时候却发现豆粕60分钟K线刚刚形成无形斩的卖点，因此便在2753元杀入。因为豆粕的成交量比较大，又形成长周期的做空信号，所以其他的账号也均完成开仓的操作。

开了空单之后，豆粕的价格开始节节滑落，并最终出现放量杀跌的走势。虽然跌得也不错，但其实豆粕完全是在追随菜粕，主跌龙头还是菜粕。在错过菜粕最好的介入点位之后，豆粕属于补救性质的操作。

随着价格的不断回落，在2735元处减掉一些仓位，而后在2728元进行清仓，这一单的操作立了大功（见图6-38）。练技术的小账号平掉后，也把其他账号的持仓全平掉。因为这是节前最后一个交易日，没必要去赌假期内的走势。虽然趋势不会因为节假日而改变，但明知存在不确定性而偏去追求这种不确定性，这就不是明智之举。

6.8 开头荣光结尾胜，中途厮杀坎坷多

“十一”长假之后第一天价格的波动比较活跃，开盘也都正常，没有出现太过分的高开与低开，并且开盘的方向依然与节前的方向一致，没有反方向的大幅高开或低开。这也说明了一点，趋势并不会因为节假日而改变。但却不能以此为理由而忽视风险。不持仓过节无非少赚，机会这么多，少赚点又如何？但若运气差，一个反方向大高开或大低开，因为一个假期资金便大亏百分之三四十可就很闹心了。所以，长假到来就要好好放松一下，节后重新投入战场赚钱就行。

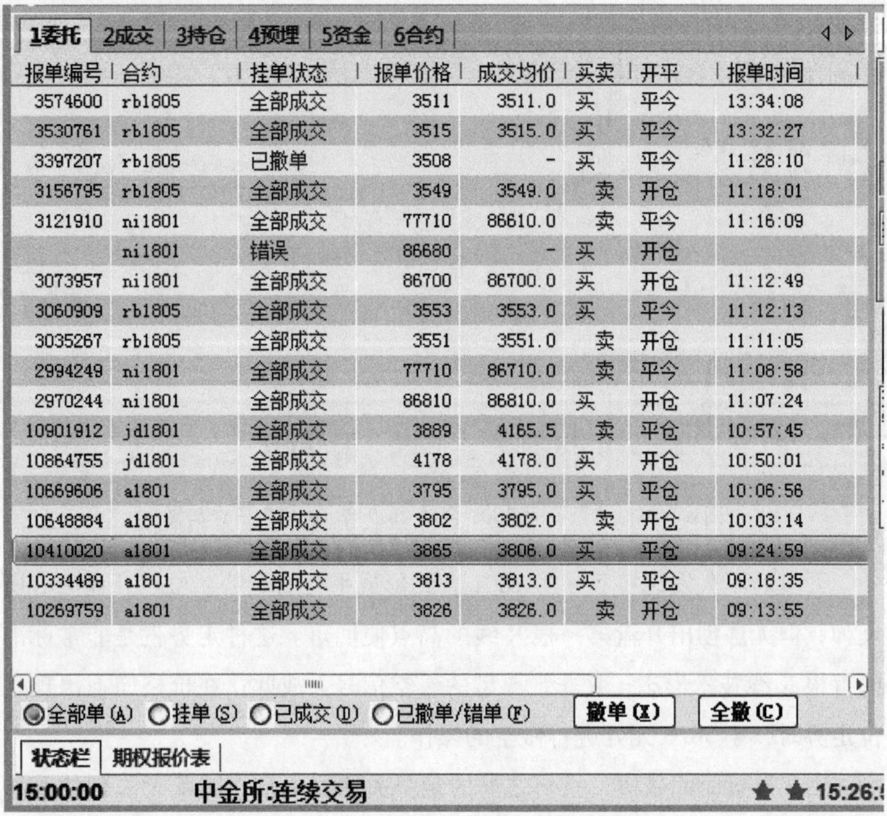

1委托 | 2成交 | 3持仓 | 4预埋 | 5资金 | 6合约

报单编号	合约	挂单状态	报单价格	成交均价	买卖	开平	报单时间
3574600	rb1805	全部成交	3511	3511.0	买	平今	13:34:08
3530761	rb1805	全部成交	3515	3515.0	买	平今	13:32:27
3397207	rb1805	已撤单	3508	-	买	平今	11:28:10
3156795	rb1805	全部成交	3549	3549.0	卖	开仓	11:18:01
3121910	ni1801	全部成交	77710	86610.0	卖	平今	11:16:09
	ni1801	错误	86680	-	买	开仓	
3073957	ni1801	全部成交	86700	86700.0	买	开仓	11:12:49
3060909	rb1805	全部成交	3553	3553.0	买	平今	11:12:13
3035267	rb1805	全部成交	3551	3551.0	卖	开仓	11:11:05
2994249	ni1801	全部成交	77710	86710.0	卖	平今	11:08:58
2970244	ni1801	全部成交	86810	86810.0	买	开仓	11:07:24
10901912	jd1801	全部成交	3889	4165.5	卖	平仓	10:57:45
10864755	jd1801	全部成交	4178	4178.0	买	开仓	10:50:01
10669606	a1801	全部成交	3795	3795.0	买	平仓	10:06:56
10648884	a1801	全部成交	3802	3802.0	卖	开仓	10:03:14
10410020	a1801	全部成交	3865	3806.0	买	平仓	09:24:59
10334489	a1801	全部成交	3813	3813.0	买	平仓	09:18:35
10269759	a1801	全部成交	3826	3826.0	卖	开仓	09:13:55

◉全部单(A) ○挂单(S) ○已成交(D) ○已撤单/错单(F) 撤单(X) 全撤(C)

状态栏 | 期权报价表

15:00:00 中金所:连续交易 15:26:5

图 6－39　2017 年 10 月 9 日委托成交

2017 年 10 月 9 日这一天的交易次数较为适中，几个常盯的品种都做了操作。操作过程中，开头非常不错，过完节就是一个开门红。不过中间就不怎么舒服，连续亏了四单，不过除了鸡蛋亏损略微放大以外，其余三笔都是小亏损。

最后一单的螺纹空单把先前的亏损全部捞回并使当天的盈利创出新高。虽然中途坎坷挺多，但一个好开头搭配一个好收尾，这也不错。虽然这一天盘中出现长周期无形斩的交易信号，但由于开盘第一天保证金较高以及走势可能不太稳定，所以笔者依然沉浸在长假的轻松之中，并没有进行长周期的操作，小账号练手以后便收工了。

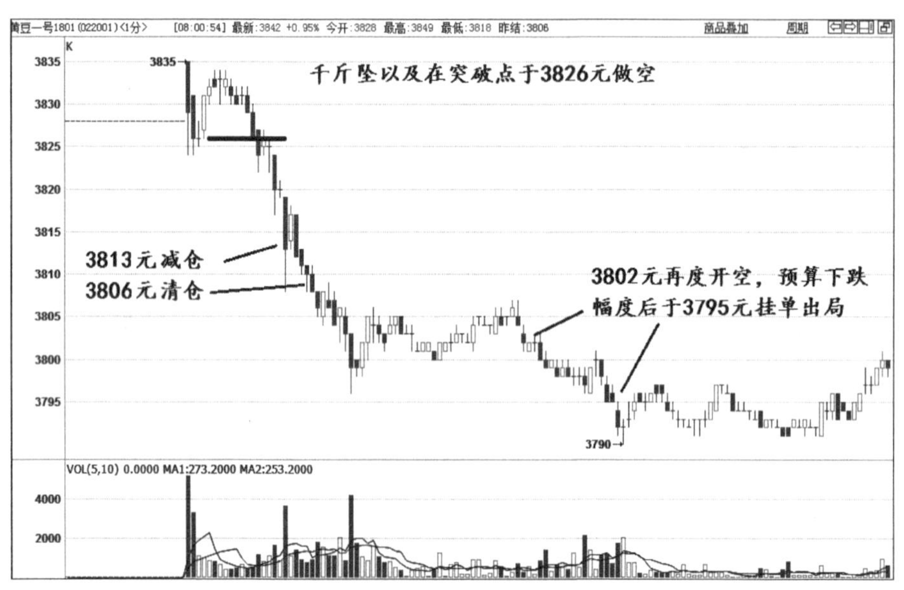

图 6 –40　黄豆一号 1801 合约 2017 年 10 月 9 日走势图

开盘后不久发现黄豆一号 1801 合约形成平开的走势，虽然开盘后有所反弹，但无法创出开盘第一根 K 线的高点便回落。这种走势就是非常标准的首根 K 线技术形态，是非常典型的看空信号。故此，在价格向下出现破位走势时，于 3826 元处进行做空的操作。

由于开盘时间较短，且与之前的走势关联度不高，因此无法预估价格下跌的空间大小，在持仓时便走一步看一步，当价格下跌到了 3813 元时进行了减仓操作。在这一时间段内，农产品虽然空头趋势很明显，但并不在热点上，价格的波动空间非常小，能在农产品上捉 10 跳就算很不错的日内收益，这也是减仓的主要原因之一。而余下的仓位在 3806 元处全部出局，原因很简单，正好赚了 20 跳。

第二单操作就有理有据，不过开仓的时间晚了一些。这个时间短周期的无形斩在 3806 元出现做空信号，而笔者则是在 3802 元处开空单，少了 4 跳的利润。这个时候有足够的数据进行预估，计算后得出的结果是下跌幅度为 3795 元，所以开仓后便直接挂单在 3795 元平仓。虽然价格最低跌到 3790 元，但也只是一瞬间的事儿，整体在 3795 元附近震荡，而后又转势向上。

图 6－41　鸡蛋 1801 合约 2017 年 10 月 9 日走势图

鸡蛋 1801 合约在 2017 年 10 月 9 日的介入点其实并不怎么好。单从形态上来讲，这也是一个重要的突破点，在技术上是有介入理由的。但若从整体环境来看，当天农产品全线走弱，比如大豆就是下跌的。

鸡蛋的操作错误不在于技术上，而在于对整体环境的分析上。除了忽视农产品的空头环境这个错误以外，止损也放得大了一些。不过这一天的保证金还在较高水平，虽然放大了止损，但亏损额却并不大。正常情况下鸡蛋是亏 5 跳出局的，结果却亏掉 12. 5 个点。这笔单画线止损是亏 10 跳，但因为当时价格瞬间快速回落，所以额外增加 2. 5 跳的亏损（见图 6 –41）。

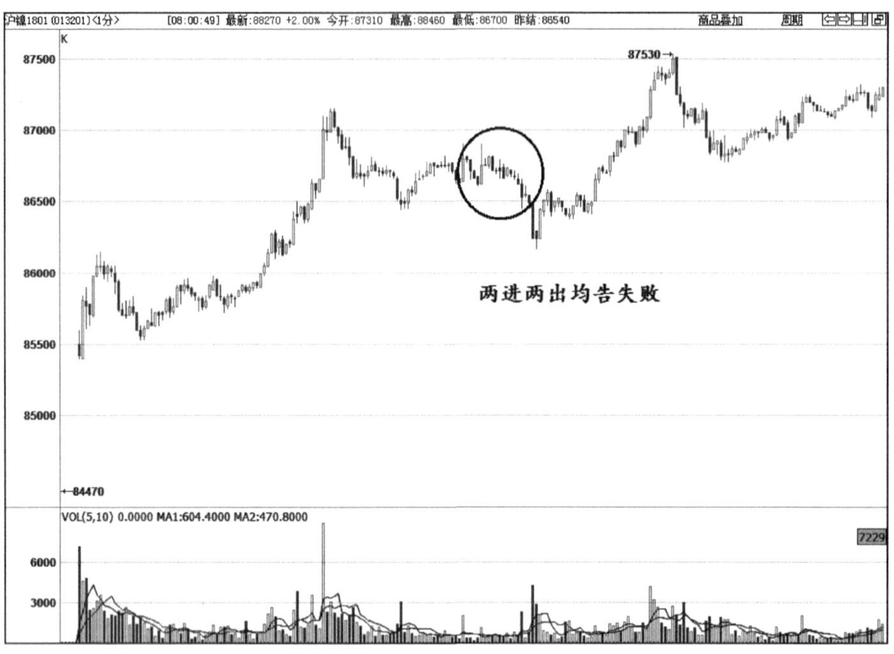

图 6 –42　沪镍 1801 合约 2017 年 10 月 9 日走势图

沪镍 1801 合约的操作手法激进了一些，在较短的时间内连续两次进进出出，显得操作略有一些急躁。由此可以看到，不管是谁，操作时若心态发生了变化就很容易出问题!

看到有调整结束、价格要再度上涨的迹象，所以在小的突破点进行了操作。价格也的确涨了，只不过在上涨之前却先挖一坑，把笔者的单子埋了进去了。还好，这两单造成的亏损并不大，严格执行止损，这是对沪镍的操作中应当表扬的地方，及时纠正了鸡蛋放大止损的错误（见图 6 –42）。

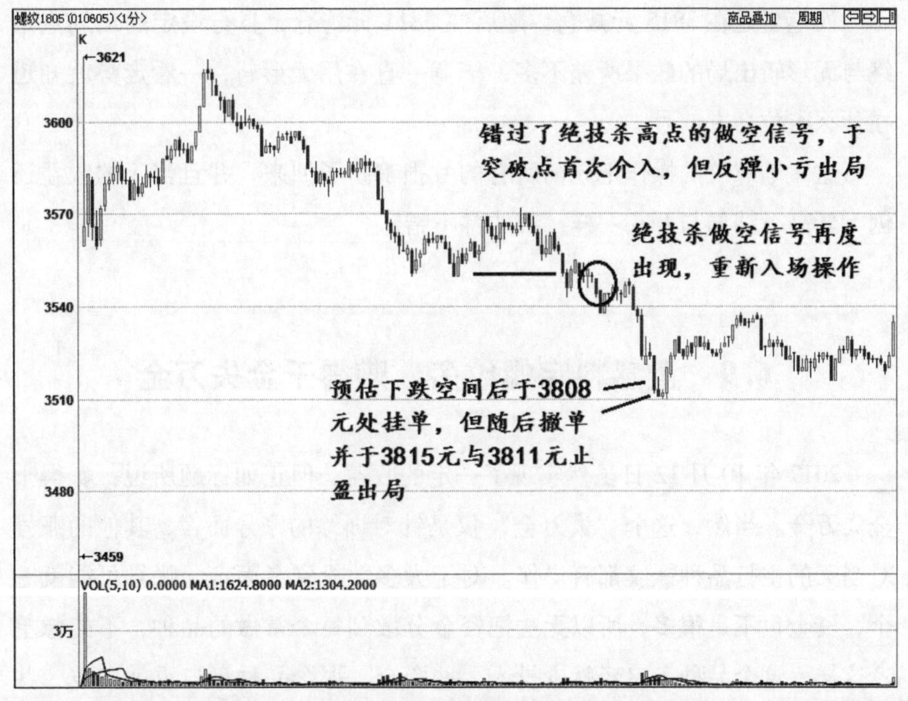

图6－43　螺纹1805合约2017年10月9日走势图

第一笔螺纹的操作介入点还是非常不错的，由于此时已连续亏损三笔，所以变得更加谨慎。看了一圈其他品种后，又把目光锁定在了最常关注的螺纹上。此时已经错过无形斩的高点做空机会，因此在突破点第一次介入空单，价格也出现下跌，于是把止损位调低。这样做虽然风险非常小，只亏损了2跳，但代价就是根本扛不住价格的震荡，略微反弹便被踢出局（见图6－43）。

虽然这一次的突破被踢出局，但小反弹过后价格再度下跌时，无形斩的卖点再度出现，短周期与突破点重合，并且60分钟K线也形成无形斩的做空信号。这还等什么，虽然刚刚才止损了一笔，但又马上投入新的战斗。开仓后除了画线进行止损外，还对下跌的幅度进行估算，在3808元挂单出局，但这一次的估算与价格的实际波动有两跳的误差，价格最低只跌到3810元。其实这也不要紧，因为在3814元时，无形斩出现出局的信号，若按信号操作，3849元开空，3814元出局，可以获得35点的盈利。

而笔者是在3815元减仓，随后在3811元清仓，自行设定的出局点最终与无形斩出局的效果所差不多，毕竟一直在用无形斩，一看走势就知道在什么点位会有信号。

这一笔螺纹的操作把先前所有的亏损都捞了回来，并且当天的收益还创下新高，结局与开头一样，都非常不错。

6.9 盘感料定螺纹多，赚得千金失万金

2017年10月12日虽然实现了一定的收益，但正如标题所说：赚得千金失万金。当然，这个“失万金”仅是针对训练的账号而言，其他的账号对当天的主打品种螺纹都有操作。对于大多数投资者而言，账号可能就一个，资金也不是很多，所以无法把资金分散到每个常做的品种，不能像笔者这样，这个品种盘口轻就少投入一些资金，那个品种盘口重就多放一些资金进行交易。再加上各交易人员负责死盯两三个品种，因此无论哪个品种的机会都能抓住。若投资者同时盯多个品种，就很容易出现做了这个品种，结果另一个品种大幅涨跌，在这个品种上赚了些小钱，却丢掉另一个品种上的大机会。对于这种事儿，只能想开些，市场就是不断制造遗憾的地方！不可能把所有品种的信号点都画上线，就算都画了线，也会面临资金不足，开了这个品种就没有资金开那个品种的情况。所以，有时候机会太多其实也会扰乱人心。

1委托 2成交 3持仓 4预埋 5资金 6合约

报单编号	合约	挂单状态	报单价格	成交均价	买卖	开平	报单时间	最后成交时间
31479274	v1801	全部成交	6355	6355.0	卖	平仓	14:13:37	14:14:59
31478258	v1801	全部成交	6350	6350.0	卖	平仓	14:13:30	14:13:31
31434611	v1801	全部成交	6315	6315.0	买	开仓	14:07:42	14:10:10
6855240	rb1805	全部成交	3654	3401.0	买	平今	14:05:17	14:05:17
6465946	rb1805	已撤单	3380	-	买	平今	13:37:09	
6445486	rb1805	全部成交	3403	3403.6	卖	开仓	13:36:04	13:36:04
6421220	rb1805	全部成交	3175	3409.0	卖	平今	13:34:28	13:34:28
6053822	rb1805	全部成交	3413	3412.0	买	开仓	11:15:28	11:15:28
5631946	rb1805	全部成交	3654	3388.0	买	平今	10:53:57	10:53:57
5320573	rb1805	已撤单	3371	-	买	平今	10:38:56	
5196164	rb1805	全部成交	3387	3387.0	卖	开仓	10:33:35	10:33:35
5120104	ni1801	全部成交	93070	89370.0	买	平今	10:30:27	10:30:27
5092988	ni1801	全部成交	89260	89260.0	卖	开仓	10:14:24	10:14:24
4644608	rb1805	全部成交	3395	3395.0	买	平今	09:48:27	09:48:27
4352925	rb1805	全部成交	3410	3410.0	卖	开仓	09:31:53	09:31:53
4352828	rb1805	全部成交	3410	3410.0	卖	平今	09:31:53	09:31:53
4304948	rb1805	全部成交	3415	3415.0	买	开仓	09:28:58	09:30:42
4197157	ni1801	全部成交	93070	89460.0	买	平今	09:23:31	09:23:31
4133765	ni1801	全部成交	89360	89370.0	卖	开仓	09:20:11	09:20:11
4032798	rb1805	全部成交	3175	3412.0	卖	平今	09:15:54	09:15:54
3582167	rb1805	全部成交	3415	3415.0	买	开仓	09:00:35	09:00:35
10522495	m1801	全部成交	2770	2770.0	买	平仓	09:00:18	09:00:18
10476234	m1801	已撤单	2758	-	买	平仓	23:18:51	
10445765	m1801	已撤单	2763	-	买	平仓	23:08:05	
10327108	m1801	全部成交	2767	2767.0	卖	开仓	22:21:47	22:23:10

◎全部单(A) ○挂单(S) ○已成交(D) ○已撤单/错单(F) 撤单(X) 全撤(C)

状态栏 期权报价表

15:00:00 中金所:连续交易 ★ ★ 15:03:29 | 15:03:29 |

图 6－44 2017 年 10 月 12 日委托成交

2017 年 10 月 12 日操作的笔数略多一些，不过仍在正常范围之内。这一天的操作以螺纹为主，虽然有主观上的盘感认为螺纹要上涨，但也在技术上完全服从趋势的方向。盘感要涨，但方向向下，那肯定是遵从方向的指引按技术行事，绝对不能跟着感觉走。

这一天的盘中操作一度有获利的机会，都是螺纹十几跳的盈利机会，加在一起也有近 40 个点，只不过由于采取的是捉大放小的思路，所以这十几跳的收益并没有落袋为安。直到最后一笔的 PVC 多单才奠定了当天盈利的基调。

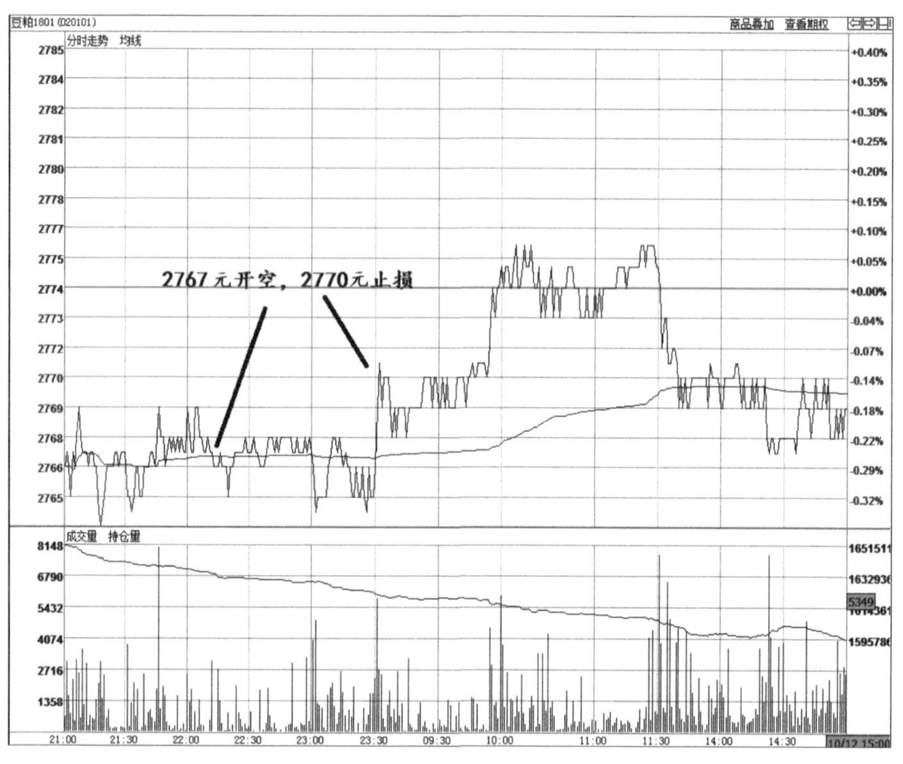

图 6－45 豆粕 1801 合约 2017 年 10 月 12 日走势图

豆粕 1801 合约的操作没什么精彩之处，之所以对它进行操作是因为在 60 分钟 K 线图中出现无形斩的卖出信号，加之这个品种波动平稳，适合夜盘操作，所以便于 2767 元的信号点处进行做空，而后按无形斩的信号于 2770 元进行止损（见图 6－45）。

这一单是亏损出局的，但正好可以从亏损的状况看到无形斩回避风险的能力——仅仅亏损 3 跳而已。若形态走成功呢？不用多，30 跳就行。毕竟是在 60 分钟的长周期 K 线中，30 跳的波动真不算多。这样的话，就是 10:1的盈亏比。

一个方法好不好用，更多的在于它能造成的亏损大不大。若亏损小那就可以大胆地用。理论上来讲，涨和跌的概率是 50%。亏损时亏得少，盈利时赚得多，那就必然赚钱。笔者之所以经常按长周期无形斩的信号执行操作，正是看中了这一点，它在技术信号上完全做到了以小博大！

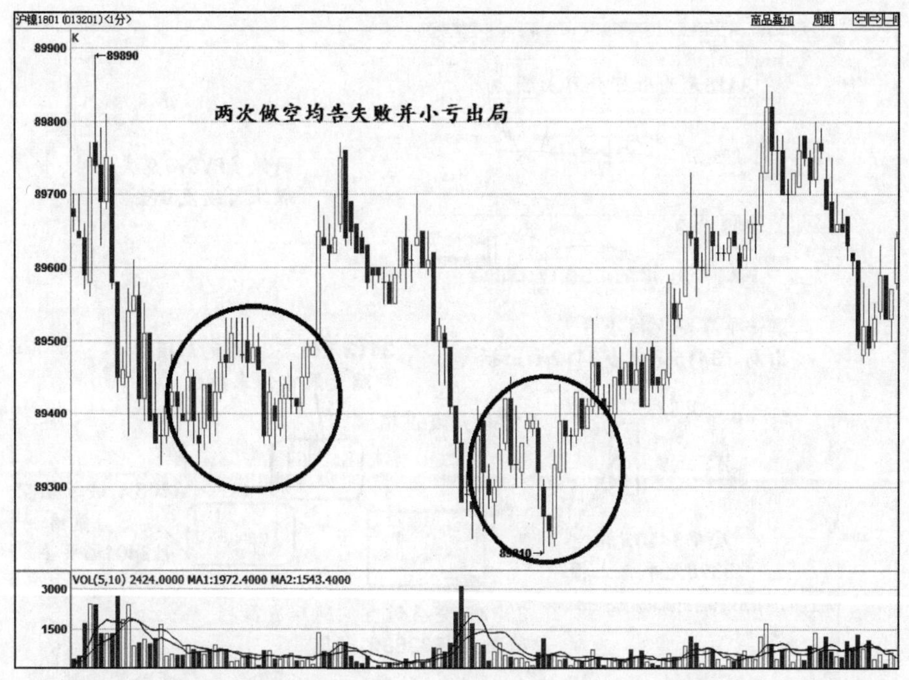

图 6－46　沪镍 1801 合约 2017 年 10 月 12 日走势图

客观来说，沪镍 1801 合约的操作出现了问题。这个问题并不在技术信号上，价格向下创新低而后开仓，这在技术上肯定是正确的。同时，突破失败后马上止损，每手仅仅亏损 100 元（10 跳），亏损的幅度也很小（见图 6－46）。开仓与止损都严格执行纪律，所以说，在技术上没毛病。

那问题出在哪里呢？就出在品种属性判断错误！这一天沪镍的涨幅处于全局的前列，也就是说，它是上涨力度较大的多头品种，这种属性应当寻找机会做多，绝对不应当做空，想要做空应当去找下跌的品种。多头属性品种的特点就是易涨不易跌，因此，两次的突破操作才会失败。

故此，在操作的时候，投资者除了要对技术形态本身进行识别之外，还要看一下价格整体是处于上涨状态还是下跌状态。对上涨状态的品种放弃做空的操作，对下跌状态的品种放弃做多的操作，这样可以提高交易的胜算。

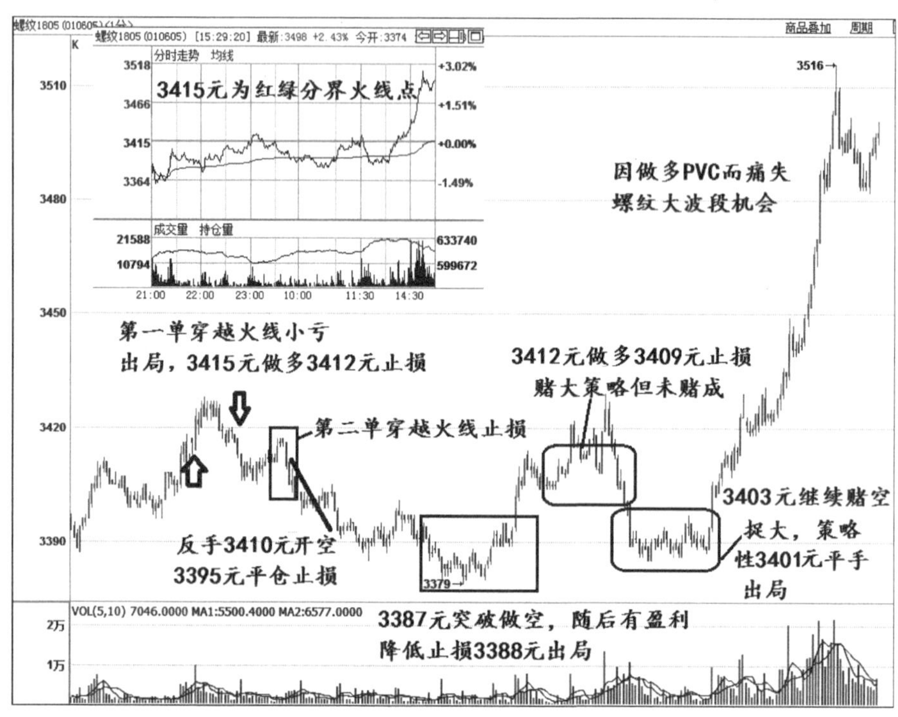

图 6-47 螺纹 1805 合约 2017 年 10 月 12 日走势图

螺纹 1805 合约在 2017 年 10 月 12 日笔者操作了五笔。一开盘看到价格的走势形成穿越火线的形态，于是便在价格向上突破前一交易日结算价 3415 元的时候进行做多的操作。随后价格上涨 10 元，有了一定的利润，于是将止损位提高到 3412 元处，并在随后的回落过程中进行止损（见图 6-47）。

过了没多久价格再次形成穿越火线的走势，于是继续于 3415 元介入。这一笔操作在 3410 元处没有设置止损而是画线进行反手交易，所以 3410 元止损多单之后马上又转成空单，而后于 3395 元止盈出局。这笔单的盈利为后面几笔操作的平手或是止损出局提供了支持。

虽然价格已形成明确的下降趋势，但内心中依然感觉价格跌不动、要上涨。虽然在技术上没有任何理由，但笔者的内心的确就是这样想的。不过虽然有了感情的预判因素，但操作却并没有跟着感觉走，而是依然坚定地跟着价格的波动方向走。

随后在 3387 元的破位点进行做空的操作，这一笔依然有盈利。随着价格的波动依然采取下移止损位的方式，在震荡了一番、价格跌不下去的时候，于 3388 元进行止损，也就是亏了 1 跳和手续费。

再到后来价格调整到位，有了明确的做多信号，并且离穿越火线点也只有 3 跳的空间，故此在 3412 元进行做多操作。这一笔做多之后也有十几跳的盈利，但笔者一直认为当天会来一波至少 1% 的涨幅，所以没把这十几跳放在眼里，继续采取上移止损位的方式进行操作。运气不是太好，又一次止损出局。

既然涨不上去，又正好在 60 分钟 K 线上出现无形斩做空信号，故此，在 3403 元杀入空单。这一笔交易依然有十几个点的盈利，通过计算，日内空间价格能达到 3380 元，于是提前在 3380 元挂单，而后便根据价格的波动形势不断向下调整止损位，并最终由止损变成 3401 元的平手出局。

若继续盯着螺纹 1805 合约操作，心中所想的那把大的行情也就不会错过。无论是突破还是穿越火线，抑或是短周期的无形斩买点，遍布上涨的全过程。可惜在螺纹价格刚刚上涨时，笔者已根据 60 分钟无形斩的做多信号介入 PVC1801 合约。

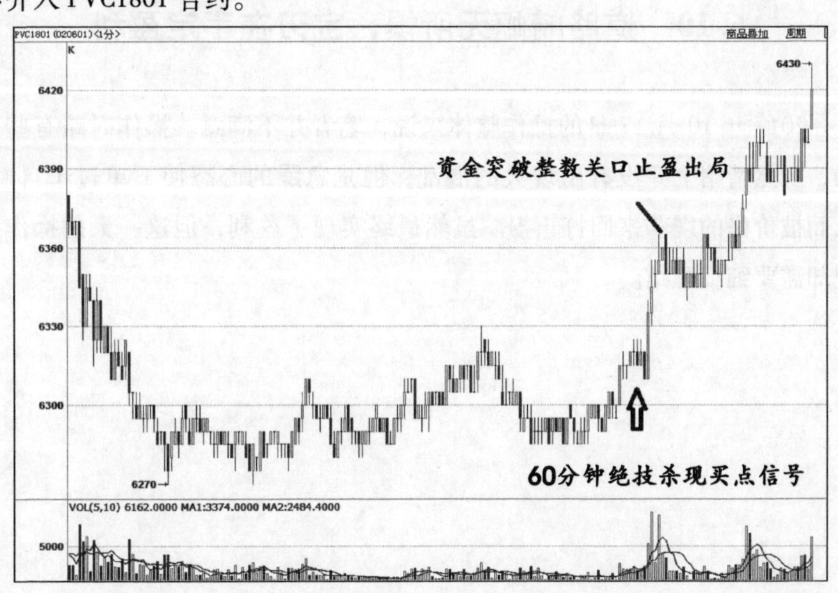

图 6－48　PVC1801 合约 2017 年 10 月 12 日走势图

应当感谢PVC1801合约，它使当天的操作净盈利近4%。当然也要埋怨PVC的操作，正因为操作它失去螺纹1805合约获利超10%的大好时机，这可是守了一天的多单机会。正如题目所讲：赚得千万失万金。当然，只是这么调侃一下，毕竟这个市场就是不断制造遗憾的地方，想在这个品种上赚钱就必定要失去在另外一个品种上赚钱的机会。

其实PVC的操作并不是当时发现的信号。最先发出信号的是L1801合约，其次是PP1801合约，在做完这两个品种之后，PVC1801合约才在60分钟K线图中出现交易的信号。所以，在对L与PP开仓之后，一看PVC又出现信号，形成集体性的上涨，可靠性更大，故此才进行操作（见图6-48）。

操作时，60分钟K线的买点与日内的调整低点正好重合，开仓严格按照信号操作。止盈也是因为上涨的第一个高点处有了无形斩出局信号，故此清仓。后面的走势中虽然再现做多信号，但由于临近收盘时间，也就不再进行开仓操作。

6.10 道路崎岖无所惧，宝刃在手定盈利

2017年10月17日的操作整体来说，笔者并不满意。操作时略有些急躁，虽然情绪上并没有出现大的混乱，但是急躁的心态使下单过于自由，从而被价格的震荡来回打止损。虽然最终实现了盈利，但这一天的操作历程却需要细细总结。

1委托 2成交 3持仓 4预埋 5资金 6合约

报单编号	合约	挂单状态	报单价格	成交均价	买卖	开平	报单时间	最后成交时间
8727228	zn1712	全部成交	25430	25430.0	买	平今	14:41:29	14:41:31
7665680	zn1712	已撤单	25380	-	买	平今	13:58:18	
7223217	zn1712	全部成交	25730	25730.0	卖	开仓	13:38:39	13:38:53
7163909	rb1805	全部成交	3685	3685.0	卖	平今	13:35:41	13:35:41
7151208	rb1805	全部成交	3682	3682.0	卖	平今	13:35:04	13:35:04
6993606	rb1805	全部成交	3671	3671.0	买	开仓	11:27:15	11:27:15
6974690	rb1805	全部成交	3382	3669.0	卖	平今	11:26:23	11:26:23
6955203	rb1805	全部成交	3675	3675.0	买	开仓	11:25:06	11:25:06
6918542	rb1805	全部成交	3382	3669.0	卖	平今	11:22:31	11:22:31
6903107	rb1805	全部成交	3675	3674.0	买	开仓	11:21:39	11:21:39
6889337	rb1805	全部成交	3382	3669.0	卖	平今	11:20:52	11:20:52
6766465	rb1805	已撤单	3698	-	卖	平今	11:14:32	
6613816	rb1805	全部成交	3672	3672.0	买	开仓	11:09:13	11:09:14
6439882	rb1805	已撤单	3641	-	买	开仓	11:01:50	
	rb1805	错误	3642	-	买	开仓		
	rb1805	错误	3642	-	买	开仓		
31358644	pp1801	全部成交	8557	9072.0	卖	平仓	10:58:26	10:58:26
31344038	pp1801	全部成交	9079	9078.8	买	开仓	10:53:54	10:53:54
6263993	rb1805	全部成交	3891	3640.0	买	平今	10:49:31	10:49:31
6008448	rb1805	全部成交	3639	3639.0	卖	开仓	10:35:50	10:35:50
5931832	rb1805	全部成交	3891	3644.0	买	平今	10:31:08	10:31:08
5856255	rb1805	全部成交	3638	3638.0	卖	开仓	10:12:03	10:12:07
5800997	rb1805	全部成交	3891	3640.0	买	平今	10:07:55	10:07:55
5780638	rb1805	全部成交	3637	3637.0	卖	开仓	10:06:21	10:06:29
5630580	rb1805	已撤单	3641	-	卖	开仓	09:57:20	
31175063	pp1801	全部成交	9097	9097.0	卖	平仓	09:54:22	09:54:22
31161850	pp1801	全部成交	9082	9081.8	买	开仓	09:51:38	09:51:38
5485625	rb1805	全部成交	3643	3643.0	买	平今	09:48:50	09:48:50
5400594	rb1805	全部成交	3648	3648.0	卖	开仓	09:42:11	09:42:18
5353400	rb1805	全部成交	3646	3646.0	卖	平今	09:39:37	09:39:57
5351790	rb1805	全部成交	3646	3646.0	买	开仓	09:39:31	09:39:31
5339715	rb1805	全部成交	3648	3648.0	买	平今	09:38:51	09:38:55
5305102	rb1805	全部成交	3643	3643.0	卖	开仓	09:36:21	09:36:21
4945083	rb1805	全部成交	3642	3642.0	买	平今	09:18:46	09:18:46
4826419	rb1805	全部成交	3637	3637.0	卖	开仓	09:15:05	09:15:06
4667709	rb1805	全部成交	3634	3633.0	买	平今	09:09:19	09:09:19
4652768	rb1805	全部成交	3630	3630.0	卖	开仓	09:08:45	09:08:45
20171...	RM801	全部成交	2276	2276.0	买	平仓	22:32:35	22:48:26
20171...	RM801	全部成交	2283	2283.0	卖	开仓	22:30:42	22:31:53

◎全部单(A) ○挂单(S) ○已成交(D) ○已撤单/错单(F) 撤单(X) 全撤(C)

状态栏 期权报价表

14:59:57 中金所:连续交易 ★ ★ 15:02:19 | 15

图 6-49　2017 年 10 月 17 日委托成交

从这一天的操作次数上来看，就可以发现肯定是有问题的。这么多的操作次数，显然笔者的心态并不是太稳定。在价格波动的过程中，绝对不可能出现这么多交易机会。交易次数的增多，显示出心态的急躁，在这样交易状态下往往很容易出现大幅亏损。

这一天的开仓虽然有些散漫，但交易的方向却并未出现问题，没有任何逆势操作，这是值得肯定的一点。只要没有逆势交易的存在，盈利的概率必然会很大。

图 6－50　菜粕 1801 合约 2017 年 10 月 17 日走势图

菜粕 1801 合约 2017 年 10 月 17 日的操作是笔者在夜盘期间完成其他的操作之后进行的。当翻看到菜粕的时候，发现它的走势形成标准的做空形态，于是便在 2283 元处进行做空（见图 6－50）。

开仓之后，计算了一下价格的下跌空间，发现下跌空间并不大，计算数值为 2275 元，于是便提前挂单至 2276 元，最后又设置好止损位，就去休息。早开盘前一看，成功获利。

这笔交易的操作性质，是利用价格的小幅反弹高点逢高做空，但由于价格之前的下跌过程非常曲折，因此计算出的未来下跌空间并不是很大。虽然仅仅赚了 7 跳，但由于菜粕的保证金比较低，总资金的盈利达到 3%，这为后期螺纹的连续小幅亏损提供了盈利上的支持。

图 6-51　PP1801 合约 2017 年 10 月 17 日走势

PP1801 合约的两次操作都是突破性质的。第一次的突破操作，开仓后价格快速上冲，在价格上冲的过程中发现成交量有些不对劲，所以便及时地进行止盈平仓。成交量的异常之处在于：突然放大后又快速萎缩，说明多方资金的后继数量不足，很容易导致价格调整或是下跌的出现，故此止盈出局（见图 6-51）。

第二次的突破操作，开仓之后画线设定止损，可惜被下影线扫掉止损。刚一打掉止损，价格便出现快速上涨走势。这种情况在实战操作时也较为常见。但请记住：宁愿止损后后悔，也不要怕后悔不止损。止损就像是开车系上安全带，不系安全带，就会被扣分罚款。

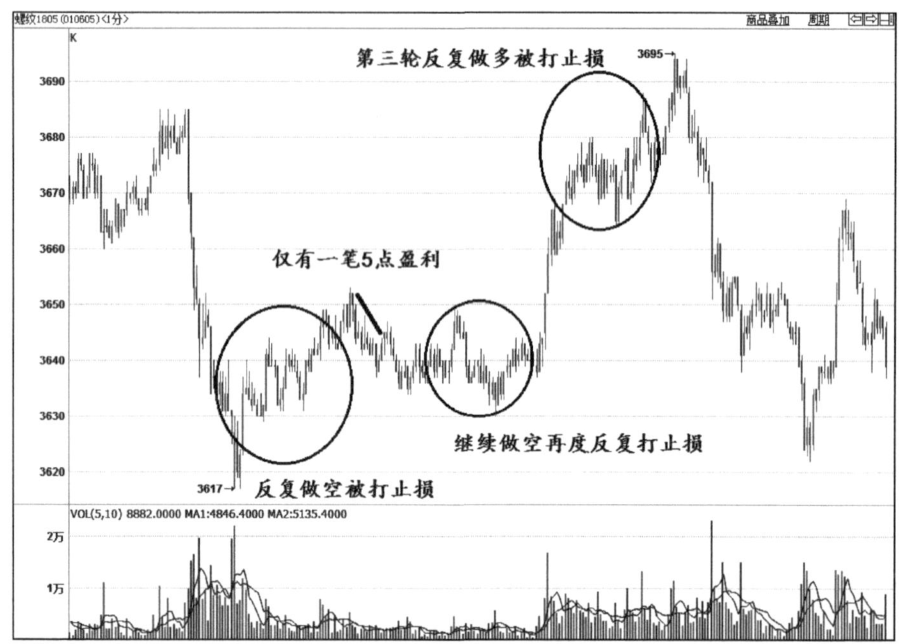

图 6－52　螺纹 1805 合约 2017 年 10 月 17 日走势图

螺纹 1805 合约的操作次数非常多，但在交易方向上没有犯错。总的来说，螺纹 1805 合约有三大轮的操作，第一轮和第二轮连续做空，第三轮连续做多，这与价格的实际波动方向一致（见图 6－52）。

在第一轮的操作过程中，价格的下降趋势非常明显，因此连续几笔的操作都是以做空为主。操作方向虽然没错，但是交易手法过于激进，刚刚止损后不久便又开仓。一番拼杀，仅仅抓住了一个小的波段赚了 5 个点。其中还有一笔单子，本意是要做空却不小心开成多单。

在第二轮操作之中，交易的方向依然是做空。虽然交易次数仍然不少，但止损意识始终未丢，并没有大的亏损出现。只要没有大亏的情况出现，一次成功的形态便可以轻松实现盈利。

第三轮操作之所以全是多单，是因为价格在此时已经形成明确的上升趋势。这一轮操作过程中，止损意识与方向感始终没有丢弃。只要有这两点在，一旦市场有大的机会，便可以一把捉住，随后的沪锌的操作就是最好的证明。

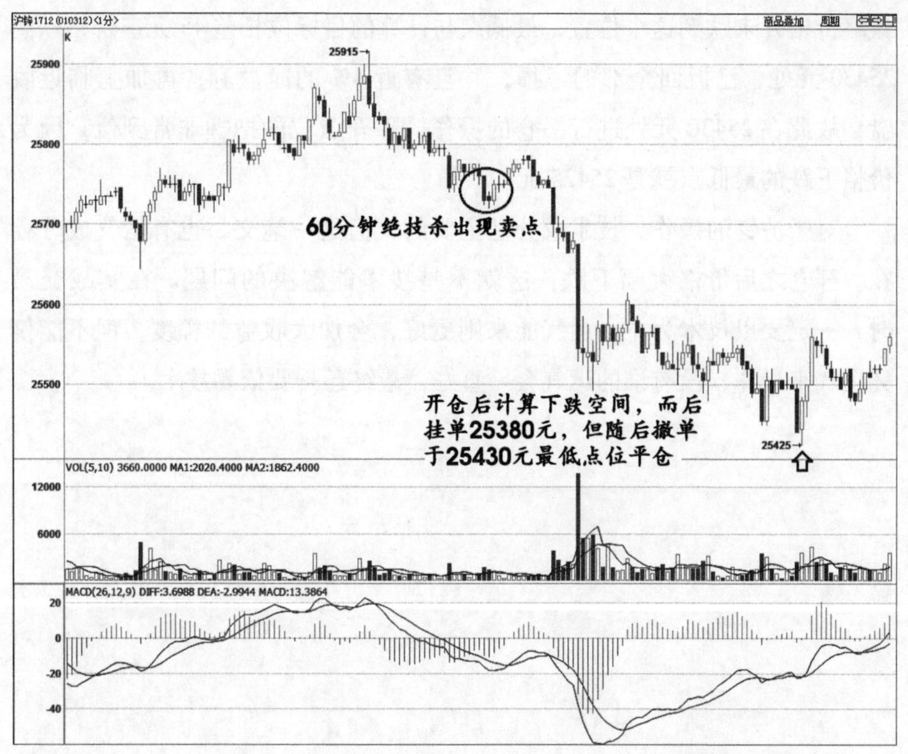

图 6－53　沪锌 1712 合约 2017 年 10 月 17 日走势图

沪锌 1712 合约的操作在当天立了大功！操作的理由依然是在 60 分钟 K 线图中，无形斩出现卖出的信号。之前好些操作都是依据 60 分钟 K 线图中的无形斩交易信号赚到大钱，这一次也不例外。

沪锌 60 分钟 K 线图中无形斩的信号与 1 分钟 K 线图中的突破信号恰巧重合（见图 6－53）。在查看案例图的时候，投资者要注意区别，开仓价格是低于突破点价格的。开仓的时候，由于价格下跌速度较快，其他的账号并未来得及进行操作，随后的小幅反弹，也是留给笔者极好的交易机会！在价格再次下跌之前，所有账号的操作全部完成。这个练习技术的账号在尾盘期间进行平仓操作，其他账号依然按 60 分钟 K 线的信号隔夜持仓，进行正规操作。在什么周期上交易的，就要一直盯着这个周期的变化，不能随意更改！

开仓之后便计算价格下跌的目标位，于是提前挂单至 25380 元处，但最终价格并未跌到这个位置，最低点与计算的目标位相差45元。价格跌到25430元处，已扳回全部的亏损，并且有近4%的净盈利，再加上临近收盘，故此在25430元处进行平仓的操作。平仓点位的把握非常到位，因为价格下跌的最低点就是25425元。

对于沪锌的操作，技术成分是主要的，但这一笔交易也有运气成分存在。开仓之后价格大幅下跌，这就不是技术能解决的问题。在实战交易时，一定要以技术为主，运气能来则更好，会加大收益的幅度，但不能仅凭运气来操作，没有谁的运气会一直好，最终还是要依靠技术。